对外贸易隐含碳排放竞争力研究

胡剑波 高 鹏 张 捷 著

科学出版社

北 京

内 容 简 介

本书结合我国对外贸易发展的实际问题构建了中国对外贸易隐含碳排放测算的非竞争型投入产出模型、低碳贸易竞争力指数以及 LMDI 因素分解模型，基于历年中国行业部门的投入产出数据等进行多维度的研究分析，并在此基础上结合我国对外贸易发展的实际情况，提出中国低碳贸易竞争力提升的对策措施，以期为我国低碳经济发展和生态文明建设提供科学支撑，使我国在新一轮的国际贸易竞争中取得先机。

本书可供资源与环境经济学、能源经济、国际贸易学等专业的本科生、研究生，贸易与气候变化领域的科研工作者，相关行业部门管理者及对本领域感兴趣的大众读者阅读参考。

图书在版编目(CIP)数据

对外贸易隐含碳排放竞争力研究 / 胡剑波等著. — 北京：科学出版社，2021.5
 ISBN 978-7-03-067975-8

Ⅰ. ①对… Ⅱ. ①胡… Ⅲ. ①低碳经济–进出口贸易–研究–中国 Ⅳ. ①F752.6

中国版本图书馆 CIP 数据核字 (2021) 第 007465 号

责任编辑：莫永国 / 责任校对：彭 映
责任印制：罗 科 / 封面设计：墨创文化

科学出版社 出版
北京东黄城根北街16号
邮政编码：100717
http://www.sciencep.com

成都锦瑞印刷有限责任公司 印刷
科学出版社发行　各地新华书店经销

*

2021年5月第 一 版　　开本：787×1092 1/16
2021年5月第一次印刷　　印张：9
字数：250 000

定价：99.00元
（如有印装质量问题，我社负责调换）

前　言

　　能源燃烧排放的大量温室气体导致全球气候变暖，由此引发的极地冰盖融化、海平面上升等问题已经威胁到人类的生存以及经济社会的可持续发展。保护地球资源环境、寻求绿色低碳发展模式已刻不容缓。"应对气候变化，实现低碳发展"已成为当今世界发展的主旋律。任何经济活动都伴随着资源能源的消耗和一定程度上的环境污染，贸易活动在促进全球经济增长的同时也带来污染问题，同时，由于生态系统对自然资源供给的有限性和贸易活动对自然资源需求的无限性之间的矛盾以及环境污染的外部性特征，使得贸易与气候变化问题愈发严峻。生态环境是人类赖以生存发展的前提和基础，没有良好的生态环境，人类的生存发展也无从谈起。国际社会反复强调应对气候变化的重要性和紧迫性，制定了诸如《京都议定书》《巴黎协定》等一系列应对全球气候变化的国际合作文件。我国也在采取措施积极应对气候变化，2012 年，党的十八大把生态文明建设纳入中国特色社会主义事业"五位一体"总体布局，我国生态文明顶层设计和制度体系建设加快推进，"两山"理论成为新发展理念的重要组成部分；2017 年，党的十九大将生态文明建设提升为千年大计，把"必须树立和践行绿水青山就是金山银山的理念"写进大会报告；同时，我国提出到 2030 年，单位国内生产总值 CO_2 排放比 2005 年下降 60%~65%，CO_2 排放 2030 年左右实现碳达峰并争取尽早达峰等目标，这些都彰显出我国应对气候变化的力度与决心。

　　伴随着经济全球化的发展，各国间的贸易活动日益频繁，这使得各国间的生产和消费逐步发生分离，也加剧了碳排放在国际间的流动，由贸易活动产生的环境污染应该如何界定？中国对外贸易中的隐含碳排放竞争力呈现何种变化？诸如此等一系列问题困扰着我国经济的长期可持续发展，国际上的绿色贸易壁垒也影响着我国对外贸易的健康发展，因此，科学合理地认识贸易碳泄漏问题，正确判定贸易隐含碳排放的来龙去脉，明晰不同行业部门隐含碳排放的高低，了解我国对外贸易隐含碳排放竞争力处于何种态势等成为一项重要的研究课题，对于我国低碳贸易竞争力的提升等也具有重要的现实意义。与此同时，中国作为最大的发展中国家，面临经济转型、社会发展和环境保护等多重挑战，尤其是面临环境约束上升、人口红利削弱、低碳贸易壁垒加剧等问题，当前亟需构建合理的贸易隐含碳排放的测算方法和认定方案。基于此，作者撰写了本书，结合我国对外贸易发展的实际问题构建中国对外贸易隐含碳排放测算的非竞争型投入产出模型、低碳贸易竞争力指数以及对数平均迪氏指数(logarithmic mean Divisia index，LMDI)因素分解模型，基于历年中国行业部门的投入产出数据等进行多维度的研究分析，并在此基础上结合我国对外贸易发展的实际情况，提出中国低碳贸易竞争力提升的对策措施，以期为我国低碳经济发展和生态文明建设提供科学支撑，使我国在新一轮的国际贸易竞争中取得先机。

　　全书共分为八章，具体安排为：第 1 章是绪论，主要介绍选题依据、研究意义、国内外研究现状、研究思路与方法、内容安排与技术路线以及创新之处等；第 2 章是相关概念界定与理论基础；第 3 章是中国对外贸易发展及能源消耗现状；第 4 章是中国对外贸易隐含碳排放估算；第 5 章是中国对外贸易隐含碳排放竞争力测度；第 6 章是中国对外贸易隐含碳排放竞争力影响因素分析；第 7 章是中国对外贸易隐含碳排放竞争力提升的对策措施；第 8 章是结论与展望。

  本书得到了 2020 年度贵州财经大学校级科研基金项目"中国低碳贸易竞争力的影响因素研究"（编号：2020XJC01）的资助。在读研究生王青松、任香、尚帅伟、张珂、贾素真、陈丰华、李铖睿、钟帅、陈嘉玮、李超、许帅等，他们不辞辛劳为本书的资料收集、数据处理等做了大量工作，在此表示感谢！同时，本书参考和借鉴了国内外诸多专家学者的研究成果和资料，作者都做了标注，但若是有遗漏，在此表示歉意。要说明的是，由于作者水平有限，书中难免存在疏漏和不妥之处，敬请同行专家和读者予以批评指正，以利于我们不断完善和进步。

胡剑波

2020 年 12 月

目 录

第1章 绪论 1
  1.1 选题依据与研究意义 1
    1.1.1 选题背景与问题的提出 1
    1.1.2 选题意义 2
  1.2 国内外研究现状 3
    1.2.1 国际贸易与气候变化的关系 3
    1.2.2 碳泄漏相关问题研究 4
    1.2.3 国际贸易中碳排放的测算方法 6
    1.2.4 贸易竞争力的相关研究 9
    1.2.5 碳排放影响因素的研究方法 10
    1.2.6 总体评述 13
  1.3 研究思路与方法 13
    1.3.1 研究思路 13
    1.3.2 研究方法 14
  1.4 内容安排与技术路线 15
    1.4.1 内容安排 15
    1.4.2 技术路线 16
  1.5 创新之处 16

第2章 相关概念界定与理论基础 17
  2.1 相关概念界定 17
    2.1.1 隐含碳排放 17
    2.1.2 贸易竞争力 19
  2.2 理论基础 21
    2.2.1 "污染避难所"假说 21
    2.2.2 环境库兹涅茨理论 23
    2.2.3 清洁生产理论 26
    2.2.4 低碳经济理论 28
    2.2.5 绿色发展理论 31
    2.2.6 竞争优势理论 34
  2.3 本章小结 36

第3章 中国对外贸易发展及能源消耗现状 37
  3.1 中国对外贸易发展概况 37

  3.1.1 中国对外贸易的发展规模 37
  3.1.2 中国对外贸易的商品结构 40
  3.1.3 中国对外贸易的发展方式 46
  3.1.4 中国对外贸易的国家(地区)结构 48
 3.2 中国能源储量分布及消耗现状 52
  3.2.1 中国能源储量分布情况 52
  3.2.2 中国能源消耗概况 59
 3.3 本章小结 64

第4章 中国对外贸易隐含碳排放估算 66
 4.1 投入产出分析法 66
 4.2 对外贸易隐含碳排放模型构建 67
 4.3 数据来源及处理 68
  4.3.1 行业划分及调整 68
  4.3.2 主要能源 CO_2 排放系数估算值 68
 4.4 实证结果与分析 69
  4.4.1 中国对外贸易总体隐含碳排放情况 69
  4.4.2 中国对外贸易分行业隐含碳排放情况 70
  4.4.3 中国对外贸易分三次产业隐含碳排放情况 73
 4.5 本章小结 74

第5章 中国对外贸易隐含碳排放竞争力测度 75
 5.1 国际竞争力测度指标 75
  5.1.1 比较优势指数 75
  5.1.2 贸易竞争力指数 75
 5.2 低碳贸易竞争力指数构建 75
 5.3 数据来源及处理 77
 5.4 实证结果与分析 77
  5.4.1 中国对外贸易隐含碳排放总体竞争力情况 77
  5.4.2 中国对外贸易隐含碳排放分行业竞争力情况 78
  5.4.3 中国对外贸易隐含碳排放三次产业竞争力情况 80
 5.5 本章小结 81

第6章 中国对外贸易隐含碳排放竞争力影响因素分析 82
 6.1 指数分解法及 LMDI 分解法 82
  6.1.1 IDA 的基本形式 82
  6.1.2 LASPEYRES 指数分解法 82
  6.1.3 Divisia 指数分解法 83
 6.2 对外贸易隐含碳排放竞争力影响因素的 LMDI 模型构建 85
 6.3 数据来源及处理 86
 6.4 实证结果与分析 86

  6.4.1 中国对外贸易隐含碳排放总体竞争力影响因素分析 86
  6.4.2 中国对外贸易隐含碳排放分行业竞争力影响因素分析 89
  6.4.3 中国对外贸易隐含碳排放三次产业竞争力影响因素分析 101
 6.5 本章小结 105

第7章 中国对外贸易隐含碳排放竞争力提升的对策措施

 7.1 宏观层面 107
  7.1.1 实施贸易低碳化发展政策 107
  7.1.2 倡导新型减排责任分担体系 107
  7.1.3 积极参与国际气候谈判 108
  7.1.4 用法律武器应对低碳贸易壁垒 109
 7.2 中观层面 110
  7.2.1 优化升级对外贸易结构 110
  7.2.2 培育新兴产业并拓宽低碳贸易发展领域 110
  7.2.3 调整能源消费结构 111
  7.2.4 对重点产业实行强制减排 112
 7.3 微观层面 113
  7.3.1 推广低碳减排技术应用 113
  7.3.2 加强低碳领域投资 113
  7.3.3 推进碳金融业务发展 114
  7.3.4 学习发达国家先进低碳技术 115
 7.4 本章小结 116

第8章 结论与展望

 8.1 主要结论 119
 8.2 研究不足 121
 8.3 未来展望 122

参考文献 123

第1章 绪　　论

1.1 选题依据与研究意义

1.1.1 选题背景与问题的提出

工业革命以来，人类通过大量消耗化石能源获得了丰富的物质资产，提高了人类的物质生活水平，而大规模化石能源的使用加剧了全球变暖、环境恶化等一系列问题。这些问题一直困扰着人类的生产生活，如何推动经济的可持续发展成为摆在人们面前的一道重要难题。由于生态系统自身的复杂性，截至目前，全球气候变暖形成的机制、原因以及对国际社会造成的具体影响还没有被人类完全掌握。与此同时，随着经济全球化的发展，每一个国家及地区碳排放的多少都无法精确地测定，从而导致对其责任的界定也无法得到统一的答案。虽然国际社会对气候变暖的程度、成因、主要责任以及解决问题的路径方面还存在不同看法，但是主流观点已经逐渐趋于一致，至少形成四点共识(马凯，2007a)：第一，全球气候变暖已是被人类承认的科学事实，全球范围内的大气以及海洋平均温度升高导致南北极的冰雪日渐消融以及全球海平面的不断上升也已是既定事实；第二，气候变暖这一全球现象已经对许多方面造成了无法估量的不良影响，其中包括当前的生态系统平衡、资源环境、海平面上升、动植物生长、水资源、人类生命健康以及其他生产生活等方面(葛全胜等，2017)；第三，影响全球气候变化的因素多种多样，除了最常见的自然因素外，人为因素的影响尤其显著，特别是与CO_2浓度的不断上升关系紧密；第四，气候变化是全球性的，各国人民已经受到气候变化带来的不良影响，采取何种措施积极应对以及扭转不良的气候变化是关键问题。正是由于全球性这一特殊性质，所以必须依靠各国人民的共同努力(马凯，2007b)。任何经济活动的发展与环境的波动都相互关联，国际贸易作为一项重要的经济活动，在经济全球化的背景下展现出强劲的活力，对自然环境的影响也愈发突出(谷祖莎，2013)。由于生态环境对自然资源供给的有限性和贸易活动对自然资源需求的无限性之间的矛盾以及环境污染的外部性特征，造成了贸易活动碳排放交易权分配、环境资源产权界定等一系列亟待解决的问题，正确处理好贸易与环境的关系已迫在眉睫。

贸易在促进中国经济高速增长的同时也带来了严重的环境污染问题(代丽华等，2015)。据国际能源署(International Energy Agency，IEA)统计数据显示，2007年，中国成为第一大碳排放国，年碳排放量达60.72亿吨(窦思远，2018)；2016年，全球碳项目(Global Carbon Project，GCP)发布的《2016年全球碳预算报告》指出，中国年碳排放量已超过美国与欧盟之和，占全球碳排放总量的29%(刘学之等，2017)。全球各国也表现出治理气候变化和环境污染的决心，国际社会制定的《京都议定书》《哥本哈根协议》《巴黎协定》等合作文件都强调应对气候变化的重要性和紧迫性。中国碳排放的高速增长，使得中国在全球气候变化大会中成为众矢之的。但在当今开放的经济系统中，应当注意贸易碳泄漏问题日益突出,一国的生产和消费逐步发生分离,在碳排放责任认定时,应充分考虑由贸易活动导致的碳排放(徐盈之和郭进,2014)。

与此同时,中国作为最大的发展中国家,面临经济转型、社会发展和环境保护等多重挑战,尤其是面临环境约束上升、人口红利削弱、低碳贸易壁垒加剧等问题,过去粗放式的生产方式已然不适用于当前的发展要求,以破坏生态环境促进经济增长的发展方式已难以为继,"生态文明""绿色文明"逐渐深入人心,尤其是进入"十三五"以来,我国提出了绿色发展理念,对环境问题的关注上升到了新的高度。立足于经济发展新常态,提升经济发展质量和水平,促进低碳经济可持续发展,加快构建低碳产业体系,力求在新一轮的国际贸易竞争中取得先机。

1.1.2 选题意义

1. 理论意义

自工业革命以来,人类无论是在生产环节还是在商品交易时的流通环节,亦或是消费的环节中均出现无限制大量使用化石燃料的情况,从而导致释放到大气中的 CO_2 等温室气体数量不断攀升,由此加剧了全球气候变暖现象,随之而来的是严重的气候变化问题,对自然生态系统以及人类生活生产造成重大的负面影响,所以关于碳排放问题的研究方兴未艾。在国际分工和参与国际贸易活动时,各国普遍以比较优势理论和要素禀赋理论为基础,该理论认为贸易增长中的环境因素应该作为外生变量,但现实中的贸易增长却是以能源大量消耗和环境污染为代价。与此同时,CO_2 等温室气体作为环境的重要组成部分,加之其全球流动性的特点,应当纳入国际贸易与环境的理论范畴之中,这对于进一步丰富可持续发展理论、环境经济理论以及低碳经济理论等都具有积极意义。

2. 现实意义

中国一直以来较为粗放的生产方式,形成对能源资源较为严重的依赖性,由此产生大量的碳排放,使我国在国际气候变化大会中面临巨大压力,而在经济全球化背景下,一个国家的发展离不开其他国家或地区的贡献。因此,由贸易产生的环境污染则需要重新考量,在此背景下,研究中国对外贸易隐含碳排放竞争力问题对于明晰中国对外贸易隐含碳排放竞争力处于何种状况以及有效规避低碳贸易壁垒等都具有重要的现实意义。因此,本书通过构建非竞争型投入产出模型,测算了我国对外贸易中的隐含碳排放,研究哪种行业部门产生的贸易隐含碳排放最多、是否为隐含碳排放的密集型行业部门;构建低碳贸易竞争力指数指标,分析我国对外贸易中的隐含碳排放竞争力究竟处于何种态势;运用 LMDI 因素分解模型研究我国对外贸易中隐含碳排放竞争力的影响因素。这不仅可以为国家制定低碳发展战略、走低碳经济发展之路提供实证依据和数据资料,而且还可以为优化调整对外贸易结构、加快促进供给侧结构性改革等方面提供参考,同时对于环境污染控制、碳交易市场开发、引导产业的低碳绿色发展、应对国际气候谈判以及实现减排目标等都具有重要的积极意义,对于促进生态效益、经济效益以及社会效益的共赢具有重要的实际价值。

1.2 国内外研究现状

1.2.1 国际贸易与气候变化的关系

在经济全球化的背景下,各国间的经贸交融愈发频繁,由贸易活动导致的气候变化问题也日益严重,众多学者开始重新审视当前的国际贸易市场与气候变化的相互关系,此类研究对贸易活动的持续健康发展具有积极意义。

(1) 通过对气候变化对国际贸易自由化的影响的研究表明:因气候变化而增加的极端天气和气候灾难将严重增加国际贸易成本,不利于国际贸易的开展。庄贵阳(2009)认为根据《京都议定书》和《联合国气候变化框架公约》(United Nations Framework Convention on Climate Change,UNFCCC)相关条款规定,各国都借气候变化政策实施之名,实施变相的贸易保护。孙宁宁(2014)认为全球气候变化治理是政治和经济的综合问题,发达国家在处理气候变化问题时,往往以公平竞争和环境保护的名义设置绿色贸易壁垒,来限制发展中国家的经济发展,从而也阻碍国际贸易自由化发展。为了能使更多的发展中国家加入气候变化谈判当中,部分学者认为西方发达国家多采用"大棒",即强硬的贸易制裁政策,向中国等发展中国家进行施压,将关税措施等贸易限制手段作为有效的经济工具,强迫发展中国家承担减排责任,此类行为毫无疑问将限制自由贸易的扩展(Tian and Whalley,2010;Helm et al.,2012)。胡剑波等(2015)认为诸多国家主张通过制定有约束力的全球气候框架公约来应对和减缓气候变化,但部分发达国家出于经济利益的目的,经常打着环保的幌子,在国际贸易中强制推行"碳关税""碳标签""碳减排认证"等贸易政策来达到贸易保护的目的,并使其逐步演变为国际贸易的新壁垒——碳壁垒。李惠茹(2016)认为发达国家企图通过绿色贸易壁垒和征收碳关税来解决全球贸易碳泄漏的问题,使得发展中国家承担更多的碳减排任务。但也有部分学者认为气候变化对贸易的影响并不是百害而无一利,气候保护与贸易自由化的冲突将会促进贸易协调机制的成熟和完善,各国在气候变化上的合作将促进低碳贸易和服务贸易的快速发展,并且全球气候变暖将显著增强农产品贸易和旅游业的发展(Tamiotti et al.,2009;Nielsen,2013)。Charnovitz(2002)认为贸易与环境的谈判为世界贸易组织(World Trade Organization,WTO)与众多气候变化组织间的合作提供了良好的机会,世界贸易组织与《联合国气候变化框架公约》在制度上的合作有利于贸易的健康发展。王丹(2011)分析了1979~2007年气候变化对我国水稻生产的直接影响,数据显示气候变化对我国稻谷增产的贡献率达到近9%;1979~2007年,我国稻谷的净出口量基本来自气候变化带来的稻谷增产。

(2) 通过对国际贸易对气候变化影响的研究,周新(2010)认为各个国家在温室气体排放清单的制定中没有考虑国际贸易中附加的碳排放,根据《京都议定书》,发达国家承诺以1990年排放量为基础的5%的削减目标,虽然发展中国家没有减排义务,但发展中国家激增的出口贸易严重影响《京都议定书》相关目标的实现。赵玉焕(2010)认为低碳技术为贸易减排做出主要贡献,此外,贸易的扩增使得人们收入提高,这会促进人们的绿色消费需求提高,进而减少贸易碳排放。孔淑红和周甜甜(2012)从我国出口生产及物流对环境污染影响的概况、各工业行业以及各地区出口生产对环境污染的影响,以及环境污染对我国经济可持续发展带来的负面效应这三个方面进行了分析,发现我国出口贸易存在诸多不利于环境保护的因素,开放程度大的工业行业及地区出口贸易额的增长趋势与环境污染物排放增长趋势大体一致。出口贸易生产对环境造成的污染,给我国经济增长带来很大的负面影响。闵继胜和胡浩(2013)基于1991~2008年的相关数据,对我国农产品对外贸易的温室气体排放效应进行实证分析。其研究表明,农产品对外贸易对我国农业生产的温室气体排放呈现结构和规模正效应、技术负效应;由于较大的规模正效应,农产品对外贸易并未增加我国农业生产的温室气体排放量。许源等(2014)运用引力模型和2000~2010年面板数据,检验了CO_2排放强度衡量的环境规制对我国碳密集型行业出口贸易的影响,发现我国的污染管制阻碍了高污染密集型产品的出口,从而验证了"污染避难所"假说在中国是成立的。曹薇和王自然(2016)通过空间计量学对我国2000~2012年对外贸易和环境污染关系进行研究,结果表明我国环境污染和对外贸易都存在空间自相关性,并且固体废弃物污染和废气污染对进出口贸易影响为负,而废水污染对进出口贸易影响为正。彭水军和张文城(2016)认为气候变化对全球贸易的影响和冲击分为两个部分:一是减排活动引起的贸易政策的变化将会对贸易产生影响,这很可能将是一种新的贸易壁垒;二是气候变化带来的物理效应对全球贸易也将会产生潜在的影响,主要可能会导致产业部门的比较优势发生变化以及生产成本的提高。刘修岩和董会敏(2017)利用2000~2011年中国省级面板数据,从贸易开放度与贸易结构两个维度检验出口贸易对空气污染的影响,结果显示出口贸易导致的污染物,各地区存在一定差异,重工业会严重增加颗粒物和硫化物的产生,而高技术产业出口则对环境存在着缓解效应。李光龙和张明星(2018)基于1999~2015年我国30个省(区、市)的面板数据,利用固定效应和随机效应模型,实证分析对外贸易水平和环境污染之间的关系,结果表明对外贸易水平和环境污染之间存在倒"U"形关系,在对外贸易低水平发展阶段,以低端工业化为特征的贸易带来环境恶化和生态破坏,但贸易产业结构升级可以缓解环境污染加剧的情况。

1.2.2 碳泄漏相关问题研究

区际贸易隐含碳排放转移是导致区际碳泄漏、碳减排权责失衡等问题的重要原因,对全球碳排放格局及碳减排效果影响重大。研究区际碳转移时空格局演化规律和内在驱动机理,研制针对性碳转移优化调控方案,对提升区域整体碳减排效率和经济生态综合效益具有重要现实意义,近年来已引起国内外学者越来越多的关注,逐渐成为区域可持续发展和生态经济研究的热点问题之一。

Tolmasquim和Machado(2003)测度了20世纪90年代巴西的能源使用情况、CO_2排放量和国际贸易之间的关系,发现巴西工业部门使用的6.6%的最终能源和7.1%的碳排放是由国际贸易产生的,认为因国际贸易而导致的碳泄漏会提升大气中的CO_2浓度。Gerlagh和Kuik(2007)构建了两个碳泄漏竞争模型,分别代表"污染避难所"假说和强调全球整合碳能源市场的作用,研究了国际技术溢出对碳泄漏的影响,发现中等水平的国际技术溢出可减少碳泄漏。Maria和Werf(2008)基于单方面气候政策和定向技术变革方法重新审视碳泄漏问题,研究发现,气候政策导致相对价格的变化,进而通过贸易条件的影响引致碳泄漏问题,以往研究中忽略了价格变动对创新激励的影响,使得测算的碳泄漏程度偏高。

Hertwich 和 Peters(2009)基于全球贸易视角分析了 73 个国家的碳足迹,研究发现 72%的温室气体排放与家庭消费有关,10%与政府消费有关,18%与投资有关。Elliott 等(2010)研究了贸易发展和碳关税的实施问题,认为应该对碳密集型商品的进口进行征税,对该商品的出口进行补贴,并对贸易碳泄漏问题进行预测。

赵玉焕等(2011)基于进出口比例指标,研究了中国与欧盟之间碳密集型产品的贸易碳泄漏问题,研究结果表明,中欧之间贸易碳泄漏程度较小,欧盟不应该以此来征收碳关税。闫云凤(2013)基于非竞争型 I-O 预测模型,研究国际贸易是如何影响我国 CO_2 排放的,研究发现加工贸易是我国贸易碳排放增长的主要驱动力。陈红蕾和翟婷婷(2013)发现以 2007 年为分界点,中国在中澳贸易中由隐含碳的净出口国转变为隐含碳净进口国,这意味着中国通过中澳贸易向其转移了碳排放,即中澳双边贸易有利于中国经济节能减排并向低碳发展模式转型。傅京燕和张春军(2014)基于分行业面板数据,研究了 1996~2010 年国际贸易、碳泄漏与制造业碳排放的关系,认为整体上"污染避难所"假说在我国并不成立,国际贸易有利于中国制造业的发展。邓荣荣(2014)认为南南贸易与南北贸易对中国的环境影响是不同的。一方面,尽管中国处于中印贸易的"污染顺差"地位,但净贸易含碳量并未快速增长,"环境贸易条件"也不断改善;另一方面,导致我国对印度持续污染顺差的主要原因在于我国对印度的贸易顺差,而非技术水平与进出口商品结构等因素。因此,为降低与发展中国家开展对外贸易产生的污染排放,中国需要在"贸易顺差"与"污染逆差"中进行取舍。马翠萍和史丹(2014)认为自由贸易削减了一国环境管制的效果,一般来说,不承担减排义务的国家经济规模越大,参与世界经济的程度越高,其碳泄漏越大。傅京燕和张春军(2014)测算 1996~2010 年我国 27 个制造业的碳排放量,发现制造业和低碳制造业不存在碳泄漏的问题,而高碳制造业则相反,但整体上"污染避难所"假说这一结论在我国不成立,对外贸易对中国制造业碳排放的总体影响是有利的,中国不需要为了减少 CO_2 排放而去限制制造业的对外贸易。张云和唐海燕(2015)计算分析了我国 29 个行业部门贸易平衡条件下的贸易隐含碳,再以行业产出增加值为指标确定产业链上下游行业的碳排放责任分配比例,构建国际贸易碳排放共担责任分配模型,测算代表性行业 CO_2 排放在生产者和消费者共担责任原则下可能的结果。其研究结果证实,我国 2007 年出口和净出口隐含 CO_2 排放量占比都较大,金属冶炼及压延加工业、交通运输仓储和邮政业、化学工业三个行业在共担责任原则下有约 30%的责任应该由国外消费者承担。吴开尧和杨廷干(2016)基于全球多区域投入产出模型,研究全球七个区域的碳排放问题,梳理了国际贸易隐含碳转移的时间演变问题。孙金彦和刘海云(2016)基于 2005~2013 年我国省级面板数据,验证国际直接投资(Foreign Direct Investment,FDI)与城市碳排放的关系,结果显示:从贸易依存度的角度来看,我国的进口和出口贸易碳排放总额都在呈现上升趋势,但出口碳排放明显高于进口碳排放;从贸易方式来看,一般贸易碳排放效应小于加工贸易;从外商直接投资不同来源地的角度来看,来源于亚洲地区的 FDI 导致我国 CO_2 的增多,而欧美地区的 FDI 则相反。陈贻健(2016)将碳泄漏导致的排放量依"生产者负担"原则完全计入出口国的碳排放总量,以此决定减排责任分担,发现会导致严重的公平问题,发达国家以本国竞争力受损为由采取规制碳泄漏的单边措施,非但不能真正解决碳泄漏问题,反而会加重上述不公平现象,为了规制碳泄漏问题并解决其对减排公平分担的影响，必须要确立"原因者负担"的减排责任原则，促进多边贸易机制的低碳化。钟冰平（2017）首先计算出1998～2014年金砖国家与美国贸易间高碳产业与低碳产业的净出口消费指数，通过对比分析该指数研究是否存在高碳产业跨国界转移现象，然后基于静态模型与动态模型，以及工具变量法和广义矩估计控制相关变量的内生性问题，利用金砖国家1992～2012年的面板数据考察国际贸易与碳排放间的关系，研究结果表明高碳产业与低碳产业均发生了产业转移，并且表现为双向转移；国际贸易开放度的提高使得金砖国家碳排放以及人均碳排放增加。由此，作者认为金砖国家应优化贸易结构，以减少对其贸易伙伴国的隐含碳排放。杨曦和彭水军（2017）基于异质性企业贸易模型，研究碳关税能否有效处理碳泄漏和竞争力的问题，研究发现技术进步是降低碳泄漏率的主要驱动力，征收碳关税则使得发达国家和发展中国家的贸易竞争力都有所下降。

Garella和Trentinaglia（2018）基于两国价格竞争模型，假设每个国家都有一家污染企业和差异化产品，比较了碳税、碳排放标准和价格竞争下的碳泄漏问题，结果发现征收碳税导致比碳排放标准更高的碳泄漏和全球碳排放问题。钟章奇等（2018）采用多区域投入产出法进行建模，在计算中国各省份贸易隐含碳结构的基础上，深入探讨为减轻区域间贸易对省域碳排放核算及其减排责任划分的影响，以及中国各省区开展区域合作共同应对碳减排的问题，提出"开展区域合作共同减排比单个省区独自应对更为有利"的理论意见。党玉婷（2018）采用1990～2016年中国的省级面板数据，估计贸易、外商直接投资和经济增长对中国碳排放的长期和短期影响，结果表明无论是长期还是短期，FDI都显著增加我国的CO_2排放量，贸易开放度对碳排放的影响在短期内并不显著，但对长期的影响显著，即经济增长在长期和短期都增加了中国的碳排放。

1.2.3 国际贸易中碳排放的测算方法

截至目前，国内外测算碳排放的方法主要有三种，即：生命周期分析法（life cycle assessment，LCA）、联合国政府间气候变化专门委员会（Intergovernmental Panel on Climate Change，IPCC）方法和投入产出分析法（input-output analysis，IOA）。

1. 生命周期分析法

过程分析（process analysis），即生命周期分析法，是一种从微观层面、由下而上分析的方法，在一个产品的整个生命周期内，对其主要生产过程所需的各种能源进行鉴别和量化，主要是从微观的角度对单个产品或过程进行分析，该方法常常用来测算工业原料、建筑中以及煤电能源消费隐含碳排放（任亚运，2017）。

第一，生命周期分析法在工业原料隐含碳排放的相关研究（任亚运，2017）。Gallego和Lenzen（2005）在研究生态足迹时，采用生命周期评估法对完全的生产者和消费者责任进行全面的评估。Shui和Harriss（2006）在研究中美贸易中的隐含碳排放时，借助生命周期评价软件，得出中国大约有7%～14%的CO_2排放来自中美贸易，中国完全是隐含碳排放的出口国；假如美国在国内自行生产国内消费需要的那些进口产品，那么美国的碳排放将会提高3%～6%。欧训民和张希良（2009）利用全生命周期分析法，计算中国9种主要的终端能源化石能耗及温室气体排放强度(碳强度),发现电力碳强度最高,石油基、天然气基和煤基燃料碳强度依次升高。导致碳排放强度高的主要原因是低采收率、高 CH_4 泄漏水平和低生产转化率。陈波等(2010)利用生命周期法对转炉钢渣内部综合利用方式进行合理规划,发现转炉钢渣内部综合利用可有效降低钢铁生产的资源与能源消耗,这是碳排放消解的主要途径。王兆君等(2017)选用生命周期评价法,以子午轮胎产业为例,运用 205/65/R/15 型轮胎数据,对我国轮胎产业碳排放量进行测算,结果显示仅我国年生产的子午线轮胎在整个生命周期的 CO_2 排放量就高达 3.16 亿吨,且集中在使用阶段和生产阶段。

第二,生命周期分析法在建筑业隐含碳排放的相关研究。付加锋和黄江丽(2010)在全生命周期理论的基础上,分别计算长春市公共建筑和居住建筑所产生的环境污染,并探讨国家建筑减排法案对建筑业低碳发展的潜在影响力。张涑贤和孙永乐(2015)以一栋三层钢筋混凝土结构建筑为例估算其碳平衡,并在此基础上分析碳平衡的影响因素,发现碳吸收量相较于碳排放量更不能被忽略;在混凝土中使用混合水泥替代普通水泥可以减少碳排放;混凝土废弃物回收再利用作为粗骨料生产混凝土可以增加碳吸收。肖雅心和杨建新(2016)依据 1990~2010 年每 5 年的中国能源与建材生命周期清单数据,对北京的建筑的生命周期碳排放进行核算,以揭示北京市住宅建筑系统的环境负荷变化特征,结果表明:北京市住宅建筑生命周期碳足迹随时间推移呈现降低趋势,主要来自能源系统和建材生产系统的碳减排贡献。北京不同结构建筑的碳足迹尽管有差异,但都呈现出相似的下降趋势。

第三,生命周期分析法在煤电能源消费隐含碳排放中的相关研究。夏德建等(2010)应用全生命周期分析法建立了我国煤电能源链的碳排放计量总模型和各环节的子计量模型,进而通过详细计算得出我国燃煤电厂单位发电量引致的子环节当量排放及煤电能源链 CO_2 当量的总排放数据,通过对比发现,燃煤发电环节成为我国煤电能源链温室气体排放的主要环节。刘韵等(2011)探讨了目前国际国内企业碳足迹生命周期的研究现状及问题,以电力企业为例,根据企业具体情况与流程,尝试建立起一套电力企业的碳足迹生命周期核算技术体系,并提出其发展与应用的困难与建议。王悦等(2016)对我国风电产业的全生命周期碳排放总量进行测算,并与火电行业进行对比分析,发现 2010 年我国风电产业所产生的 CO_2 主要来自上游石化等高污染重工行业,与火电行业碳排放相比,我国风电产业全生命周期 CO_2 减排量减排效果非常显著。

2. IPCC 方法

IPCC 方法是国际上测算碳排放通用的方法之一,在估算温室气体(greenhouse gas,GHG)排放方面提供了详细的思路(任亚运,2017)。Hashimoto 等(2002)采用 IPCC 方法对其储碳量进行详细的分析,发现在 1990~1999 年,大多数国家的木质林产品年均储碳量远小于碳排放,仅仅为碳排放的 10%。Greena 等(2006)以 1961~2003 年作为研究期间,以爱尔兰为研究对象,运用 IPCC 方法测算研究期间内爱尔兰木质林产品与 SWDS 木质林产品的碳储量,与此同时又对结果的不确定性采用蒙特卡罗模拟法进行研究讨论,发现利用蒙特卡罗分析得出的估算值存在不确定性。毕君等(2011)基于 IPCC 方法,对河北省 2005

年森林及其他木质生物质碳储量进行研究,发现河北省灌木林和经济林是河北省森林的两个重要碳库。姜国庆(2013)利用 IPCC 方法对电煤供应链碳排放过程及其测度进行研究,结果表明:首先,电煤生产环节碳强度呈上升趋势,与煤层气排空量密切相关且成本脱钩弹性呈强负脱钩;其次,电煤铁路运输的单位 CO_2 排放量小于公路和水运;最后,电价的提升以及电煤能源转换效率的提升是促进电煤消费环境碳排放缩减的主要原因。闫丰等(2018)采用 IPCC 排放因子法计算京津冀地区 2006~2015 年的碳足迹,结果表明京津冀地区碳足迹变化趋势分为 2 个阶段,2006~2013 年呈现快速增长趋势,2013 年之后基本保持不变;在考虑森林、草地、农用地固碳能力的前提下,2009 年京津冀地区的碳承载力有明显增高,之后基本保持平稳。刘洪涛和杨洋(2018)在利用 IPCC 方法估算我国 30 个省份 2000~2012 年 CO_2 排放量的基础上构造动态面板数据模型,同时使用工具变量以及动态广义矩估计(generalized method of moments,GMM)方法进行参数估计,结果显示:信息化能显著降低中国总体碳强度,东部地区信息化对区域碳强度降低的作用大而显著,中西部地区则为小而不显著。王勇等(2018)利用 IPCC 方法测算我国各省份的碳排放量及其碳强度,并建立了碳排放权省份分配模型,分阶段进行碳排放权的省份分配,结果表明,2016~2020 年,我国各地区碳排放权分配地区差异明显,碳排放权配额最多的 5 个省(区)分别是广东、江苏、内蒙古、山东和山西,配额最少的 5 个省(区)依次是安徽、吉林、甘肃、宁夏和贵州;同时,各地区面临不同的减排压力,山西等省份需要承担较大的减排压力,而广东、江苏等地减排压力相对较小。

3. 投入产出分析法

投入产出分析是一种由上自下进行分析的方法,并且也是目前对产业部门碳排放进行分析研究的主流方法。Heil 和 Selden(2001)基于 1950~1992 年 132 个国家的碳排放数据,利用跨国计量模型研究国际贸易强度和碳排放之间的关系,结果发现增加贸易强度时,会增加低收入国家的碳排放量而降低高收入国家的碳排放量。Machado 等(2001)认为国际贸易是影响一个国家产业结构的重要因素,进而会影响一个国家的能源使用和 CO_2 排放,他们基于投入产出方法研究了 1995 年巴西在国际贸易中隐含的能源碳排放,发现巴西在国际贸易中是能源和碳排放的净出口国。Peters 和 Hertwich(2008)研究了国际贸易与环境污染流动之间的关系,测算 2001 年 87 个国家的贸易碳排放,发现全球有 5.3Gt 以上的 CO_2 是由贸易活动产生的,认为应合理评估贸易在一个国家或地区的经济和环境发展中的作用,制定更有效和更具有参与性的气候政策。Halicioglu(2009)研究了 1960~2005 年土耳其 CO_2 排放、能源消耗、收入和对外贸易发展的动态因果关系,发现收入是解释土耳其碳排放增长的最重要变量,其次是能源消耗和对外贸易。余慧超和王礼茂(2009)基于投入产出法构建贸易碳排放转移模型,测算 1997 年和 2002 年中美贸易碳排放转移量,发现中国为美国承担了大量的碳排放,而其中化学工业等部门成为贸易碳排放的主要转移部门。方修琦等(2011)分析投入产出法和生命周期法等方法在测算贸易碳排放时的异同,认为碳排放强度和加工贸易碳排放转移差异是造成测算结果不一的主要问题。王媛等(2011)基于国际分工视角,运用投入产出法研究中国在国际贸易中的碳排放转换问题,发现中国替发达国家承担了应有的碳排放。闫云凤(2012)运用环境投入产出模型,研究1995~2010年中欧贸易间的环境污染转移问题,发现中国替欧盟承担了2.99%~8.85%的碳排放,认为贸易结构和能源强度差异是导致该问题的主要原因。Fu和Zhang(2015)基于1996~2010年行业面板数据测算27个制造业的国际贸易碳排放量,验证了库兹涅茨曲线和污染避难所假说,发现整体上污染避难所假说在中国不成立。潘安(2017)采用中国地区投入产出数据,计算2012年我国31个省份的对外贸易隐含碳和区域间贸易隐含碳。研究结果表明,碳泄漏主要在于区域间贸易而非对外贸易,即广东、江苏、浙江等碳排放净流出地区是碳排放从国外转移至国内的中转地,而山西、内蒙古、河北等碳排放净流入地区则是碳排放转移链的目的地;我国承接的国外碳转移主要集中在工业制成品贸易(黄蕊等,2017;齐亚伟和徐志琴,2018)。黄蕊等(2017)采用多区域投入产出模型,计算江苏基于生产者角度和消费者角度的碳排放和 SO_2 排放,发现江苏属于碳排放和 SO_2 排放净流入区域,且传统重污染行业产生的贸易隐含碳和 SO_2 数量都较大,这使得未来江苏产业结构调整将面临较大压力。

丁玉梅等(2017)基于多区域投入产出模型(multiregional input-output model,MRIO)测算了2002~2011年我国31个省份的农产品贸易隐含碳,进而用LMDI方法对其进行因素分解,发现我国农产品贸易隐含碳呈现持续增长趋势,并且进口大于出口。韩中等(2018)基于WIOD数据库,运用MRIO从国际最终需求视角方面测算主要经济体的消费碳排放,发现中国出口贸易隐含碳最多,欧盟是转移隐含碳最多的地区。王喜莲和任慈宇(2018)采用MRIO模型从生产和消费的不同角度对西北地区贸易隐含碳排放进行测算,认为西北地区生产侧和消费侧的隐含碳排放分别属于隐含碳净流入较高的区域;隐含碳流入量最大的4个产业分别为电力蒸汽热水煤气自来水供应业、非金属矿物制品业、采选业、金属冶炼及制品业。胡剑波和郭风(2018)利用贸易竞争力(trade competitiveness,TC)指数分析法,构建对外贸易碳排放竞争力指数,分别从总体、行业部门以及三次产业视角测度和剖析中国对外贸易碳排放的竞争力水平状况,发现不同行业部门的贸易碳排放竞争力指数不同;三次产业的对外贸易碳排放竞争力水平有高有低,彼此间差距明显。

1.2.4 贸易竞争力的相关研究

在当前愈发开放的经济系统中,贸易竞争力作为衡量一国或地区国际竞争力的有效工具之一,得到国内外学者的广泛关注。

Baumol(1995)研究了具有高启动成本的环境产业或具有规模经济的环保新技术对贸易竞争力的影响,认为具有高启动成本的环境产业阻碍了潜在的竞争国家进入市场,具有规模经济的环保新技术促进了本国的经济发展,并且都会提高本国的贸易竞争力。Hatsopoulos 等(1988)认为巨额贸易逆差和美国国际债务增加是导致美国贸易竞争力下降的主要因素,如果国民储蓄率长期低于主要竞争国家,那么美国的经济地位和贸易竞争力就很难有所提升。Uchida 和 Cook(2005)研究了技术变动对贸易竞争力的影响,并从行业部门角度对比分析中国和美国等主要经济体之间贸易竞争力的变化趋势,发现技术要素是影响贸易竞争力的主要原因。Preibisch(2010)研究了加拿大外国劳动力流入、地方农产品与其贸易竞争力的关系,发现外国劳动力流入为雇主提供了更为灵活的劳动力选择,提高了加拿大在全球农产品市场的贸易竞争力。陈虹和章国荣(2010)利用国际市场占有率等指标研究了我国服务贸易的发展概况，将其与主要经济体进行对比后发现我国整体服务贸易竞争力较弱，还运用协整分析等方法分析了我国服务贸易竞争力的影响因素。Costantini 和 Mazzanti(2012)基于引力模型研究了环境监管和创新效应对欧盟出口贸易竞争力的影响，发现能源税收政策和企业技术创新对提升出口贸易竞争力具有积极作用，并可通过互补机制提高生产效率和出口贸易质量。Abbas 和 Waheed(2017)认为巴基斯坦的劳动力和土地的自然禀赋适合发展劳动密集型农业和制造业，并基于显示性比较优势方法研究了 2003～2014 年巴基斯坦在农业和制造业内 14 个行业部门的贸易竞争力，在此基础上基于面板数据模型研究国内生产率增长和实际汇率对主要行业贸易竞争力的影响。

王文治和陆建明(2012)测算了 1995～2007 年全球 163 个国家的出口商品碳排放，并以制造业为例对要素禀赋假说和污染天堂假说进行检验，在此基础上测算了中国制造业的贸易竞争力。周玲玲和于津平(2014)认为从工业行业整体看，我国的贸易竞争力确实依赖于碳减排的低效率，但对研发强度高的行业而言，提高碳减排效率反而会提升贸易竞争力。郑义等(2015)结合碳生产率和传统贸易竞争力指数，构建低碳贸易竞争力指数，并计算和比较了 1995～2009 年中国各行业的低碳贸易竞争力和传统贸易竞争力，结果表明与低碳贸易竞争力指数相比，传统贸易竞争力指数高估了中国大多数行业的产业国际竞争力，低估了中国部分行业的产业国际竞争力的提升前景。张晓莹(2015)利用引力模型研究 2006～2011 年环境规制对中国污染产业贸易竞争力的影响因素，发现国内的环境规制增加了我国污染产业的生产成本。张兵兵等(2016)基于空间计量方法和全球 66 个国家或地区的面板数据，研究了贸易竞争力与 CO_2 排放强度的关系，发现两者呈现非线性倒"U"形关系。莫莎和王佩婷(2017)测算 1995～2011 年 36 个国家的工业低碳贸易竞争力，分析生产性服务进口质量促进工业低碳贸易竞争力提升的影响机理，结果表明：从总体上看，生产性服务进口对本国工业竞争力的提升有一定的效果，且相对于发达国家，其对发展中国家的促进作用更大；高技术类型的生产性服务进口质量对工业低碳贸易竞争力有显著的促进作用，但低技术类生产性服务进口质量的促进作用相对更大。殷琪和薛伟贤(2017)利用 TOPSIS 综合评价模型测算了"一带一路"国家的贸易竞争力，并对其进行对比分析，提出中国在沿线国家贸易博弈中取胜的对策建议。王孝松和陈冰洁(2018)基于 2005～2015 年中印服务贸易数据，利用显示性比较优势和贸易竞争力指标，测算中印两国的服务贸易竞争力，并从开放水平、税收结构等方面分析中国服务贸易竞争力弱于印度的原因。

1.2.5　碳排放影响因素的研究方法

目前对 CO_2 排放变化的相关影响因素进行分析的方法主要是因素分解法(decomposition analysis)，它之所以成为使用广泛的方法源自它的众多优点，其中包括直观简洁、数据操作方便等(林伯强和杜克锐，2014)。该方法的分析思路是对 CO_2 排放量变化进行分解，然后通过定量分析的方法研究影响 CO_2 排放的因素，并探讨每个因素对碳排放量变化的影响程度，其主要包含两种主要方法。

1. 结构分解分析法

结构分解分析法(structural decomposition analysis，SDA)最早是由 Leontief 和 Ford 在 1972 年提出的，此方法把投入产出模型以及投入产出表中的数据作为分析计算的基础，故此方法又被称为投入产出结构分解分析方法(input-output structural decomposition analysis，IOSDA)或者投入产出分解方法(input-output decomposition analysis，IODA)(Ang and Zhang，2000)。SDA 不仅对解释变量在空间和时间上的变化具有较强的说服力，并且还能够计算出驱动因素对目标变量变化的直接和间接影响程度。国外学者利用 SDA 方法研究碳排放影响因素由来已久。Gould(1986)利用 IOSDA 方法研究了加拿大萨斯喀彻温省的能源需求。Nobuko(2004)运用该方法探究了日本工业 CO_2 排放受到环境因素和生产技术的影响。Fernández (2005)研究行业和环境对人力资源实践有效性的影响。Rhee 和 Chung(2006)利用该方法研究韩国和日本 CO_2 排放驱动因素。Dietzenbacher (2006)利用 IOSDA 方法探究混合燃料的碳排放。Peter 和 Webber(2007)借助该方法对我国 CO_2 排放量受到技术、经济结构、城市化和生活方式等因素的影响做了详细分析，发现城市化和生活方式因素产生的影响较大，这两种因素的影响远远超过技术效应的影响。Guan 等(2008)运用该方法对我国 CO_2 排放影响因素做了相关研究，研究结果表明：家庭消费、投资和出口贸易的增长会对 CO_2 排放产生一定的拉动作用。Zhang(2009)同样运用该方法对 1992~2006 年我国 CO_2 排放影响因素进行研究，分析得出影响 CO_2 排放量的主要因素之一是生产方式。马晶梅和王新影(2015)通过构建 SDA 分解模型，考察了影响中美贸易环境变化的主要因素。由于基于投入产出模型的结构分解分析法具有理论基础明确、数据整齐、能分析各种直接因素和间接因素影响等特点，我国许多学者采用这种方法分析各种因素对能源消耗(李艳梅和张雷，2008)，能源强度(夏炎等，2009)，碳排放以及贸易含污量的影响(张友国，2010；钱志权和杨来科，2016)。

2. 指数因素分解方法

指数因素分解方法(index decomposition analysis，IDA)源自 Kaya(1989)在研究经济和人口等对 CO_2 排放的影响一文中。这种方法的基本思路是将影响 CO_2 排放的因素剖析为几个因素的乘积，接着利用不同的方法对其权重加以分解确定，从而明确各个因素的增量。常用的指数因素分解方法一般为 Laspeyres 指数分解法、Divisia 简单平均分解法和 Divisia 自适应权重分解方法。

1) Laspeyres 指数分解法

由于 SDA 方法在处理残差项上存在一定缺点，Sun(1998)、Ang 和 Liu(2001)、Claudia(1998)在 Laspeyres 模型对残差项方面做了进一步研究。Schipper(1992)采用该方法对美国及 OECD 国家 CO_2 排放问题进行了研究。Zhang(2003)在对 1990~1997 年中国工业部门能源消费变化进行分析时运用了没有残差的 Laspeyres 指数分解法。李鹏飞和张艳芳(2013)运用拉氏指数分解模型发现 1980~2011 年，结构调整和技术进步在提高工农业水资源利用效率方面都发挥了积极作用；平均而言，效率因素对水资源消耗强度降低的贡献更大；分阶段看，结构因素与效率因素对水资源消耗强度下降的贡献在不同时期存在较大差异。路正南等(2014)利用 Laspeyres 分解法对中国碳生产率的变动情况进行解析，并以 2000~2010 年为样本期，定量研究碳排放结构变动、低碳技术进步等因素对中国碳生产率变动的影响，并从行业角度对碳生产率增长波动性进行研究，分析结果表明，低碳技术进步是影响碳排放增长率的重要原因，碳排放结构的合理与否是衡量低碳经济的主要指标，各行业的技术进步和碳排放结构优化对减排的贡献度不同。张永强和张捷(2017)基于 Laspeyres 分解法将我国广东省 1995~2014 年的碳排放累计差异分解为碳强度效应、能源强度效应、经济结构效应、经济增长效应，通过计算发现经济增长效应是碳排放增长的首要驱动因素。

2) Divisia 分解法

欧育辉等(2007)运用 LMDI 分解法对我国 6 个行业在 1985~2003 年的能耗增长进行研究，研究结果表明：我国经济结构的升级和生产规模的扩大是导致能源消费上升的原因，随着经济质量的提升，能源消耗强度的降低有利于减缓我国能源消费的速度。王俊松和贺灿飞(2010)采用对数平均 Divisa 方法，对 1990~2007 年我国产业部门 CO_2 排放量进行分解，研究发现我国 CO_2 排放量与经济增长呈现正比例关系，与能源强度呈现反比例关系，与人口效应和结构效应没有关系；东部地区 CO_2 排放量与经济发展水平的关联度高于西部地区，而人口效应使得中西部地区碳排放降低，东部地区则相反。郭朝先(2010)运用 LMDI 分解法，对我国 1995~2007 年的碳排放从产业层面和地区层面进行了分解，发现我国 CO_2 排放总量与经济规模总量有正向关系，与能源利用效率存在反向关系，产业结构和能源消费结构对抑制碳排放的潜力有待发挥。张平淡等(2012)使用 LMDI 分解法，发现在 1998~2009 年，中国 SO_2 排放强度的降低主要归功于污染排放处理效应，其次是能源消耗强度效应，能源消费结构效应的贡献最小，这说明我国能源消费结构并没有得到优化，SO_2 减排主要依赖于末端治理和过程控制。秦翊和侯莉(2013)应用 LMDI 分解法对广东能源消费碳排放进行分解，量化各因素贡献并探讨其作用机理。刁璟璐(2015)利用 Divisia 分解法，基于内蒙古 2009~2012 年能源消费总量、碳排放量、人口、GDP 等数据将人均碳排放分解为能源结构、能源效率以及经济发展三方面因素，得出了三种因素各自的贡献值以及贡献率的大小，并讨论了它们对人均碳排放的影响。Wang 等(2017)运用分解法探索了广东 1990~2014 年与能源有关的 CO_2 排放的主要驱动因素，研究结果表明，在不同发展阶段，各种因素对碳排放的影响是不同的。文扬等(2018)运用对数平均迪氏指数分解法探究了 2011~2015 年京津冀及周边地区工业大气污染物排放的主要影响因素，认为人口效应、经济规模效应、产业结构效应、能耗效应和排放强度效应的变化主要来自人口增速、经济规模增速、工业增加值比重降幅、能耗强度降幅和排放强度降幅的变化。

3) 自适应权重分解法

Liu 和 Ang(1992)根据研究需要提出 Divisia 自适应权重分解方法。这种方法在计算过程中需要连续求微分和积分，首先求微分，然后再求积分。将时间段内函数微分求导后再计算各影响因子单项积分，并把其作为 CO_2 排放各影响因素的权重，这种方法可以较真实地反映实际情况，但是，由于计算过程中涉及微积分等运算，计算起来比较繁琐。Fan 和 Liu(2007)采用自适应权重分解方法，以 1980~2003 年的数据资料为研究基础，对我国这个时间段内引起碳强度变化的具体影响因素展开详细的分析。梁大鹏等(2009)依据

1997～2005 年中国和 11 个 OECD 国家的主要工业产业样本数据，运用对数平均 Divisia 指数的分解方法，实证分析这些国家的能源密度变化特性，解释推动能源密度变化的主要因素。孙巍和赫永达(2014)在研究中国能源消费与经济增长的因果分析时是采用基于 Divisia 指数的方法加总能源消费量的方法。邵帅等(2017)使用广义迪氏指数分解法考察 1995～2014 年制造业碳排放演变的驱动因素，显示投资规模的大小与制造业碳排放量有密切关系。闫庆友和尹洁婷(2017)利用广义迪氏指数分解法对 2006～2015 年京津冀地区碳排放的主要影响因素进行量化分析，结果表明在各项影响因素中，能源消耗强度对碳排放的影响程度较小，而低碳技术是碳减排的主要手段之一。

1.2.6 总体评述

通过梳理相关文献发现，国内外学者对贸易与环境问题开展了大量的研究，尤其是在基于投入产出法等分析贸易碳排放问题方面做出了重要贡献，但在以下方面仍有待补充完善。

第一，以往研究多是从整体宏观层面研究进出口贸易碳排放等问题，鲜有研究涉及各个进出口行业部门，并且有的研究中对行业部门的划分较为粗略，这导致不能针对具体行业部门的贸易隐含碳排放及影响因素等问题做出准确测度。

第二，以往研究在构建低碳贸易竞争力指标时，多数采用传统贸易竞争力指数的构建方法，缺少对碳生产率等方面的思考，研究一个国家或地区不同行业部门的低碳贸易竞争力应综合考察对外贸易隐含碳和对外贸易发展水平，最终回归到经济测度方向而不是单纯考虑贸易隐含碳问题。

第三，以往针对低碳贸易竞争力的评价体系较为粗略，不能具体区分不同进出口行业部门的低碳贸易竞争力究竟处于何种态势，同时，以往对中国对外贸易隐含碳排放竞争力影响因素方面的研究涉及较少，该问题有待进一步研究完善。

基于此，本书在借鉴前人研究基础上对上述问题进行补充完善，运用非竞争型投入产出模型，从总体、三次产业和行业部门视角测算并分析我国在 2002～2015 年进出口行业部门的隐含碳排放及变动情况，基于传统贸易竞争力指数和碳生产率指标，构建出低碳贸易竞争力指数，测算我国对外贸易中的隐含碳排放竞争力，同时运用 LMDI 因素分解模型研究我国对外贸易中的隐含碳排放竞争力的影响因素。

1.3 研究思路与方法

1.3.1 研究思路

本书基于投入产出法构建非竞争型投入产出模型，以此测算我国对外贸易中的隐含碳排放；依据贸易竞争力指数和碳生产率指标构建低碳贸易竞争力指数，分析我国对外贸易中的隐含碳排放竞争力；根据 Kaya 恒等式和因素分解方法构建对外贸易隐含碳排放竞争力影响因素的 LMDI 因素分解模型，研究我国对外贸易中的隐含碳排放竞争力的影响因素。与此对应的研究思路见图 1-1。

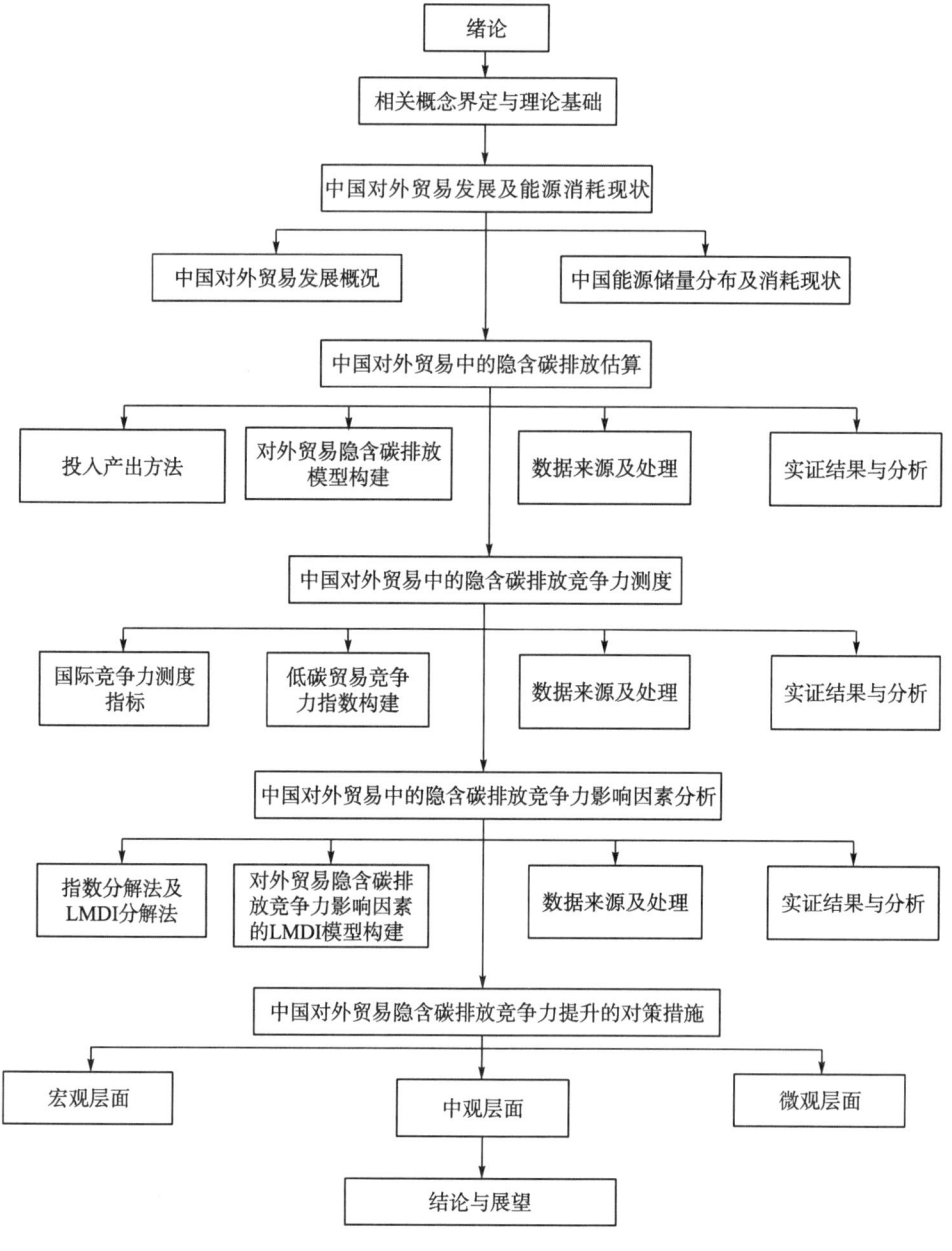

图 1-1 研究思路图

1.3.2 研究方法

（1）投入产出法。本书基于投入产出法，构建了非竞争型投入产出模型，并运用 MATLAB R2017b 软件测算中国对外贸易中的隐含碳排放。投入产出法基于中国投入产出表（延长表），将历年所有进出口行业部门联系起来，从总体、三次产业和分行业部门等角度分析中国对外贸易中的隐含碳排放情况，有利于准确把握不同行业部门各自产生的进出口贸易隐含碳，对于优化调整对外贸易结构，减少对外贸易隐含碳排放具有重要作用。

(2) LMDI 模型。本书依据 Kaya 恒等式和因素分解方法,构建中国对外贸易隐含碳排放竞争力影响因素的 LMDI 模型,研究中国对外贸易隐含碳排放竞争力的影响因素,将其分解为规模效应、结构效应、强度效应、生产率效应和竞争力效应,并比较各影响因素是如何影响我国低碳贸易竞争力的。

(3) 定性与定量结合的方法。本书基于"污染避难所"假说、环境库兹涅茨理论、清洁生产理论、低碳经济理论、绿色发展理论和竞争优势理论等理论方法,对中国对外贸易隐含碳排放竞争力问题进行定性分析;基于投入产出法和 LMDI 分解法等测算中国对外贸易中的隐含碳排放、对外贸易隐含碳排放竞争力及其影响因素,并对该问题进行定量分析;结合定性与定量分析方法,从方法选取、数据测算及因素分解等多维度深入剖析我国对外贸易隐含碳排放的竞争力问题。

1.4 内容安排与技术路线

1.4.1 内容安排

本书围绕中国对外贸易隐含碳排放竞争力问题展开研究,主要包括以下 8 章。

第 1 章,绪论。系统介绍本书的选题依据、研究意义、研究思路和研究方法等,梳理有关国际贸易碳排放核算及贸易竞争力等方面的文献,理清本书的研究脉络。

第 2 章,相关概念界定与理论基础。首先对相关概念进行界定,包括:隐含碳排放和贸易竞争力内涵,其次介绍"污染避难所"假说、环境库兹涅茨理论、清洁生产理论、低碳经济理论、绿色发展理论和竞争优势理论,作为本书研究的理论支撑。

第 3 章,中国对外贸易发展及能源消耗现状。首先从中国对外贸易的发展规模、商品结构、发展方式和国家(地区)结构方面梳理中国对外贸易发展概况,其次从中国能源储量分布情况和中国能源消耗概况两方面梳理中国能源储量分布及消耗现状。

第 4 章,中国对外贸易隐含碳排放估算。首先介绍投入产出方法,其次构建对外贸易隐含碳排放模型,最后基于处理后的数据进行实证分析。

第 5 章,中国对外贸易隐含碳排放竞争力测度。首先梳理国际竞争力相关的测度指标,其次构建低碳贸易竞争力指数,最后基于处理后的数据进行实证分析。

第 6 章,中国对外贸易隐含碳排放竞争力影响因素分析。首先介绍指数分解法及 LMDI 分解法,其次构建对外贸易隐含碳排放竞争力影响因素的 LMDI 模型,以此研究中国对外贸易中的隐含碳排放竞争力影响因素,并对各影响因素之间的关系及各影响因素之间的影响机理进行实证分析。

第 7 章,中国对外贸易隐含碳排放竞争力提升的对策措施。基于前述研究和实证结果,从宏观层面、中观层面和微观层面三个方面提出中国对外贸易隐含碳排放竞争力提升的对策措施。

第 8 章,结论与展望。首先对前述研究进行概括梳理,其次提出本书研究中存在的不足之处,最后提出中国对外贸易隐含碳排放竞争力问题研究的未来展望。

1.4.2 技术路线

基于以上研究分析，综合考量与中国对外贸易隐含碳排放竞争力问题相关的数据收集、研究方法、内容安排等因素，得到如下技术路线(图 1-2)。

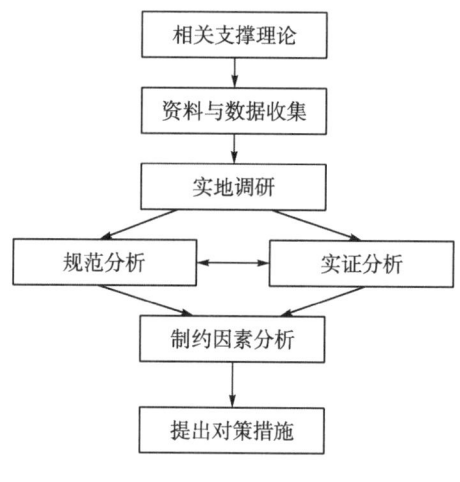

图 1-2 技术路线图

1.5 创新之处

本书通过多种研究方法，从多维度研究中国对外贸易隐含碳排放竞争力问题，在以下方面存在一定的创新之处。

第一，从进出口行业部门视角，立足于我国对外贸易中的隐含碳排放竞争力问题，利用非竞争型投入产出模型和中国对外贸易中的隐含碳排放竞争力影响因素的 LMDI 模型，对不同进出口行业部门隐含碳排放、低碳贸易竞争力及其影响因素进行多维度的比较分析，以此判断哪些进出口行业部门的隐含碳排放较大，不同进出口行业部门的低碳贸易竞争力呈现何种变动趋势以及哪种影响因素对中国进出口行业部门低碳贸易竞争力的作用较大，从而提出具有针对性的减排措施。

第二，借鉴传统贸易竞争力指数和碳生产率的基本思路和方法，构建低碳贸易竞争力指数，并从总体、三次产业和行业部门三种视角下测算中国对外贸易中的隐含碳排放竞争力，与此同时，在传统的贸易竞争力评价基础上对其再进行细分，并应用到低碳贸易竞争力的评价体系中，可更为准确地测度我国不同行业部门的低碳贸易竞争力究竟处于何种态势，也使得分析更具有代表性和说服力。

第三，本书在中国对外贸易中的隐含碳排放竞争力影响因素分析中，选取五种影响效应，即规模效应、结构效应、强度效应、生产率效应和竞争力效应，分别从总体、三次产业和行业部门视角进行分析，相对于以往研究中选取的影响因素而言更为全面可靠，可从多个层面深度剖析中国对外贸易中的隐含碳排放竞争力的影响因素，这可为后续低碳方面的相关研究提供新的视角。

第 2 章 相关概念界定与理论基础

2.1 相关概念界定

2.1.1 隐含碳排放

1. 隐含碳的内涵界定

任何一种产品的生产,都会直接或间接地产生碳排放,为了得到某种产品,而在整个生产链中所排放的 CO_2,称之为隐含碳(袁鹏等,2012)。从对外贸易的角度上来说,隐含碳和转移排放的含义基本相同,但隐含碳更具有科学性。1974 年的国际高级研究机构联合会首次提出了隐含流(embodied flow)概念,在"Embodied"后面加上资源或污染排放物的名称用以分析产品生产过程中污染的排放及对资源的消耗。隐含碳是隐含流概念的衍生,即为了得到某种产品而在整个生产过程中排放的碳总量(季春艺和杨红强,2011;黄敏和刘剑锋,2011)。根据《联合国气候变化框架公约》的相关内容和界定可知,隐含碳(embodied carbon)被定义为"商品从原料获取、制造加工直到消费者购买消耗整个过程中所产生的 CO_2"(Odum,1996)。Peters 和 Hertwich(2008)专门对各国之间进行贸易的对象是中间产品的情况运用多区域投入产出模型以及全球贸易分析模型进行实证研究,结果发现我国是首屈一指的隐含碳净出口国。闫云凤(2011)认为隐含碳是在生产某种商品或提供某种服务的过程中直接和间接产生的 CO_2 总量,并将其作为一个环境领域中的重要衡量指标,来描述在商品从原材料生产到被加工成为最终产品的过程中对生态环境所直接和间接造成的所有污染。陈曦(2011)认为隐含碳在本质上和碳转移排放这一概念基本相同,只不过在衡量国际贸易过程中 CO_2 排放量的时候,隐含碳这一概念能够更为准确地进行描述,而且带有"隐含"二字也是遵循了世界对国际贸易污染责任的认定原则。

2. 中国进出口贸易隐含碳及其国别研究

我国对外贸易中的隐含碳排放包括出口隐含碳排放和进口隐含碳排放两个方面,即出口隐含碳是指在国际贸易过程中,出口国先在本国生产商品然后将商品出口到进口国家,其中在本国生产过程中所排放的 CO_2,整个过程实际上将进口国的碳排放转移到了出口国,反之则称为进口隐含碳;而出口隐含碳总量减去进口隐含碳总量的净值就是隐含碳净出口量(盛仲麟和何维达,2016)。众多学者认为技术因素是影响进出口贸易隐含碳排放的主要原因,比如吴肖丽和潘安(2018)认为碳排放技术效应对贸易隐含碳排放有负相关关系,中间生产技术效应对贸易隐含碳排放有正相关关系。黄凌云等(2017)认为我国制造业在国际分工中的地位将影响技术效应对隐含碳排放的抑制效果。目前,关于我国进出口贸易隐含碳排放国别方面的研究主要集中在中日贸易隐含碳排放、中欧贸易隐含碳排放以及中美贸易隐含碳排放(石红莲和张子杰,2011;蒙英华和裴瑱,2011;沈源和毛传新,2011;

庞军和张浚哲，2014；马晶梅等，2016a；陈楠等，2016a）。

3. 隐含碳排放责任的认定

贸易顺差所导致的 CO_2 等温室气体排放增加是显著的，西方消费需求加剧了中国等发展中国家的碳排放增长，因此隐含碳排放责任的认定显得尤为重要。

(1) 生产责任原则(production responsibility)。该原则主张一个国家对其所产生的碳排放负责，因此也称为领土责任原则(territorial responsibility)。许多学者指责生产责任原则将出口产品碳排放等同于国内排放，发达国家为满足自身消费从发展中国家进口商品，却将所产生的碳排放留给发展中国家，这有失公平，发达国家应该承担相应的碳减排责任(Jensen et al.，2001)。根据 IPCC 生产责任原则，国际运输产生的碳排放也不算入任何国家，该原则对碳进出口国家和地区都不利，降低了该类国家的碳减排意愿(Bastianoni et al.，2004；Davis and Caldeira，2010)。彭水军等(2016)对 1995～2009 年 40 个国家和地区的碳排放责任进行综合评估和比较分析，发现美国、欧盟、日本的消费侧排放责任显著高于其生产侧排放责任，而中国、印度、俄罗斯则恰好相反，存在突出的"南北国家碳排放转移"问题。因此，现有的国际碳排放责任划分较不合理，这既不利于减排效率也有失公平。陈楠等(2016b)通过核算发现，1995～2011 年日本生产责任原则碳排放远高于中国。

(2) 消费负责原则(consumption responsibility)，即所消费产品的碳排放应由消费者本身来承担。按照此规则，各国应对自己消费的碳排放负责，包括进口产品引发的碳排放，排除出口产品引发的碳排放。因此，消费者负责原则要求发达国家承担更多的碳排放责任(Gardiner et al.，2004)。Caney 等(2009)认为发达国家应该更多地承担国际碳减排的责任和义务。张彩云和张运婷(2014)测算了我国 1995～2010 年中、西部地区 19 个省份的碳排放量，在此基础上建立省际面板模型，主要考察居民消费及其引发的碳转移对中、西部省份碳排放量的影响。研究结果表明，居民消费是导致碳排放增加的主要因素之一，东部地区通过消费将部分碳排放转移给中西部地区，一定程度上影响了我国部分地区间碳排放的差异性。罗胜(2016)发现消费者责任贸易隐含碳排放责任划分有利于资源禀赋丰富的欠发达地区，技术调整的消费者责任划分则较为公平，并没有显著有利于经济发达地区或经济落后地区。

(3) 共担责任原则(shared responsibility)，即生产者和消费者都从碳排放中获利，生产者和消费者都应该承担自己的碳减排责任，意味着碳排放约束不能再简单划分给单一进口国和出口国，双方应该按照一定比例分担减排义务(Kondo et al.，1998)。Ferng(2003)强调国际碳排放责任应该根据各个国家的经济实力、消费模式和消费水平进行公平划分。Rodrigues 等(2006)主张通过气候变化谈判框架解决碳排放的责任划分问题。张同斌等(2018)对 15 个代表性经济体的碳排放共担责任进行对比分析后发现，发达国家的共担责任碳排放量高于其生产端责任碳排放量且低于其消费端责任碳排放量，而部分金砖国家和新兴经济体国家则相反。从产品视角和碳排放视角对责任分担系数优化后，以美日为代表的发达国家承担的碳排放责任较多，以土耳其等为代表的新兴经济体国家承担的碳排放责任保持稳定，而以中国为代表的金砖国家所分担的碳排放责任明显下降。

综上所述，在国际贸易碳排放责任划定中，依据生产责任原则将贸易碳排放归咎于发展中国家和出口大国,依据消费责任原则将其归咎于发达国家和进口大国,依据共担责任原则则较为公平地要求消费者和生产者共同承担责任。将三者公平性、减排效果、可操作性等方面的差异进行总结比较,如表 2-1 所示。

表 2-1　三种原则对比表

标准	生产责任原则	消费责任原则	共担责任原则
碳排放责任划分	出口国或发展中国家承担	进口国或发达国家承担	按照比例承担
公平性	低	中	高
减排效果	引发碳泄漏	减排动力不足	减排效果最佳
可操作性	高	中	低

资料来源:根据相关文献资料整理所得。

2.1.2　贸易竞争力

1. 贸易竞争力的定义

贸易竞争力是指一国或地区对外贸易差额占对外贸易总额的比重,是分析一国或地区是否具有国际竞争力的常用方法。测度贸易竞争力常用的指标为贸易竞争力指数,即 TC 指数,TC 指数=(出口额-进口额)/(出口额+进口额),其相较国际市场占有率、显性比较优势指数等指标,更能体现一国或地区对外贸易是否具有竞争优势,在反映产品部门贸易竞争力强弱时更具有代表性(Greenaway and Milner,1993;Cheptea et al.,2005;Ghemawat et al.,2010;唐帅,2015)。该指数是一个相对值,在分析一国或地区贸易竞争力时,剔除了通货膨胀和价格波动等方面的影响,即剔除了贸易绝对量的影响,并且该指标始终处于-1～1。传统的贸易竞争力评价标准中,认为贸易竞争力指数越趋近于 0,表示贸易竞争力越趋近平均水平;贸易竞争力指数越趋近于-1,表示贸易竞争力越弱,该指数等于-1时,表示该国或地区只进口不出口;贸易竞争力指数越趋近于 1,表示贸易竞争力越强,该指数等于 1 时,表示该国或地区只出口不进口。贸易竞争力拥有以下四个特性。①比较性。贸易竞争力通过进出口产品的质量以及成本优势的对比或者国际市场占有率表现出来。②利益性。贸易竞争的主要目的是获得经济利益,占有更广阔的国际市场。③动态性。贸易竞争的主体即跨国公司的竞争力随着市场结构的改变而变化,做出最优选择,并不是绝对静止的过程。④过程性。贸易竞争力的形成是一个培育、建立以及消亡的过程,就各个国家不同行业而言,贸易竞争力的表现形式是不一样的(余鲁,2008)。

2. 贸易竞争力与比较优势理论的关系

(1)贸易竞争力与比较优势的区别。第一,假设逻辑不同。比较优势理论强调两个国家在市场上完全竞争,且贸易品相同。因此,成本引发的价格差异是决定优劣的主要因素。而成本差异取决于要素禀赋,因此,比较优势理论内在逻辑是外生的因素主导竞争。贸易竞争力则充分考虑到国际贸易市场的复杂性,竞争优劣不仅体现在价格和成本上,更体现在技术等后天因素决定一国在国际市场上的产业竞争水平。第二,决定因素不同。劳动力、自然禀赋和劳动力差异是决定一国比较优势的主要因素,而衡量一国贸易竞争力决定因素从自然要素延伸到管理、技术等后天因素(汤咏,2006)。第三,比较层面不同。比较优势强调一个国家不同产业间的竞争优势,而贸易竞争力更强调不同国家在同一产业间的较量(周玲玲和于津平,2014)。第四,要回答和解决的问题不同。比较优势试图解决"将要素投入到哪些产业"、"应该生产或者进口什么产品",属于事前决策。而贸易竞争力试图解决"本国产品的国际市场有多大"的问题。

（2）贸易竞争力与比较优势的联系。第一,贸易竞争力理论是比较优势理论的延伸与创新。内涵都是生产力延伸到国际贸易领域进行对比。第二,比较优势和出口竞争力在概念上是相互依存的。产品的比较优势是潜在的优势,而贸易竞争力是在比较优势的基础上实现的,即比较优势只有通过贸易竞争力才能充分体现(王玉柱,2014)。总之,比较优势分析与贸易竞争力理论是相辅相成、相互促进的。

3. 环境标准对国际贸易竞争力的影响机制

国际贸易是现代经济增长的重要推动因素,作为一种跨越国界、遍及全球的经济行为,应该对整个地球环境的保护负有责任(段琼和姜太平,2002)。基于上述问题衍生而来的逆向话题是环境规制对贸易竞争力的影响,其主要结论主要有两个方面:一是环境管制会导致贸易品的成本提高,降低产品竞争力,而绿色贸易壁垒也不利于机电、服装等产品贸易竞争力的提升(Benarroch and Thille,2001；马建平,2011；兰天和陈昊,2013)；二是环境压力会诱发企业的技术创新,产品低碳贸易竞争力提升带来的经济效益会抵消技术新增成本(黄德春和刘志彪,2006；王睿,2016)。如图2-1所示,碳减排环境政策对贸易竞争力影响机制有如下几点。①成本角度下的碳减排对贸易竞争力影响:从直接影响效果来看,环境治理成本、运输成本和碳关税成本会直接增加贸易品的成本,减少贸易竞争力；从间接影响效果来看,技术效应、产业机构优化和产业区位选择会增加或者减少产品成本,进而影响贸易竞争力(段琼和姜太平,2002)。②产品差异化角度下的碳减排对贸易竞争力

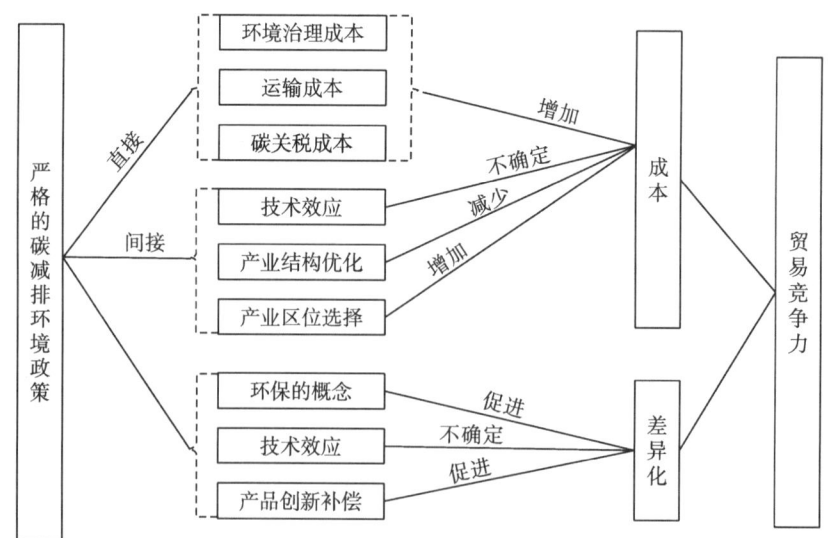

图 2-1 碳减排环境政策对贸易竞争力影响机制

资料来源:周玲玲(2015)。

影响：环保概念给予贸易品新型的服务理念，提高消费需求层次，使得贸易品在环境管制较为严格的国家拥有市场占有率；技术效应是指企业的低碳技术会改变出口产品的质量，进而影响贸易竞争力(王文治等，2013)；创新补偿提高了产品的异质性，使得产品出口国拥有国际市场的主动权(莫莎和王佩婷，2017)。

2.2 理论基础

2.2.1 "污染避难所"假说

1. "污染避难所"假说的定义

"污染避难所"假说(pollution haven hypothesis，PHH)，也称为"污染天堂"假说或者产业区位重置假说。"污染避难所"假说最早由 Walter 在 1979 年提出(Walter，1982)，但并没有引起关注。随着 20 世纪 90 年代美国、加拿大、墨西哥三国签署《北美自由贸易协定》(North American Free Trade Agreement)，允许美国和加拿大两国企业向墨西哥自由转移，导致墨西哥环境质量"雪上加霜"、美国和加拿大两国就业减少等恶性循环，由此引发了学界的深入研究。并且，此话题也成为国际贸易的主要热点。"污染避难所"假说基于三种假设：第一，环境政策或管制会导致污染密集型企业成本的提升；第二，环境政策会直接限制企业的生产范围和产品；第三，严格的环境政策会减少该地区或国家的投资(Xing and Kolstad，2002)。该假说主要思路是污染密集型企业在区位选择和生产制造过程中，倾向于建立在环境规制较弱或者环境标准较低的国家或地区，但这些污染密集型企业却很少甚至没有为此"买单"，从而成为污染密集型企业的避难所。而现实情况是欧美发达国家的环境管制较为严格，环境成本较高，而发展中国家环境门槛较低，因此，中国等发展中国家成为世界污染企业的集中地。就我国的实际情况而言，世界各国所消费的大量"中国制造"背后实际上是中国为进口国尤其是发达国家进口国承担了大规模的碳排放，成为这些国家转移高碳产业的"污染避难所"(马晶梅，2017)。图 2-2 给出了"污染避难所"假说的逻辑结构。

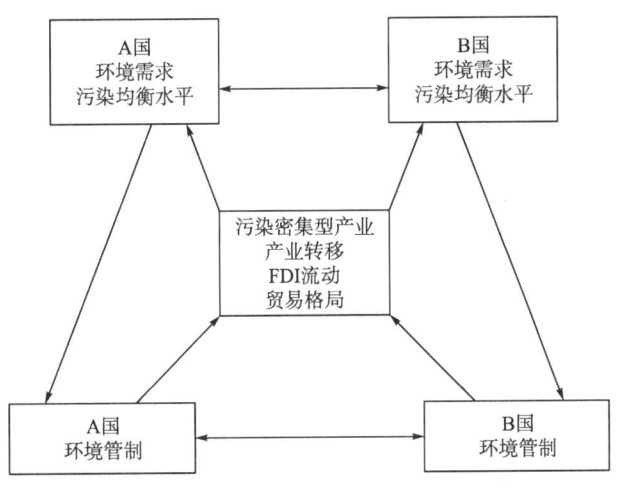

图 2-2 "污染避难所"假说的逻辑结构

资料来源：安江(2012)。

2. "污染避难所"理论基础

"污染避难所"假说的理论基础来自要素禀赋理论(Heckscher-Ohlin Theory，H-O 理论)，其由瑞典经济学家赫克歇尔(Eli F Heckscher)和俄林(Bertil Gotthard Ohlin)在 20 世纪 30 年代提出。H-O 理论认为：如果两个国家的生产力水平相同，同一种产品的价格差异来自生产的成本差异，而成本的差异源于生产要素价格的差异，生产要素的差异则源于各国此类要素的丰裕度，即要素禀赋差异，这一系列差异将导致产生国际分工和国际贸易(向晶睛，2010)。当前全球气候变化已是不争的事实，环境资源成为一种新的生产要素，其价值逐渐通过环境成本内部化反映出来。"污染避难所"假说在 H-O 理论基础上加入环境要素：假设 M 和 N 两个国家都生产 A 和 B 两种产品，其中 A 产品是清洁产品，M 国环境管制较 N 国更为严格，即 M 国的环境要素禀赋比 N 国相对匮乏，当环境成本达到一定程度，M 国生产的 B 类产品将转移到 N 国进行专业化生产。在此理论基础上，污染密集型的跨国企业或者 FDI 在全球范围内投资设厂，且其主要资本从高环境门槛、高成本的发达国家和地区向低环境门槛、低成本的发展中国家和地区转移，以获得最大利润，最终发展中国家成为"污染避难所"。

3. "污染避难所"效应

"污染避难所"效应(pollution haven effect)更侧重于衡量环境管制的变化是否对污染密集型企业的国际转移产生影响且产生多大程度的影响(管陵，2008)。关于"污染避难所"效应成立与否尚未达成统一观点，目前主要有以下几种观点。

(1)"污染避难所"效应的拥立者认为外商直接投资会通过自由贸易在发展中国家建立污染密集型企业。Keller 和 Levinson(2002)通过美国各州的 FDI 流入情况，发现环境要素成本的提高会阻碍外商投资。Fredriksson 等(2003)将环境要素和政府腐败作为内生变量，测量美国 1977～1987 年外商直接投资的流入情况，发现外商直接投资的总量和环境管制以及腐败有显著关联。Levinson 和 Taylor(2010)利用 1977～1986 年北美自由贸易区美国、加拿大、墨西哥三国 132 个部门的进口数据，证明墨西哥在北美自由贸易区当中承担较多环境污染。何洁(2010)认为 FDI 的流入是引发我国 SO_2 排放量增加的主要原因，FDI 每增加 1%，SO_2 则上升 0.098%。傅帅雄等(2011)认为各省的环境管制存在地区差异，污染企业试图转移到环境管制较为宽松的地区；中西部地区沦为东部污染密集型产业规避高环境规制的"污染天堂"，从而导致这些地区生态环境的恶化。Cai 等(2016)运用双重差分模型研究中国酸雨政策的实施成效，结果显示环境管制宽松的地区外商直接投资明显多于其他地区，反之，环境管制较为严格的地区，外商直接投资减少了 30%，证明"污染避难所"的成立。马晶梅等(2016b)基于多区域投入产出模型，对 2000～2011 年中日贸易隐含碳进行测算。结果显示我国向日本出口商品的碳排放远高于进口日本商品产生的碳排放，中国成为日本转移高碳产业的"污染避难所"，其中，中国中间投入结构效应、日本碳排放强度效应、中国出口结构及日本进口结构效应为正，加剧了中国贸易污染条件的恶化。

(2)部分学者并不赞成"污染避难所"效应的成立。Mongelli 等(2006)以意大利为主要研究对象，发现污染企业转移指数呈现上升趋势，证明"污染避难所"效应在意大利不成立。赵忠秀等（2013）利用中国1990~2010年的数据进行回归分析，发现贸易与消费是造成我国人均碳排放增加的主要原因，对外投资并未对我国的"碳环境"造成压力。王柏杰和周斌（2018）选取中国30个省份2003~2015年的数据，并分别建立模型对其联合效应、门槛效应进行检验，结果显示：货物出口贸易与对外直接投资（foreign direct investment，FDI）的联合效应表明出口贸易抑制环境污染，并且现阶段对外直接投资会增加我国的污染排放。

（3）"中间派"学者则认为污染天堂假说是局部成立的，而不是一种普遍现象。Cole和Elliott（2003）发现在赫克歇尔-俄林-凡奈克（Heckscher-Ohlin-Vanek，HOV）模型下，环境管制对污染企业的出口没有影响，不符合"污染避难所"的假设条件，反之在产业内贸易（Index of Intra-industry Trade，IIT）模型下，在两国环境制度差异扩大的同时，两者贸易额会逐渐上升，预示着环境管制较为宽松的国家拥有污染密集型产品的生产优势，印证污染天堂假说。Kheder和Soilita（2008）发现"污染避难所"效应对新兴经济体而言是成立的，对法国不成立。贺文华（2010）用中国东部十一省（市）和中部八省1985~2008年的数据，建立面板数据模型对"污染避难所"效应进行检验，结果显示东部地区工业固定污染排放量支持"污染避难所"假说，其他指标不支持。王文治和陆建明（2012）通过建立出口商品碳排放含量指标，对全球163个国家1995~2007年的出口商品碳排放含量进行测算，检验H-O理论和"污染避难所"假说是否在中国出口制造业中成立，实证研究结果表明"污染避难所"在全球样本下并不成立，而在中国是成立的。林季红和刘莹（2013）基于2001~2008年我国工业行业面板数据验证我国是否存在"污染避难所"问题，研究发现在将环境规制视为严格外生变量时，"污染避难所"效应在我国不成立；若将环境规制视为内生变量，则实证分析的结果表明该效应在我国是成立的。

2.2.2 环境库兹涅茨理论

1. 库兹涅茨曲线与环境库兹涅茨曲线的定义

第二次世界大战以后，西方发达国家的贫富差距加大，公平性问题成为制约战后经济恢复的主要障碍。在此背景下，20世纪50年代诺贝尔奖获得者库兹涅茨在研究人均收入水平与公平分配水平时，提出了库兹涅茨曲线（Kuznets Curve）学说，认为在经济发展的初期，社会收入公平状况会随着经济水平的整体提高而不断恶化，但随着经济质量的不断提高，社会公平度将逐渐改善，即收入公平和经济发展水平两者为倒"U"形关系。20世纪70年代，随着环境资源成为一种新的要素，普遍认为经济发展和自然资源的消耗呈现正比例关系，直到Grossman和Krueger（1991）研究了美国与墨西哥的贸易自由化是否加剧墨西哥的环境污染以及是否影响美国的生态环境，才首次实证分析了人均收入与环境变化之间的关系，认为环境污染随着人均GDP的增长呈现先上升后下降的趋势；1992年，世界银行（World Bank）发布了以"发展与环境"为主题的《世界发展报告》（World Bank，1992），报告重点突出收入水平与环境变化之间的关系，扩大了该方面的研究；Panayotou（1993）借鉴库兹涅茨曲线学说，首次将收入水平与环境变化之间的关系称为环境库兹涅茨曲线(Environmental Kuznets Curve, EKC),从而进一步发展成为环境库兹涅茨理论。该理论认为,在一个国家或地区经济发展水平较低的早期阶段,环境污染程度较低,但随着人均收入的增加,环境质量将持续下降,即环境污染会持续加剧;当经济发展水平达到一定程度,即达到某个拐点之后,随着人均收入的增加,环境质量将有所改善,即环境污染会逐步降低,两者呈倒"U"形关系(图2-3)。

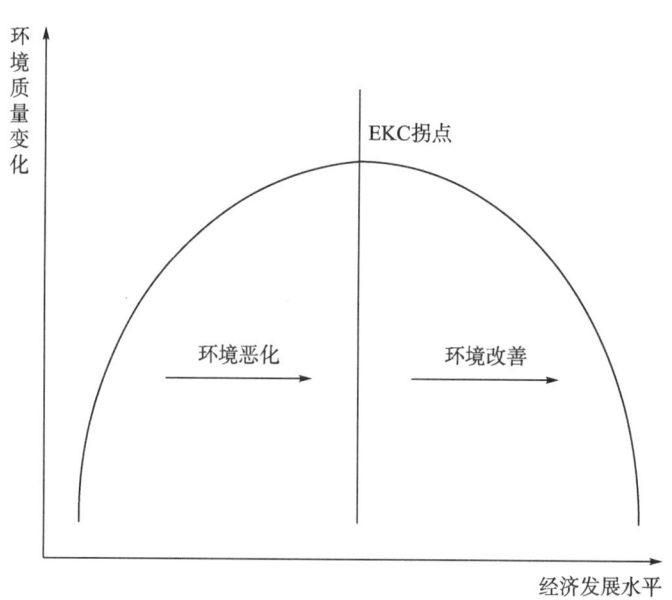

图2-3 环境库兹涅茨曲线

资料来源:根据相关文献资料整理所得。

2. 环境库兹涅茨曲线的形成机理

环境库兹涅茨曲线的提出丰富了人们对于环境和发展关系的认识,揭示了隐藏在经济背后人们环境意识的增强以及环境政策的完善和国际贸易产业转移中的规模、结构和技术效应(钟锦文,2018)。

(1)环境意识和偏好。随着经济发展水平的提升,经济发展和环境的矛盾将逐渐趋于缓和。在市场主导下,公众参与环境保护的意识将进一步增强,人们对健康生活的追求达到前所未有的高度,消费偏好也会更多地转向绿色、低碳的消费品,这会促使企业采取更有效的环保措施和技术,改善产品的生产质量,形成EKC曲线右侧下滑部分(Khanna,2002)。Kwon(2001)证明当生态环境舒适度对物质消费的边际替代弹性大于1时,经济增长和生态环境的关系将形成倒"U"形曲线。

(2)市场机制与政府规制。随着市场政策和政府职能的完善,环境污染的外部性将通过市场和政策得以内部化。Thampapillai等(2003)的研究显示,自然资源的稀缺会导致其价格不断上升,企业不得不采用先进的低碳技术,使污染排放得以减少,促进EKC曲线迈过其拐点。Deacon(1994)认为经济的发展将促进政府将更多的财政预算用于环境治理。Torras和Boyce(1998)认为西方发达国家的环境政策能更好地在本国实施,而发展中国家则较少采取环境政策。

(3) 国际贸易产业转移中的规模、结构和技术效应。由于对外贸易是促进经济增长的重要动力,因此,环境的库兹涅茨理论也可以认为进出口贸易额和碳排放之间存在 EKC 曲线,且对外贸易和碳排放的影响存在规模效应、结构效应和技术效应,即:①规模效应。贸易规模的扩大将导致碳排放的激增。②结构效应。贸易的发展会促进国家的产业结构升级,其中,发展中国家的大量出口势必会增加第二产业的产值和第三产业的初级发展,而发达国家则会消费贸易品,增加服务类产品的产业升级,由产业结构的变动引发的碳排放称为结构效应。③技术效应。随着贸易水平的发展,跨国公司加剧技术的升级和流动,先进的技术能够提高能源的利用效率,促进贸易和环境的可持续发展(赵桂梅等,2017)。

3. 环境库兹涅茨曲线的特征研究

目前,假设在库兹涅茨曲线存在的前提下,研究曲线形状是否符合倒"U"形以及研究拐点是国内外主要的讨论方向。Brooks 等(2010)通过相关研究发现,随着经济的增长,人均碳排放在逐步增加,不存在环境库兹涅茨曲线的倒"U"形规律。陆虹(2000)在研究人均国内生产总值和人均碳排放之间关系时,结果显示二者之间的倒"U"形规律并不稳定。韩玉军和陆旸(2009)研究发现不同国家间经济增长与碳排放两者关系曲线形状各有差异,有的符合倒"U"形关系,有的呈现"N"形关系。左文鼎(2014)选取中国 29 个省份 1980~2011 年的经验数据,实证结果发现中国东部、中部、西部地区的环境污染水平与经济发展水平之间并不存在严格意义上的倒"U"形关系,而是呈现出"S"形关系。在环境库兹涅茨曲线(EKC)部分,东部地区拐点出现得较晚,但拐点位置较低,环境库兹涅茨曲线较为扁平;中西部地区拐点出现得较早,但拐点位置较高,环境库兹涅茨曲线较为陡峭。李鹏涛(2017)采用我国 31 个省份环境、经济的面板数据,分析环境污染与经济增长的关系,结果发现,废水和经济增长之间的关系呈现倒"U"形,拐点出现在人均收入 2.7 万元左右,而且废气与经济增长之间关系亦呈现倒"U"形,拐点出现在人均收入 8.8 万元左右。李玉平等(2017)运用环境库兹涅茨曲线理论和灰色预测模型,研究邢台市 2003~2014 年大气中污染物浓度与人均 GDP 的关系,分析各污染物浓度与经济增长之间的库兹涅茨曲线特征,结果表明大气 EKC 不符合倒"U"形关系,而是属于"N"形三次曲线关系。曾翔和沈继红(2017)以江、浙、沪三地的 25 个地级市的大气污染物排放量与经济发展水平的关系为研究对象,认为 SO_2 的排放量相较于烟尘要更符合环境库兹涅茨曲线的基本原理和规律。赵桂梅等(2017)构建时间序列的出口贸易碳排放动态计量模型,以经济结构具有典型性的江苏省数据为基础,实证检验碳排放与出口贸易之间的短期动态关系以及长期均衡关系,研究表明出口贸易碳排放 EKC 假设不成立,CO_2 排放量与出口额之间存在长期协整关系,出口贸易的激增是导致 CO_2 排放量增加的主要原因,且两者关系越来越紧密。占华(2018)利用 1997~2014 年的省际面板数据,重新研究了引入收入差距因素后环境库兹涅茨曲线假说的适用性,发现中国经济增长与环境污染的倒"U"形特征依旧。刘海英和安小甜(2018)通过实证研究发现:中部地区的工业废气和固体废弃物的排放与其经济增长之间则并不存在倒"U"形 EKC 关系。

2.2.3 清洁生产理论

1. 清洁生产理论的定义

1976年11~12月，在法国巴黎举办的无废工艺和无废生产的国际研讨会，首次提出在生产过程和产品工艺改良中减少污染物这一观点。1979年，欧洲共同体开始在成员国实施清洁生产的政策，同年11月，在全欧高级会议上指出清洁生产是促进人与自然和谐发展的战略方向，并通过了《关于少废无废工艺和废料利用的宣言》。1984~1987年，欧洲共同体环境事务管理委员会连续拨款负责成员国建立标准化清洁生产工程。1989年，联合国环境规划署首次明确清洁生产的定义：清洁生产是一种可持续发展思想，该思想旨在在生产过程和服务中进行绿色生产以减少环境污染，要求生产要素中减少有毒原料的使用，降低空气和水污染，将环境要素纳入产品当中。清洁生产理论的研究前提主要体现在两个方面。

(1) 清洁生产行为主体的有限理性。有限理性意味着决策者在生产中无法立刻达到最优策略，但会在与其他企业的交流互动以及自身的不断优化中寻找使得每个企业成员都受益的清洁生产方式。在这个过程中，企业的清洁生产是渐进式的，通常需要较长的时间向均衡策略演进，企业通常会采用"一动不如一静"的方式来延迟企业绿色生产技术的更新，避免其他成本的投入，忽视绿色经营所带来的潜在收益，直到其他厂商在清洁生产项目获得预期收益后才会模仿。

(2) 清洁生产活动的不完全信息性。完全信息在新古典理论当中处于支配地位，完全信息下的市场是最高效的。在不完全信息假设下，市场的行为主体无法做出决策和判断，更无法达到帕累托最优状态。在清洁生产实践中，存在"道德困境"和"逆向选择"的难题，企业和政府之间缺少信息关联手段，政府无法及时掌握企业的生态设计和工艺，致使企业选择规避法律制裁，采用填埋、焚烧等手段处理污染物，放弃改革生产技术。因此，清洁生产试图达到以下两个目标：第一，开源节流，即减少环境稀缺要素尤其是能源资源的使用，提高二次能源的利用，缓解资源的损耗；第二，减排放，在生产中难免会产生SO_2等有毒气体，减少污染物的排放，协调经济和环境的持续发展，降低人类活动带来的环境风险(侯华华，2005)。

2. 政府环境规制手段分析

环境资源稀缺性的存在使其成为经济物品，其公共品特征引发出防止负外部性、产权界定、价格形成机制、环境资源交易市场等一系列问题的讨论与研究(张嫚，2005)。目前，环境管制政策包括三种主要类型：第一，命令-控制型管制(command and control，CAC)。政府采用强制性命令手段使得每个企业承担污染负担责任，是目前的主要手段之一。第二，基于市场的环境管制(economic instruments，EIS)。随着时间的推移，命令-控制型管制存在技术缺陷，以OECD国家绿色税收为代表的市场环境管制手段体现出高效、低成本的优势。其建立在"谁污染，谁负责"的原则上，将生态环境的成本反映到相应的产品和服务当中去，在经济利益的诱导下，使得企业主动选择有利于环境的工艺，引导绿色消费，政府手段失灵以后，税收矫正市场的作用便无可替代，消除了不同污染程度的企业成本差异,完善以价格为主体的市场结构。第三,自愿环境管制。自愿管制消除了政府的监管成本,企业以更加灵活的方式达到生产和环境的双赢局面。综上,政府环境规制的主要目标是将环境外部性问题变为内部化,庇古手段和科斯手段是主要的工具,政府环境规制手段与运行机制如图 2-4 所示。

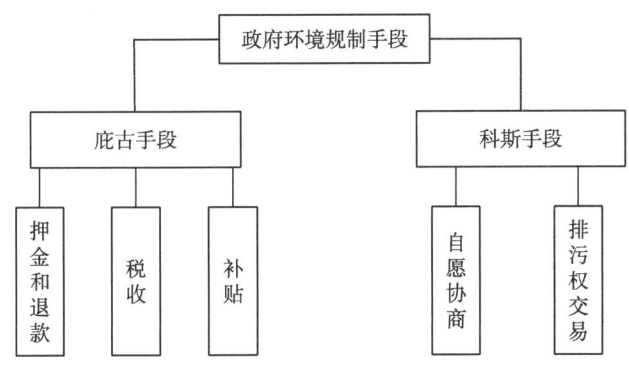

图 2-4 政府环境规制手段与运行机制

资料来源:根据相关文献资料整理所得。

庇古手段强调分配问题,克服外部性,侧重于政府通过"看不见的手"干预市场失灵导致的环境污染,政府确定环境税的税率,对企业给予征税或者补贴;科斯手段强调明确产权划分,政府只明确产权的界定,通过排污者和受害者之间的协商,使得排污达到社会最优。目前,国内外学者普遍认可政府规制在企业清洁生产决策中的作用。Levy(1995)认为严格的环境规制使得企业无法避免环境责任。Maxwell 等(1998)阐述企业和政府的博弈行为,认为严格的法律使得污染企业需要承担严重的后果。李红和任勇恒(2001)论述清洁生产初创期的主要特征,并以太原市政府在清洁生产初创期的实践,提出政府是当地清洁生产的积极倡导者和第一推动力。陈舜友等(2008)从清洁生产和博弈论入手,分析了无政府监督情况下企业清洁生产和有政府监督情况下的政府与企业间的混合战略纳什均衡。Dongwon 等(2008)通过对美国近 60 家绿色企业的调查表明,九成以上的清洁生产决策都会受到政策因素的影响。李宇(2011)认为清洁生产、循环经济和低碳经济是改革开放以来政府主导下的将环境保护同经济活动相融合的三大重要制度创新载体,政府行为直接影响资源环境要素纳入经济活动内部的推进轨迹和发展模式。

3. 我国的清洁生产环境规制

我国在践行清洁生产基本思想的基础上,创新性地开辟出清洁生产工作规制,对发展中国家推行清洁生产具有重大的借鉴意义。目前,如表 2-2 所示,我国形成了一套清洁生产法律法规体系,但我国清洁生产缺陷明显,主要体现在末端的行政治理治标不治本。中国的清洁生产主要是通过行政审批处理污染生产,缺乏从源头治理的惩罚体系,尤其在以 GDP 至上的背景下,当污染企业和官员达成共识,末端治理弊端非常明显。因此,有关中国各行业清洁生产决策的具体驱动机制研究层出不穷。

表 2-2 我国清洁生产主要法律法规体系

名称	颁布时间	主要内容
《中华人民共和国清洁生产促进法》	2002	提高能源利用效率，减少污染物，是世界上第一部清洁生产法律
《清洁生产审核暂行办法》	2004	提出清洁审核以企业为主体，遵循企业自愿审核和国家强制审核相结合的原则
《中央补助地方清洁生产专项资金使用管理办法》	2004	明确清洁生产资金的管理方式、申请条件、申报及审批程序等
《关于印发重点企业清洁生产审核程序的规定的通知》	2005	对强制性清洁生产审核作出更细致、可操作性更强的实质性规定
《中央财政清洁生产专项资金管理暂行办法》	2009	明确清洁生产技术示范项目具备的条件及申报材料要求
《关于深入推进重点企业清洁生产的通知》	2010	强化重点企业清洁生产、指导和督促
《国务院关于印发"十二五"节能减排综合性工作方案的通知》	2011	围绕主要污染物减排和重金属污染治理，推进清洁生产示范
《钢铁行业（烧结、球团）清洁生产评价指标体系》	2018	建立健全系统规范的清洁生产技术指标体系，指导和推动企业依法实施清洁生产

资料来源：张璐鑫等（2012）。

周林艳等（2012）通过简单介绍皮革行业的污染源，认为有必要实施一套行之有效的推进皮革制造清洁化的监督体系，推进皮革业在工艺、废旧品处理上走清洁生产的道路。张璐鑫和于宏兵（2013）对各类指标项进行梳理，立足于农业清洁生产的内涵及需求，构建农业清洁生产评价指标体系，并以农业生产先进水平的数据为基础，确定各指标的基准值，运用层次分析法确定各指标的权重。秦必瑜（2014）从印刷企业的清洁生产着手，指出清洁生产是印刷企业节能减排的有效手段，提出一些改进措施，通过实施清洁生产技术，可以使印刷企业在节能减排工作中取得一定的成效，提高生产效率。秦佩恒等（2014）以 2009 年中国金属制品业调查为实证基础，研究企业清洁生产技术运用与其经济绩效和环境绩效之间的关系，结果表明清洁生产技术运用程度是影响企业经济绩效和环境绩效的关键，企业有无清洁生产技术不是衡量生产绩效的决定性因素，只有当这些清洁生产技术在企业中得到高度、广泛的运用时才能够有效提升企业整体工艺水平。马汉武等（2015）对江苏省132 家中小工业企业进行调研，并根据已有研究成果将清洁生产划分为绿色产品设计和清洁生产过程管理，将企业绩效分为经济绩效和环境绩效。肖德和侯佳宁（2018）利用中国2001～2016 年制造业面板数据，估计环境规制驱动清洁生产进而提高出口竞争力的门槛效应，研究发现大部分企业从清洁能源替代入手降低工业污染排放，同时，提高行业竞争力 7.224 个单位；当行业技术水平可以适应较高环境规制门槛时，环保型生产将提高商品国际市场竞争力 71.595 个单位。

2.2.4 低碳经济理论

1. 低碳经济理论的定义

低碳经济（low carbon economy）虽然已经成为全球前沿热点理念，但对其至今没有约定俗成的定义。这主要是因为：一方面，低碳经济学尚属于新兴的交叉学科，是社会学、能源学、资源科学以及经济学等学科的融合体,是一项复杂的社会系统工程。另一方面,各国的低碳经济正在主办完善当中,其内涵日新月异。由于全球气候变暖引发的生存危机加快了对能源发展需求的深入探讨,低碳经济作为人类的一种经济战略发展方向最先被官方重视,在2003年英国的能源白皮书《我们能源的未来:创建低碳经济》中,首次明确说明低碳经济就是减少碳排放、降低污染程度(郭彦林和张玉玲,2018)。对于低碳经济的定义,有很多国内外学者进行了阐述,狭义的低碳经济学指减少化石能源的使用,以减少CO_2排放为主要目标,从而构建出新型低碳市场和国际贸易体系;广义的低碳经济学是指将碳减排理念体现在社会经济发展的各个环节,主要通过高效的经济发展速度、有效的能源节约方式、与时俱进的管理制度和技术创新、低排放的生产方式和消费结构,从而形成新兴的产业部门和低碳可持续发展,降低碳基能源等高碳能源的消耗,使社会经济发展与自然生态环境两者协调发展的经济方式(查建平,2015)。可以说,低碳经济的外延十分复杂,碳足迹、低碳城市、低碳生活等一系列概念先后衍生出来。如图2-5所示,对低碳经济的理解可以分为三种情形:第一种情形是温室气体排放的增长速度小于国内生产总值的增长速度;第二种情形是零排放;第三种情形是绝对排放量的减少(谢永琴和王晓鹤,2011)。因此,低碳经济的发展需要社会所有成员积极参加,这要求世界各国积极调整产业结构,舍弃高能耗、高排放的经济增长模式,实现低碳经济和低碳生活的良性循环。

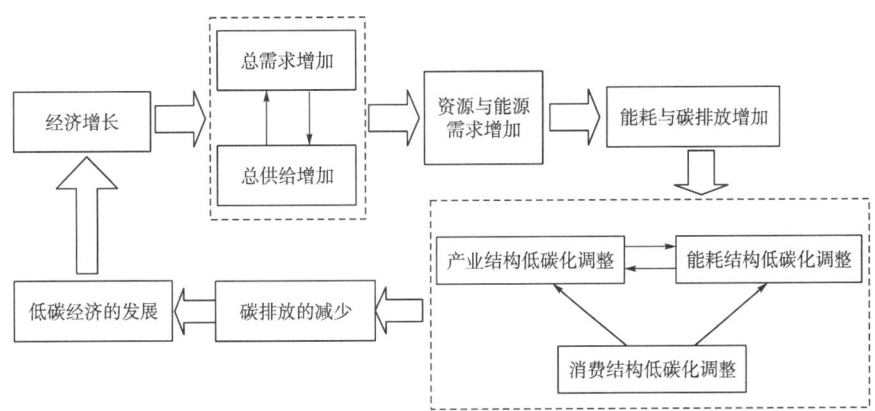

图 2-5 低碳经济发展的良性循环

资料来源:牛鸿蕾(2013)。

2. 低碳经济的属性

低碳经济的丰富内涵赋予它技术、资源、政治等各种属性。①低碳经济的技术属性。技术属性体现为通过技术升级构建低碳能源系统和低碳产业体系,减少温室气体的排放,其中,低碳能源系统包括风能、核能、地热能和生物质能等清洁能源,取代传统化石能源;低碳产业体系包含节能建筑、节能材料、新能源汽车等各行业。技术效应旨在解决目前的高碳锁定效应,所谓的碳锁定效应,是指在发展中国家工业化进程中,建成的生产设施生产成本高、使用周期较长、碳排放量高等特点,这类设施使得企业长期被碳排放问题困扰,出于成本考虑,无法在短期内更新低碳设施(詹伟芳,2010)。因此,低碳技术的发展会带来技术创新,积极采用节约能源技术、低碳能源技术以及碳捕捉和碳封存(carbon capture and storage，CCS)等先进的碳减排与碳中和技术来逐步摆脱高碳技术锁定的不利局面。②低碳经济的环境资源属性。低碳经济的发展特征是低能耗，但仍然无法摆脱对自然资源的依赖，其不再把环境作为普通的公共品，而是经济发展的必要条件。目前，发达国家更加重视保护本国的资源环境，产业结构更加合理，而广大发展中国家受限于经济发展水平和比较优势，发展低碳经济面临诸多难题，需要扭转消耗能源和破坏环境的粗放型发展方式。③低碳经济的政治属性。主要是指各国围绕气候变化进行碳排放责任分担，也称为碳政治或者气候政治。如表2-3所示，从1995年起，全球各国每年举行一次气候变化缔约方会议。值得注意的是，发达国家和发展中国家就碳排放权的博弈始终未能达成一致协定，双方致力于争夺低碳经济发展的制高点和气候变化谈判的主导权。

表2-3 历年气候变化公约缔约大会

公约缔约大会(COP)	时间	地点	谈判成果
气候变化政府间谈判委员会第一次谈判	1991年	美国华盛顿	启动气候变化公约谈判
联合国气候变化政府间谈判委员会	1992年	美国纽约	就公约内容达成协议
联合国环境与发展大会（地球首脑会议）	1992年	巴西里约热内卢	通过《联合国气候变化框架公约》并开放供各国签署
COP1	1995年	德国柏林	通过工业化国家和发展中国家《共同履行公约的决定》
COP2	1996年	瑞士日内瓦	争取通过法律减少工业化国家温室气体排放量
COP3	1997年	日本东京	通过《京都议定书》
COP4	1998年	阿根廷布宜诺斯艾利斯	制定落实《京都议定书》的工作计划
COP5	1999年	德国波恩	通过《京都议定书》时间表
COP6	2000年	荷兰海牙	未能取得实质性进展
COP7	2001年	摩洛哥马拉喀什	通过《马拉喀什协定》
COP8	2002年	印度新德里	通过《德里宣言》
COP9	2003年	意大利米兰	未能取得实质性进展
COP10	2004年	阿根廷布宜诺斯艾利斯	未能取得实质性进展
COP11	2005年	加拿大蒙特利尔	通过双轨路线的"蒙特利尔路线图"
COP12	2006年	肯尼亚内罗毕	达成"内罗毕工作计划"
COP13	2007年	印度尼西亚巴厘岛	通过"巴厘岛路线图"
COP14	2008年	波兰波兹南	正式启动2009年气候谈判进程
COP15	2009年	丹麦哥本哈根	发表《哥本哈根协议》
COP16	2010年	墨西哥坎昆	确保2011年谈判按照"巴厘路线图"的双轨方式进行
COP17	2011年	南非德班	实施《京都议定书》第二承诺期并启动绿色气候基金
COP18	2012年	卡塔尔多哈	通过《京都议定书》修正案
COP19	2013年	波兰华沙	发达国家再次承认应出资支持发展中国家应对气候变化
COP20	2014年	秘鲁利马	就2015年巴黎大会协议草案的要素基本达成一致
COP21	2015年	法国巴黎	就2020年后应对气候变化国际机制问题达成《巴黎协定》
COP22	2016年	波兰卡托维兹	艰苦谈判通过《巴黎协定》实施细则
COP23	2017年	德国波恩	制定关于2018年开展各国实现二度目标进展初步评估报告的计划
COP24	2018年	波兰卡托维兹	完成对《巴黎协定》实施细则及资金问题的谈判

资料来源：根据相关文献资料整理所得。

3. 低碳经济影响贸易发展的机制

随着生态文明建设的逐步推进，低碳经济发展模式愈发受到更多的关注和支持，其对国际贸易的影响也更为深远，主要影响方面为：随着低碳经济在全球的迅速兴起，国际贸易格局将进行重大调整；低碳经济创新碳金融，进一步拓展国际服务贸易内涵；低碳经济将催生新一轮技术革命，促进国际技术贸易和技术转让的竞争与合作态势；与低碳经济相关的单边贸易措施和多边贸易规则的潜在冲突，可能成为新的贸易壁垒(施用海，2011)。Anderson 和 Blackhurst(1993)运用局部分析法分析了大国和小国贸易自由化对碳排放影响的差异化。Taylor 和 Brander(1997)分析了低碳资源对贸易流量的影响。Ludema 和 Wooton(2000)研究进口商品造成的负外部性问题，认为进口国需要加征关税以维持本国的低碳环境。黄河和赵仁康(2010)认为低碳经济的发展势必导致国际贸易规则的重塑，新贸易壁垒涵盖的领域不断延伸，霸权国家在国际贸易非歧视和无条件互惠原则上出现退缩，WTO 的规则框架将由环境保护所主导。杜强(2013)认为要从法律制度与政策鼓励上保障和推动我国低碳经济的发展，必须调整与优化产业结构，以此优化国(境)外直接投资的结构，实现出口结构的低碳化，完善绿色贸易政策，鼓励低碳产品出口。综上所述，为促进我国进出口贸易更好地发展，积极与发达国家展开谈判、积极发展低碳经济、优化能源消费结构、创新低碳产品是发展低碳贸易的主要方向。

2.2.5 绿色发展理论

1. 绿色发展的定义

1989 年，英国环境经济学家大卫·皮尔斯(David W.Pearce)等在其著作《绿色经济蓝图》中第一次系统性阐述绿色经济的概念，他们认为绿色经济是一种新的社会经济模式。联合国环境规划署(United Nations Environment Programme，UNEP)在 2008 年定义绿色发展是自然环境和人类自身能够承受，不因人类盲目追求经济增长而导致生态危机与社会分裂，不因自然资源耗竭而致使经济不可持续发展的经济发展模式(郑德凤等，2015)。绿色发展更强调以人为本的人文主义经济思想，一是要求市场竞争和生态环境的有机统一，二是绿色经济是一种社会文化，强调效率优先、兼顾公平。英国绿色经济研究所(Green Research Institute，GRI)认为，绿色经济是在满足人与自然共同需求基础上，实现二者协和联动的一种方式。

综上，从全球普遍认可的概念中，可以梳理出绿色发展理论有以下几个方面的丰富内涵：①共同发展。地球是一个复杂的巨系统，每个国家或地区都是这个巨系统中不可分割的子系统。因此，绿色发展追求的是整体发展和协调发展，即共同发展。②高效发展。绿色经济的发展既包含传统经济学中的效率，又包含自然资源的损失和收益部分(王晓宇，2014)。③多维发展。各国的环境资源禀赋、人力成本要素等存在显著差异。因此，在绿色发展这个全球性目标的约束和制导下，各国应从国情或区情出发，走符合本国或本区实际的、多样性、多模式的可持续发展道路(李龙熙，2005)。

2. 新时代中国特色绿色发展的经济机理分析框架构建

改革开放 40 多年来，我国对生态环境保护和生态文明建设的认识不断深化，推进改革的政治决心越来越大,法治化进程越来越快,制度体系越来越完整,机构保障越来越有力(高世楫等,2018)。我国绿色发展主要经历了三个阶段:第一阶段是 20 世纪 80 年代,确立环境保护为基本国策;第二阶段是 20 世纪 90 年代,确立可持续发展为国家基本战略;第三阶段是新时代以来,绿色发展写入党的十九大报告,生态文明体制改革力度空前。目前,如图 2-6 所示,结合我国社会主义市场经济的特征,我国新时代中国特色绿色发展的经济机理表现为从微观企业和市场驱动,到产业中观协同推进,再到宏观领域国家统筹发展三方面协调发展。

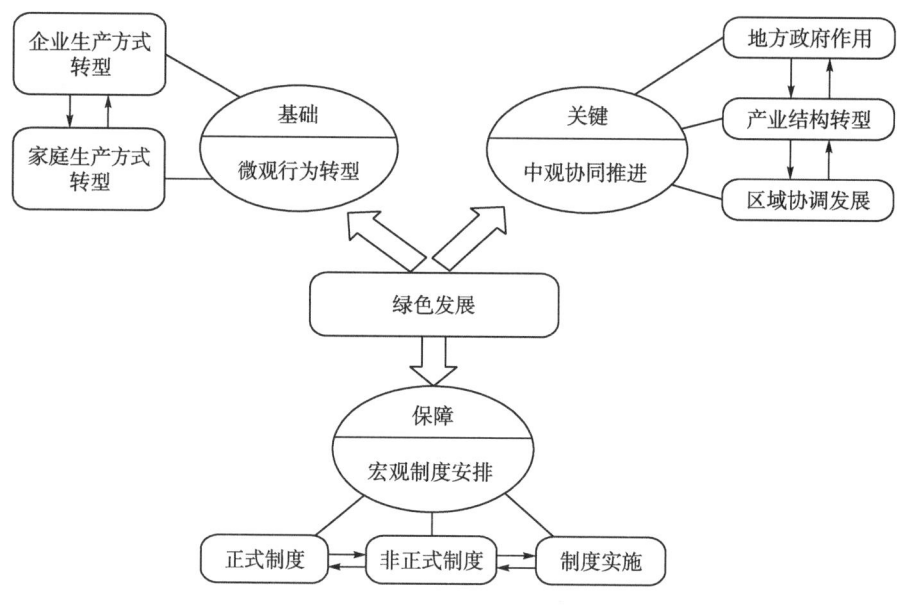

图 2-6 新时代中国特色绿色发展的经济机理

资料来源:张艳(2018)。

(1)绿色发展的基础:微观层面行为转型。绿色发展转型需要协调各微观主体利益关系,形成绿色发展方式和生活方式,坚定走生产发展、生活富裕、生态良好的文明发展道路,要在中高端消费、创新引领、绿色低碳、共享经济、现代供应链、人力资本服务等领域培育新增长点、形成新动能(习近平,2017)。王旭等(2014)提出我国企业在生产方式上,要通过开发利用绿色技术,建造绿色企业,发展绿色生产等措施以实现企业绿色技术创新;在技术运用上,要大力开发清洁生产技术和资源化技术,以推进企业绿色技术创新成果转化。李杨(2017)认为培育树立企业绿色发展理念,提升企业主体绿色发展的素质和能力,保障企业绿色发展人力资源的有效供给,建立并完善相应制度和配套相关政策,是企业人力资源优化配置应采取的策略。范冬萍和付强(2017)认为绿色发展以人与自然和谐的绿色价值观为核心,并以这种价值理念引导和约束人们正确处理社会、经济、自然系统之间复杂的非线性关系,从而维护自然系统的整体价值,使人类可以共享由自然系统的完整性带来的生态红利。刘富奇(2017)认为通过绿色发展视域下的企业生产环境保护法律规制,可以有效纠正我国企业在经济转型的关键时期产生的种种弊端,使企业真正实现可持续的绿色发展之路。张三元(2018)提出构建绿色生活方式,必须要有正确价值观的引导,必须克服享乐主义,倡导绿色消费,以绿色消费引导绿色生产,以绿色生产促进绿色消费,必须不断丰富人们的精神文化生活,以精神文化的力量引导和推动绿色生活方式的形成。

(2) 绿色发展的关键:中观层面协同推进。首先,产业结构升级是我国经济绿色发展的重要方向。孙瑾等(2014)针对中国绿色经济持续增长问题,提出我国第三产业的发展对经济质量的提高有促进作用。李斌和苏珈漩(2016)运用 Super-DEA 模型测算我国各省份的绿色经济效率,实证研究产业结构调整对绿色经济发展的影响。研究结果显示我国绿色经济发展和产业结构调整存在显著的空间相关性;产业结构合理化、高级化和软化均对绿色经济发展具有显著的正向促进作用。武建新和胡建辉(2018)探讨了环境规制和产业结构调整对绿色经济增长的影响,发现产业结构合理化和高级化对中国经济的绿色增长均呈现出明显的促进作用,产业结构合理化不利于资本产出效率的提高但有利于劳动产出效率的改进,产业结构高级化有利于资本产出效率的改善但对劳动产出效率的影响不甚明朗。张治栋和秦淑悦(2018)基于空间杜宾模型考察环境规制、产业结构调整与绿色发展的关系,结果发现产业结构合理化和高级化调整均显著促进了本地绿色效率的提升,对邻近城市则有着一定的负外部性,这种影响作用在沿江城市中更为显著,非沿江城市中应更多注重高级化调整带来的影响;环境规制与产业结构调整协同推进绿色增长的效应有待提高,并且未发现其对邻近城市绿色效率产生显著影响。其次,区域协调发展是绿色发展的空间载体。孙瑾等(2014)认为第三产业发展对东部地区绿色增长正效应最显著,开放对东部和中部地区有负向影响,其中对中部地区的负效应系数最大,中部"污染避难所"的环境成本转移效应明显,要避免污染产业的进一步转移,中西部地区可发展生态农业和循环工业型绿色经济。李子豪和毛军(2018)基于中国 2000~2014 年的省际面板数据,运用 Dagum 基尼系数测算中国区域绿色发展的地区差异。其研究发现研究期内中国省域绿色发展水平有所提高,但区域绿色发展空间分布差距有所扩大。朱光福等(2018)通过对长江经济带 2000~2015 年绿色技术效率、产业结构高级化、合理化指数进行测算,并分别对绿色技术效率与产业结构高级化、合理化的耦合协调度进行测度,采用层次聚类和变异系数方法对测度结果进一步剖析。其结果显示长江经济带大部分省市绿色技术效率与产业结构高级化的耦合协调结果并不尽如人意,但是省际差距在不断缩小;绿色技术效率与产业结构合理化的耦合协调结果明显较好,但是省际差距在不断扩大。

(3) 绿色发展的保障:宏观层面制度安排。即政府通过适当的制度安排引导个人、企业以及产业向绿色生活、绿色生产和绿色产业过渡。习近平同志在党的十九大报告中指出"加快建立绿色生产和消费的法律制度和政策导向,建立健全绿色低碳循环发展的经济体系。构建市场导向的绿色技术创新体系,发展绿色金融,壮大节能环保产业、清洁生产产业、清洁能源产业。推进能源生产和消费革命,构建清洁低碳、安全高效的能源体系"(习近平,2017),这是我国绿色发展的重要指导方针。绿色发展比传统的环境保护模式覆盖面更宽、标准更严格、管理更精细、参与更广泛。绿色发展是一项复杂的系统工程和长期任务,涉及产业、经济、社会发展和科技进步等各个方面,因此,需要政府付出长期坚持不懈的努力(吕薇,2016)。我国正处在环境质量逐步改善的重要窗口期和机遇期,坚持绿色发展可以为生态环境质量改善提供重要支撑。为克服我国的绿色发展之路上面临的诸多问题和障碍，提升环境治理能力，必须坚持源头控制、全过程管理、制定实施低成本的污染控制战略、完善环境经济政策、构建政府—企业—公众联合制衡关系等相关制度和政策变革，通过环境保护制度建设，推动绿色发展（张世秋，2016）。

2.2.6 竞争优势理论

1. 竞争优势理论的定义

美国经济学家迈克尔·波特（Michael E.Porter）在分别研究了企业和产品的竞争能力之后，从国家和产业层面提出以竞争优势为主要内容的国家竞争优势理论，该理论涉及从微观层面到宏观层面较为广泛的研究范畴，是基于动态的分析视角来研究各个国家的资源禀赋和比较优势，具有重要的应用价值（Grant，1991；叶东晖和宣国良，2001；马刚，2006；Dan and Schendel，2010；张在旭和谢旭光，2012）。

迈克尔·波特认为，一个国家或地区的竞争优势愈发地依赖于该国或地区的产业创新和升级的能力，其提出的国家竞争优势模型（也称作钻石模型）包含四种本国决定因素和两种外部影响因素。

(1) 四种本国决定因素包含：第一，生产要素，是指一个国家或地区在生产活动中需要的要素，包括涵盖土地、资源等自然条件的低级要素和涵盖高级人才、专业设施等现代化条件的高级要素；第二，需求条件，主要是指本国或地区内的买方需求条件，如果买方的需求条件越高或者越具有前瞻性，对本国或地区内企业的生产水平和研发水平的提高就越有利，就越能够提升本国或地区该产业的国际竞争力；第三，相关及支持产业，主要包括具有较强竞争水平的上游产业以及与现有某一产业形成互补效应的产业，发展水平较高的上游产业能以最有效的方式促进下游产业的发展，提升下游产业的创新能力，而互补性产业趋向于形成产业集群共同发展；第四，企业战略、结构和同业竞争，是指国际需求市场上对该企业发展的拉动力以及国内同行业竞争企业的推动力。

(2) 两种外部影响因素包含：第一，政府因素，是指政府提出的发展政策和方针等对该企业的影响；第二，机会，是指该企业发展过程中遇到的机遇或某种能够促进企业发展的机会。"钻石模型"各因素的相互关系如图2-7所示；本书依据竞争优势理论，通过综合考量我国的贸易发展水平、进出口贸易隐含碳和低碳贸易竞争力，从总体、三次产业和产品部门，即从宏观、中观和微观多维度研究分析我国对外贸易隐含碳排放竞争力问题。

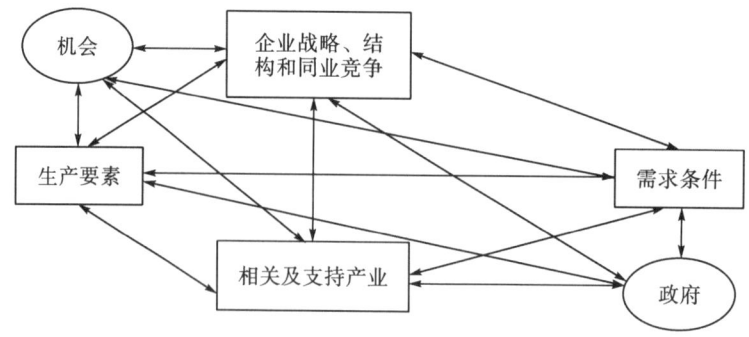

图2-7 "钻石模型"各因素的相互关系

资料来源：根据相关文献资料整理所得。

2. 竞争优势理论的创新机制

一个国家兴衰的根本源头在于能否持续保持竞争优势,竞争优势的产生主要依靠主导产业的优劣程度,产业的优势建立以及劣势企业的升级都取决于生产效率,生产效率的主导因素在于是否拥有充分的创新机制,创新机制主要包括微观竞争优势机制、中观竞争优势机制及宏观微观机制。

(1)微观竞争优势机制。竞争优势的强弱归根到底是企业能否为消费者提供一系列价值。每个企业都是产品研发、生产、销售活动的集合体,是完整产品价值的增值链,因此,国家竞争优势的微观基础是企业的活力。而企业获得长期赢利能力的创新是整个企业超价值链的创新,并不是单一环节的改良,这使得企业会不断完善管理机制、加强研发、降低成本。

(2)中观竞争优势机制。从产业结构来看,企业价值链的增值不仅取决于企业内部发展,还须依靠关联产业;从空间上看,企业为寻求利润的最大化,其研发、生产和销售部门往往分散在不同的空间,这也是跨国公司参与国际竞争获得竞争优势的基础。

(3)宏观微观机制。国家经济发展中的宏观和微观机制主要分为四个导向阶段:①生产要素导向阶段,即依靠自然密集型和劳动密集型产业参与国际竞争。②投资导向阶段。各国将获得外商投资等条件作为竞争的主要要素。③创新导向阶段。跨国公司的企业创新推动竞争优势的扩大。④富裕导向阶段。消费成为该阶段竞争优势扩大的主要要素。

3. 竞争优势理论在国际贸易中的应用

Lall(2000)在检验中国等发展中国家出口商品的技术水平和绩效时,发现商品的出口结构可以通过动态学习得以改变,以提升产品竞争力。苑涛(2005)认为我国对外贸易竞争优势已经有了比较大的提高,但是,我国依旧以占有低质量产品市场的垂直性产业内贸易为主,表明目前我国依然是以劳动力价格优势赢得国际市场。Siggel(2006)通过综合评价测算,发现贸易政策和产业政策是印度形成贸易竞争优势的基础。林琳(2008)以山东省为例对技术创新与贸易竞争优势的产业分布与动态变迁进行实证研究,研究结果表明,在传统的缺乏需求弹性的产业部门中增加研发经费的投入,将有效改善产品的质量,提升在国际市场的贸易竞争力。宗毅君(2012)通过6位数HS微观贸易数据,算出中美两国对世界出口增长的"二元边际";并采用脉冲响应函数和方差分解,实证分析二元边际对两国出口竞争优势的影响及贡献,结果发现"二元边际"对中美两国竞争优势的增长均有拉动作用,但对美国竞争优势的贡献要高于中国,其中,源于产品种类创新或新产品创造的"广度边际"是美国出口竞争优势的最主要来源,但不是中国出口竞争优势的主要来源。Schott 等(2013)将我国跨国企业竞争优势与发达国家进行相比。汪琦(2017)运用面板矫正标准误差模型,分析异质性创新对日本生产性服务贸易竞争优势的促动效应,结果表明自主技术创新对劳动-资本密集型生产性服务贸易竞争优势产生正面效应,但对知识密集型生产性服务业作用不明显;制造业创新关联明显促进生产性服务贸易竞争优势的提升,对知识密集型生产性服务业尤其具有重要作用。徐坡岭和那振芳(2018)认为"一带一路"沿线国家和地区的要素禀赋比较优势和区域竞争优势互补性是产业链分工优化的基础,中间品贸易是这种制造业产业链国际分工的纽带,以我国制造业产业的中间品贸易特征来定位产业链国际化布局的区位布局,是实现我国制造业转型升级的基本方向。

2.3 本章小结

首先,本章介绍了隐含碳排放和贸易竞争力这两个主要概念。在隐含碳排放相关概念上,首先明确隐含碳的界定,认为其是某种产品从生产链的始端到消费的终端全过程产生的碳排放总量;其次,从出口隐含碳排放和进口隐含碳排放两个方面详细列出中国进出口贸易隐含碳及其国别研究;最后,从生产责任原则、消费负责原则和共担责任原则研究隐含碳排放责任的认定。在贸易竞争力相关概念上,首先界定贸易竞争力是指一国或地区对外贸易差额占对外贸易总额的比重,再详细介绍贸易竞争力与比较优势理论的异同,最后,从成本角度和产品差异化角度阐述环境标准对国际贸易竞争力的影响机制。总之,隐含碳研究是低碳贸易的内在要求,贸易竞争力提升是低碳贸易的最终目的,因此这两方面相互融合、相互贯通,为下文提供了经济学的研究工具。

能源消耗对贸易竞争力的提升起到推动力的作用,但也带来大量碳排放,污染大气环境,因此,本章分别从"污染避难所"假说、环境库兹涅茨理论、清洁生产理论、低碳经济理论、绿色发展理论和竞争优势理论六个方向入手。第一,在"污染避难所"假说中介绍了"污染避难所"假说的定义及其逻辑结构、"污染避难所"理论基础和"污染避难所"效应。第二,在环境库兹涅茨理论中阐述库兹涅茨曲线与环境库兹涅茨曲线两者的定义、环境库兹涅茨曲线的形成机理和环境库兹涅茨曲线的特征研究。第三,在清洁生产理论中,明确清洁生产理论的定义、政府环境规制手段分析和我国的清洁生产环境规制法律体系。第四,在低碳经济理论中,介绍低碳经济理论的定义、经济、资源环境和政治属性以及低碳经济影响贸易发展的机制。第五,在绿色发展理论中阐明绿色发展的定义、新时代中国特色绿色发展的经济机理分析框架构建。第六,在竞争优势理论中介绍竞争优势理论的定义、竞争优势理论的创新机制和竞争优势理论在国际贸易中的应用。综上各个概念和理论,为我们深入研究中国对外贸易隐含碳排放竞争力问题提供了清楚的概念界定和理论支撑,这对我国制定更具针对性的贸易能源消费政策等具有重要意义。

第3章 中国对外贸易发展及能源消耗现状

3.1 中国对外贸易发展概况

3.1.1 中国对外贸易的发展规模

我国 2001~2017 年对外贸易额变化情况如表 3-1 所示。从具体数额上来看，2001~2017 年，我国的对外贸易规模飞速增长。进出口总额由 2001 年的 5096.51 亿美元增长至 2017 年的 41052.18 亿美元，增加了 35955.67 亿美元，变化幅度为 705.50%，年均增幅为 13.93%，其中，对外贸易额增长最多的是 2010 年，相较于 2009 年增长了 7664.66 亿美元，增幅为 34.72%。究其原因是受到 2008 年金融危机的影响，导致 2009 年全球外贸市场规模的萎缩，以及在各国的经济刺激计划下，各国经济在 2010 年的全面复苏，由此引发 2010 年我国对外贸易规模的爆发式增长。进口总额由 2001 年的 2435.53 亿美元增长至 2017 年的 18418.89 亿美元，变化幅度为 656.26%，年均增长幅度为 13.48%；出口总额由 2001 年的 2660.98 亿美元上升至 2017 年的 22633.29 亿美元，增加了 19972.31 亿美元，变化幅度为 750.56%，年均增幅为 14.32%，进出口各自表现出较高的增长率；进出口差额则由

表 3-1　2001~2017 年中国对外贸易额变化情况

年份	中国出口总额/亿美元	中国进口总额/亿美元	进出口总额/亿美元	进出口差额/亿美元	进口所占比重/%	出口所占比重/%
2001	2660.98	2435.53	5096.51	225.45	48	52
2002	3255.96	2951.7	6207.66	304.26	48	52
2003	4382.28	4127.6	8509.88	254.68	49	51
2004	5933.26	5612.29	11545.55	320.97	49	51
2005	7619.53	6599.53	14219.06	1020	46	54
2006	9689.78	7914.61	17604.39	1775.17	45	55
2007	12204.56	9561.16	21765.72	2643.4	44	56
2008	14306.93	11325.67	25632.6	2981.26	44	56
2009	12016.12	10059.23	22075.35	1956.89	46	54
2010	15777.54	13962.47	29740.01	1815.07	47	53
2011	18983.81	17434.84	36418.65	1548.97	48	52
2012	20487.14	18184.05	38671.19	2303.09	47	53
2013	22090.05	19499.9	41589.95	2590.15	47	53
2014	23422.93	19592.33	43015.26	3830.6	46	54
2015	22734.68	16795.66	39530.34	5939.02	42	58
2016	20976.32	15879.25	36855.57	5097.07	43	57
2017	22633.29	18418.89	41052.18	4214.40	45	55

数据来源：根据世界银行数据库计算整理所得。

2001年的225.45亿美元增长至2017年的4214.40亿美元,增长了3988.95亿美元,变化幅度为1769.33%。同时对比进出口各自在贸易总额中所占的比重我们不难发现:在2001年进入WTO初期我国的进出口基本处于持平状态,之后受我国出口导向型产业政策的影响,总体上表现为出口所占比重逐渐大于进口所占比重,进出口失衡,至2017年,进口和出口所占比重分别为45%和55%,相差10%。

从进出口贸易演变趋势来看,如图3-1所示,我国的出口总额、进口总额、进出口总额表现出大致相同的变化趋势。2001~2017年可以分为三个阶段。①第一阶段:2001~2008年,即我国对外贸易的全面改革阶段。2001年加入WTO之后,我国的进出口贸易飞速发展,中国采取一系列政策有力推进了规则导向的经济市场化与自由化。2004年颁布《中华人民共和国行政许可法》,同年4月全国人大常委会通过新的《中华人民共和国对外贸易法》,国务院先后制定、修改《中华人民共和国反倾销条例》《中华人民共和国反补贴条例》《中华人民共和国货物进出口管理条例》等法律法规。2006年,《中华人民共和国反垄断法》生效。对比进口增长趋势与出口增长趋势,受对外贸易政策的影响,出口增长幅度明显高于进口增长幅度。2008年受金融危机的影响,全球市场萎缩,导致2008~2009年的出口总额、进口总额、进出口总额三个指数均表现出明显的下降。②第二阶段:2009~2014年,即金融危机阶段,也是我国外贸的低谷阶段。在此期间,在各国经济刺激计划的影响下,全球经济复苏,开始了新一轮的增长。为此,2011年我国为遏制外贸衰退的势头,全面推广人民币贸易结算,简化进出口贸易流程,此外,对出口企业的出口信贷和信用保险予以政策支持,在巩固传统市场的基础上积极拓展新的贸易市场,2012年出台《关于加强进口促进对外贸易平衡发展的指导意见》,进一步完善了进口促进政策,拓宽了进口渠道,有力地促进了机械设备、工业原料和消费品进口增长。在此期间,进口与出口表现出大致相同的变化趋势,稳步增长。③第三阶段:2014年至今,即我国外贸的盘整阶段。受人民币汇率波动和国际产业分工转移双重因素的影响,我国对外贸易规模面临较大的下行压力,急于寻求新的增长点。2016年开始,在经济新常态、供给侧结构性改革和"一带一路"的影响下,我国的外贸不仅在商品的质和量上有了巨大的进步,并且在贸易范围的广度上也有了飞速的发展,在新动力的加持下,我国外贸规模重新进入高速增长时期。

图3-1 2001~2017年中国进出口额增长趋势

数据来源:根据世界银行数据库整理计算绘制所得。

从图 3-2 进出口差额角度来看,进出口差额的变化趋势未与进口总额、出口总额、进出口总额的变化保持一致,同时我国在对外贸易中总体上一直处于出超地位,贸易差额中间有较大的变化波动,但是整体上呈现增长态势,这也是我国实行出口导向型经济政策的必然结果。

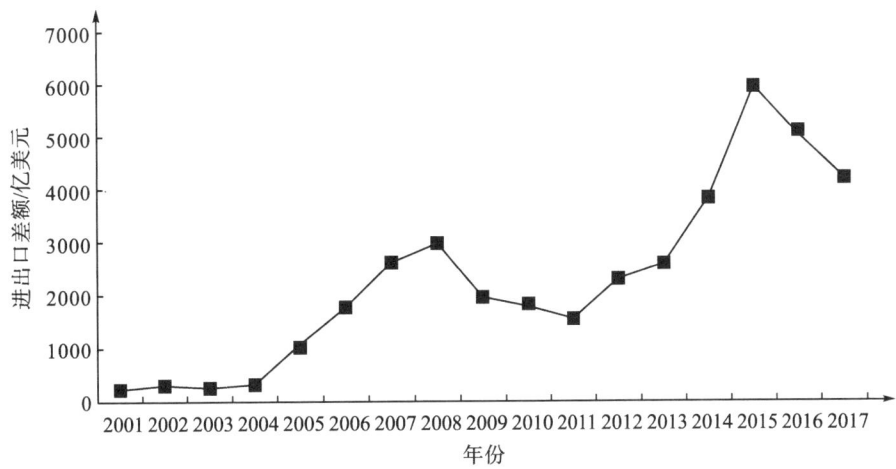

图 3-2 2001~2017 年中国进出口差额趋势

数据来源:根据世界银行数据库整理计算绘制所得。

如表 3-2 所示,从中国对外贸易对世界总贸易的贡献率和拉动度情况来看,2001~2017 年,我国的出口对世界出口的贡献率除 2001 年为-6.39%外,其余年份均为正值,在 2014 年出口贡献率达到了最高点 914.21%,其余年份均呈现不同程度的波动,2003~2008 年和 2009~2012 年两个区间表现出较为明显的增长态势,从出口拉动度的角度来看,除 2009 年(-1.81%)、2015(-0.41%)、2016(-1.09%)外,其余年份均为正值,这也体现出我国的出口对全球贸易额的拉动作用明显;从进口的角度来看,2001~2017 年,我国进口对世界进口的贡献率除 2001 年为-7.41%外,其余年份都为正值,并且相比较于出口贡献率而言,进口贡献率的变化幅度更加平稳,但是变化趋势与出口贡献率表现出一致性,其中 2013 年达到最大值 43.53%,从进口拉动度的角度来看,进口拉动度的正负表现与出口拉动度一致,在 2009 年(-0.99%)、2015 年(-1.67%)、2016 年(-0.56%)出现负值,其余年份均为正值;从贸易总额方面来看,2001~2017 年,有 12 个年份的贸易总额贡献率超过了 10%,其中 2014 年达到最高点为 128.90%,贸易总额对全球贸易的拉动度正负值与进出口的拉动度表现一致。总体上看,我国经济增长迅速,进出口额的增长对世界贸易额均表现出较高的贡献率和拉动度,也体现了我国在世界贸易中举足轻重的地位。

表 3-2　2001～2017 年中国进出口额对世界的贡献率与拉动度（%）

年份	出口贡献率	出口拉动度	进口贡献率	进口拉动度	贸易总额贡献率	贸易总额拉动度
2001	-6.39	0.27	-7.41	0.29	-6.88	0.28
2002	19.66	0.91	20.58	0.77	20.07	0.84
2003	10.22	1.47	10.50	1.50	10.36	1.49
2004	9.43	1.67	8.70	1.56	9.06	1.61
2005	13.02	1.59	7.50	0.91	10.24	1.25
2006	12.69	1.70	8.27	1.06	10.51	1.37
2007	13.20	1.78	8.74	1.15	10.98	1.46
2008	9.77	1.29	7.90	1.07	8.82	1.18
2009	6.31	-1.81	3.33	-0.99	4.79	-1.40
2010	13.61	2.44	14.22	2.52	13.91	2.48
2011	10.50	1.74	11.55	1.88	11.02	1.81
2012	97.80	0.81	36.23	0.40	62.48	0.60
2013	34.92	0.84	43.53	0.69	38.34	0.77
2014	914.21	0.70	9.63	0.05	128.90	0.37
2015	2.79	-0.41	11.98	-1.67	7.25	-1.04
2016	35.38	-1.09	18.96	-0.56	27.28	-0.83
2017	9.73	0.93	14.57	1.41	12.18	1.17

数据来源：根据世界银行数据库数据计算整理所得。

3.1.2 中国对外贸易的商品结构

如表 3-3 所示，对外贸易商品结构主要基于《国际贸易标准分类》（Standard International Trade Classification，SITC）来进行，2001～2017 年，10 类产品出口额整体上呈现增长态势，其中粮食及活动物、饮料及烟叶基本呈现严格的增长状态，可见这两类产品的出口贸易受到经济波动的影响较小，其中粮食及活动物的出口额由 2001 年的 127.77 亿美元上升至 2017 年的 635.87 亿美元，增长了 508.10 亿美元，年均增长 10.55%；饮料及烟叶由 2001 年的 8.73 亿美元增长至 2017 年的 34.68 亿美元，增长 25.95 亿美元，年均增长 9.00%；除燃料外的非食用未加工材料，矿物燃料、润滑油及有关物质，动物及植物油、脂肪及蜡，未列明的化学及有关产品，主要按材料分类的制成品，机械和运输设备，杂项制成品，未列入其他分类的货物及交易这 8 类产品受到全球经济波动的影响，在 2009 年出现了不同程度的下降，分别下降了 31.63 亿美元、113.90 亿美元、2.56 亿美元、173.05 亿美元、776.16 亿美元、829.37 亿美元、362.50 亿美元、0.81 亿美元。全部产品中，2001～2017 年增长额度由高到低依次为机械和运输设备，杂项制成品，主要按材料分类的制成品，未列明的化学及有关产品，粮食及活动物，矿物燃料、润滑油及有关物质，除燃料外的非食用未加工材料，未列入其他分类的货物及交易，饮料及烟叶，动物及植物油、脂肪及蜡，增长额依次为 9906.68 亿美元、4557.35 亿美元、3263.70 亿美元、1278.78 亿美元、508.10 亿美元、269.84 亿美元、102.95 亿美元、51.75 亿美元、25.95 亿美元、7.62 亿美元。增长幅度由高到低依次为机械和运输设备，未列明的化学及有关产品，未列入其他分类的货物及交易,主要按材料分类的制成品,动物及植物油、脂肪及蜡,杂项制成品,粮食及活动物,矿物燃料、润滑油及有关物质,饮料及烟叶,除燃料外的非食用未加工材料,增幅依次为1043.90%、957.74%、886.13%、744.92%、686.49%、523.17%、397.66%、321.05%、297.25%、246.76%。2017年,第7类机械和运输设备的出口额在所有分类中最高,达到了10855.69亿美元,第4类动物及植物油、脂肪及蜡出口额在所有分类中最低,为8.73亿美元。主要是由于我国出口贸易长期依赖于加工贸易,对原材料等的需求量较大,但是出口较少,出口工业制成品类别商品增幅明显高于其他类别。

表 3-3 2001~2017年中国 SITC 分类下出口商品结构① （单位：亿美元）

年份	第0类	第1类	第2类	第3类	第4类	第5类	第6类	第7类	第8类	第9类
2001	127.77	8.73	41.72	84.05	1.11	133.52	438.13	949.01	871.10	5.84
2002	146.21	9.84	44.02	84.35	0.98	153.25	529.54	1269.76	1011.53	6.48
2003	175.31	10.19	50.27	111.14	1.15	195.81	690.18	1877.73	1260.88	9.61
2004	188.64	12.14	58.42	144.80	1.48	263.60	1006.46	2682.60	1563.98	11.12
2005	224.80	11.83	74.84	176.22	2.68	357.72	1291.21	3522.34	1941.83	16.06
2006	257.23	11.93	78.60	177.70	3.73	445.30	1748.16	4563.43	2380.14	23.15
2007	307.44	13.97	91.17	208.78	3.11	603.41	2202.54	5778.19	2970.19	21.80
2008	327.62	15.29	113.19	317.73	5.95	793.13	2623.91	6740.65	3352.36	17.10
2009	326.03	16.41	81.56	203.83	3.39	620.08	1847.75	5911.28	2989.86	16.29
2010	411.48	19.06	116.03	266.73	3.91	875.19	2491.18	7810.74	3768.63	14.68
2011	504.95	22.76	149.76	322.74	5.70	1147.23	3195.64	9025.99	4585.68	23.43
2012	520.76	25.90	143.40	310.13	5.84	1135.22	3341.62	9652.88	5337.88	14.17
2013	557.26	26.09	145.63	337.86	6.30	1195.66	3617.82	10395.27	5790.90	17.29
2014	589.14	28.83	158.26	344.46	6.78	1344.82	4017.49	10718.13	6192.34	22.67
2015	581.54	33.09	139.17	279.02	6.92	1295.26	3926.08	10607.69	5842.10	23.81
2016	610.77	35.39	131.00	268.71	6.14	1218.46	3526.83	9855.54	5265.53	58.01
2017	635.87	34.68	144.67	353.89	8.73	1412.30	3701.83	10855.69	5428.45	57.59

数据来源：根据 UNcomtrade 网站数据计算整理所得。

根据 SITC 分类规则,进一步将这 10 类产品分为初级产品和工业制成品②。从表 3-4 可以看出,我国出口分类中初级产品所占比重远远低于工业制成品。2001~2017 年,工

---

① 根据联合国《国际贸易标准分类》将贸易产品分为 10 类,第 0 类为粮食及活动物,第 1 类为饮料及烟叶,第 2 类为除燃料外的非食用未加工材料,第 3 类为矿物燃料、润滑油及有关物质,第 4 类为动物及植物油、脂肪及蜡,第 5 类为未列明的化学及有关产品,第 6 类为主要按材料分类的制成品,第 7 类为机械和运输设备,第 8 类为杂项制成品,第 9 类为未列入其他分类的货物及交易。
② 初级产品包含 SITC 分类下的第 0 类到第 4 类产品,包括粮食及活动物,饮料及烟叶,除燃料外的非食用未加工材料,矿物燃料、润滑油及有关物质,动物及植物油、脂肪及蜡;工业制成品包括,SITC 分类下的第 5 类至第 9 类产品,包括未列明的化学及有关产品,主要按材料分类的制成品,机械和运输设备,杂项制成品,未列入其他分类的货物及交易。

业制成品所占比重均高于 90%，2001 年为最低点 90.10%，2015 年为最高点 95.43%，从变化趋势上看，由 2001 年的 90.10%上升至 2015 年的 95.43%，之后小幅下降至 2017 年的 94.80%；初级产品所占比重均低于 10%，最高点在 2001 年的 9.90%，最低点在 2015 年的 4.57%，2001~2007 年、2011~2015 年呈现明显的下降趋势，2007~2011 年则呈现小幅波动，2016~2017 年则重新恢复增长态势。从贸易额的角度来看，初级产品出口额由 2001 年的 263.38 亿美元增长至 2017 年的 1177.84 亿美元，增长了 914.46 亿美元，年均增幅达 9.81%，工业制成品出口额由 2001 年的 2397.60 亿美元上升至 2017 年的 21455.86 亿美元，增长了 19058.26 亿美元，年均增幅达 14.68%，对比发现，工业制成品的年均出口增幅均高于初级产品，其原因有二：一是初级产品其本身价值较低；二是我国实行出口导向型经济政策。

表 3-4 2001~2017 年中国出口产品分类结构

年份	初级产品		工业制成品		总额/亿美元
	出口额/亿美元	占比/%	出口额/亿美元	占比/%	
2001	263.38	9.90	2397.60	90.10	2660.98
2002	285.40	8.77	2970.56	91.23	3255.96
2003	348.06	7.94	4034.22	92.06	4382.28
2004	405.49	6.83	5527.77	93.17	5933.26
2005	490.37	6.44	7129.16	93.56	7619.53
2006	529.19	5.46	9160.17	94.54	9689.36
2007	624.46	5.12	11576.14	94.88	12200.60
2008	779.78	5.45	13527.15	94.55	14306.93
2009	631.22	5.25	11385.25	94.75	12016.47
2010	817.21	5.18	14960.42	94.82	15777.64
2011	1005.91	5.30	17977.98	94.70	18983.88
2012	1006.05	4.91	19481.77	95.09	20487.82
2013	1073.13	4.86	21016.94	95.14	22090.07
2014	1127.47	4.81	22295.46	95.19	23422.93
2015	1039.74	4.57	21694.94	95.43	22734.68
2016	1052.01	5.02	19924.36	94.98	20976.37
2017	1177.84	5.20	21455.86	94.80	22633.71

数据来源：根据世界银行数据库计算整理所得。

根据图 3-3 所示，借鉴刘小芳（2018）等的研究我们将出口产品分为资源密集型产品、劳动密集型产品、资本密集型产品。资源密集型产品包括 SITC 分类下的第 0 类至第 4 类，劳动密集型产品包括第 5 类和第 7 类，资本密集型产品包括第 6 类和第 8 类。资源密集型产品出口额由 2001 年的 263.38 亿美元上升至 2017 年的 1177.84 亿美元，上升了 914.46 亿美元，占比却从 2001 年的 9.90%下降至 2017 年的 5.20%，这反映出资源密集型产品出口额的增长远低于其他类型的产品；劳动密集型产品出口额由 2001 年的 1082.53 亿美元增长至 2017 年的 12267.99 亿美元，占比从 2001 年的 40.77%上升至 2005 年的 51.03%后，2006～2017 年间均在 50%的左右稳定；资本密集型产品出口额从 2001 年的 1309.23 亿美元上升至 2017 年的 9130.28 亿美元，占比从 2001 年的 49.31%下降至 2017 年的 40.44%；相对比而言，资源密集型产品一直在三类产品中所占比重最低，劳动密集型产品与资本密集型产品的出口在 2001～2005 年间互有胜负，2005 年之后，受到国家政策的影响，劳动密集型产品一路增长迅速，牢牢占据出口的龙头地位，说明我国的出口贸易对劳动密集型产品的依赖较大，而资本密集型产品的增长不及劳动密集型产品，所占比重也就不断降低，资本密集型产业水平较低。

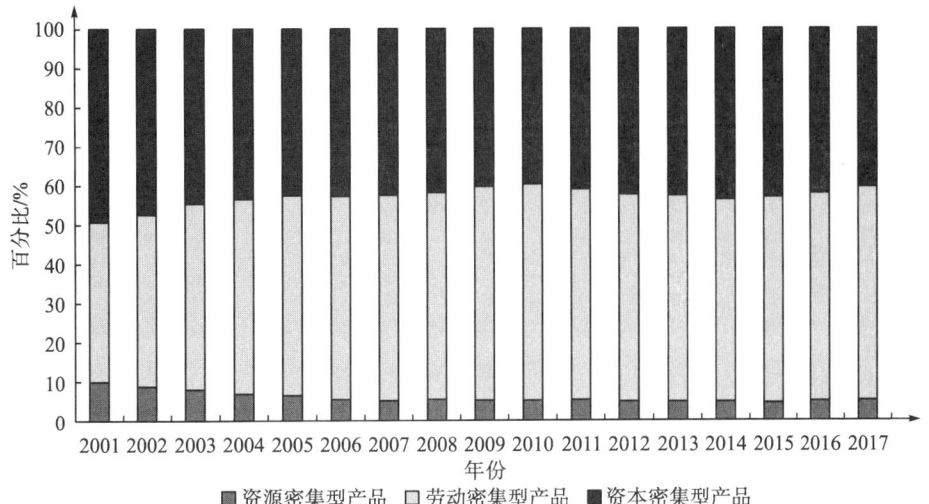

图 3-3　2001～2017 年中国出口商品结构

数据来源：根据世界银行数据库整理计算绘制所得。

如表 3-5 所示，SITC 分类下 2001～2017 年中国进口产品的变化大致与出口产品的变化类似，整体上都呈现增长态势，但是受经济整体波动的影响，2009 年及 2015～2016 年附近出现了小幅下降。第 0 类至第 9 类产品进口额最大值年份分别在 2017 年(544.17 亿美元)、2017 年(70.28 亿美元)、2013 年(2863.71 亿美元)、2014 年(3167.56 亿美元)、2012 年(132.43 亿美元)、2017 年(1924.45 亿美元)、2014 年(1731.13 亿美元)、2017 年(7368.61 亿美元)、2014 年(1383.47 亿美元)、2013 年(1047.36 亿美元)，其最小值则基本处于 2001～2002 年附近，分别为 49.76 亿美元、3.87 亿美元、221.27 亿美元、174.66 亿美元、7.63 亿美元、321.04 亿美元、419.38 亿美元、1070.15 亿美元、150.76 亿美元、12.85 亿美元；2001～2017 年进口增长额由高到低依次为：机械和运输设备，除燃料外的非食用未加工材料，矿物燃料、润滑油及有关物质，未列明的化学及有关产品，杂项制成品，主要按材料分类的制成品，未列入其他分类的货物及交易，粮食及活动物，动物及植物油、脂肪及蜡，饮料及烟叶,其值分别为 6298.46 亿美元、2369.77 亿美元、2321.52 亿美元、1603.40 亿美元、1158.36 亿美元、964.26 亿美元、644.03 亿美元、494.42 亿美元、82.03 亿美元、66.16 亿美元;进口额增长幅度由高到低依次为未列入其他分类的货物及交易,饮料及烟叶,矿物燃料、润滑油及有关物质,动物及植物油、脂肪及蜡,除燃料外的非食用未加工材料,粮食及活动物,杂项制成品,机械和运输设备,未列明的化学及有关产品,主要按材料分类的制成品,增幅依次为 3842.66%、1605.83%、1329.16%、1074.97%、1070.99%、993.59%、768.35%、588.56%、499.42%、229.92%;相对比而言,第 7 类机械和运输设备所占比重最大,一直稳定在 40%附近,而第 1 类饮料及烟叶比重最低。由于我国的出口贸易政策,以及依赖于加工贸易的对外贸易方式,因此需要大量的原材料进口,虽然原材料本身价值较低,但是其增幅明显。

表 3-5　2001～2017 年中国 SITC 分类下进口商品结构　　　（单位：亿美元）

年份	第 0 类	第 1 类	第 2 类	第 3 类	第 4 类	第 5 类	第 6 类	第 7 类	第 8 类	第 9 类
2001	49.76	4.12	221.27	174.66	7.63	321.04	419.38	1070.15	150.76	16.76
2002	52.38	3.87	227.36	192.85	16.25	390.36	484.89	1370.10	198.01	15.64
2003	59.60	4.90	341.21	291.89	30.00	489.75	639.02	1928.26	330.11	12.85
2004	91.54	5.48	553.58	479.93	42.14	654.73	739.86	2528.30	501.43	15.29
2005	93.88	7.83	702.26	639.47	33.70	777.34	811.57	2904.78	608.62	20.08
2006	99.94	10.41	831.57	890.01	39.36	870.47	869.24	3570.21	713.11	20.30
2007	115.00	14.01	1178.71	1051.19	74.76	1074.21	1028.79	4126.54	873.29	24.65
2008	140.51	19.20	1666.95	1692.42	106.73	1189.97	1071.65	4419.53	974.58	44.09
2009	148.24	19.54	1408.22	1239.63	77.87	1119.73	1077.32	4082.59	849.35	33.06
2010	215.70	24.28	2119.75	1889.58	90.17	1494.17	1312.56	5496.86	1132.59	184.35
2011	287.71	36.85	2849.15	2757.28	116.29	1805.42	1503.15	6309.17	1273.81	495.13
2012	352.62	44.03	2695.64	3130.19	132.43	1785.67	1462.46	6534.29	1356.93	687.72
2013	417.01	45.10	2863.71	3151.60	109.97	1896.35	1483.65	7106.98	1378.19	1047.36
2014	468.27	52.22	2696.42	3167.56	92.92	1924.39	1731.13	7248.33	1383.47	827.64
2015	505.01	57.74	2097.10	1985.89	80.32	1706.99	1343.61	6832.35	1325.43	861.20
2016	491.56	60.96	2025.44	1765.26	73.52	1634.74	1232.32	6584.88	1241.54	768.98
2017	544.17	70.28	2591.04	2496.17	89.65	1924.45	1383.63	7368.61	1309.13	660.79

数据来源:根据 UNcomtrade 网站数据计算整理所得。

如表 3-6 所示,从进口产品按初级产品和工业制成品的角度来看,进口产品中初级产品所占比重远低于工业制成品所占比重,但是初级产品的占比由 2001 年的 18.78%上升至 2017 年的 31.41%,增长 12.63 个百分点,工业制成品在进口产品中所占比重由 2001 年的 81.22%下降至 2017 年的 68.59%;2001～2017 年,初级产品的进口额由 457.43 亿美元增加至 5791.32 亿美元,增加了 5333.89 亿美元,年均增长 17.19%;工业制成品由 1978.10 亿美元增加至 12646.61 亿美元,增加值为 10668.51 亿美元,年均增长 12.29%;对比而言,虽然两种产品的增长幅度均高于 10%，但是初级产品的增长速度高于工业制成品的增长速度，致使初级产品的比重不断上升而工业制成品的比重不断下降，说明在加入 WTO 之后中国日益成为"世界工厂"，来料加工形式占比增高，但是由于发展的需要，工业制成品的进口比重仍然占据主要地位。从变化趋势的角度来看，初级产品和工业制成品在 2009 年分别下降 732.31 亿美元、537.76 亿美元，在 2015~2016 年也出现了不同程度的下降，除此之外，初级产品及工业制成品在其他年份均保持了较高的增长态势。

表 3-6　2001~2017 中国进口产品分类概况

年份	初级产品		工业制成品		总额/亿美元
	进口额/亿美元	占比/%	进口额/亿美元	占比/%	
2001	457.44	18.78	1978.10	81.22	2435.53
2002	492.71	16.69	2458.99	83.31	2951.70
2003	727.60	17.63	3399.99	82.37	4127.60
2004	1172.67	20.89	4439.61	79.11	5612.29
2005	1477.14	22.38	5122.39	77.62	6599.53
2006	1871.29	23.64	6043.32	76.36	7914.61
2007	2433.68	25.45	7127.47	74.55	9561.15
2008	3625.81	32.01	7699.81	67.99	11325.62
2009	2893.50	28.78	7162.05	71.22	10055.55
2010	4339.48	31.09	9620.53	68.91	13960.02
2011	6047.27	34.69	11386.68	65.31	17433.95
2012	6354.91	34.95	11827.08	65.05	18181.99
2013	6587.39	33.78	12912.53	66.22	19499.92
2014	6477.39	33.06	13114.96	66.94	19592.35
2015	4726.06	28.14	12069.58	71.86	16795.64
2016	4416.74	27.81	11462.47	72.19	15879.21
2017	5791.31	31.41	12646.61	68.59	18437.93

数据来源：根据世界银行数据库计算整理所得。

从图 3-4 可见，劳动密集型产品稳稳占据了进口商品的 50%~60%，而资源密集型产品和资本密集型产品整体呈现出一增一减的变化趋势；2001~2017 年的进口产品中，资源密集型产品由 457.44 亿美元上升至 5791.31 亿美元，增加了 5333.87 亿美元，增幅为 1166.03%，年均增长 17.19%；劳动密集型产品由 1391.19 亿美元增长至 9293.06 亿美元，增长了 7901.87 亿美元，年均增幅为 12.60%；资本密集型产品由 570.14 亿美元增加至 2692.76 亿美元，增长了 2122.62 亿美元，年均增幅为 10.19%。资源密集型产品、劳动密集型产品、资本密集型产品的年均增幅均高于 10%；进口产品的第一大类被劳动密集型产品牢牢占据，这与我国的产业结构以及人口红利有着相当大的联系，资源密集型产品虽然所占比例最低，但是增长幅度却是最大，并且伴随着我国经济的发展，对资本密集型产品的需求量不断增加，但是在 2014 年达到了顶点，之后开始下降，这与我国的产业结构升级转型有着密不可分的联系。

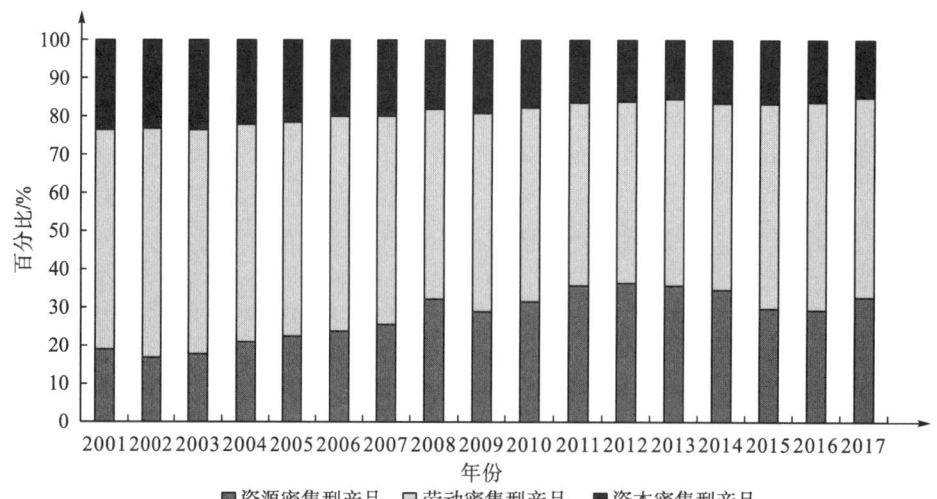

图 3-4 2001~2017 年中国进口商品结构

数据来源：根据世界银行数据库计算整理所得。

3.1.3 中国对外贸易的发展方式

我国加入 WTO 之后，对外贸易迅速发展，贸易方式结构也更加趋向合理，贸易方式向着多元化方向发展，对我国的经济发展起到了关键性的作用。对外贸易方式主要分为一般贸易、加工贸易以及其他贸易。2003 年十六届三中全会审议通过《中共中央关于完善社会主义市场经济体制若干问题的决定》，提出进一步提高我国出口加工贸易的产品附加值，更好地发挥国外资金和技术对我国经济增长的推动作用。在此基础上，面对我国加工贸易发展迅速的局面，我国开始对加工贸易进行合理约束和引导，并且取得了显著成效。从图 3-5 中可得，我国一般贸易额和其他贸易额受国际贸易形势的影响，虽然在 2009 年和 2016 年有所下跌，但是整体呈现稳步上升，加工贸易额的增长趋势却远不如其他两种贸易方式贸易额增长迅速，特别是在 2008~2017 年表现为上下波动趋势，从增长额的角度看，我国出口贸易方式增长额由高至低分别为一般贸易、加工贸易、其他贸易，增长额分别为 11190.19 亿美元、6113.99 亿美元、2679.83 亿美元，就增幅而言，其他贸易、一般贸易、加工贸易分别为 3949.34%、1000.19%、414.70%；其中一般贸易出口额 2011 年首次超越加工贸易占据第一，从各种贸易方式占比来看，一般贸易、其他贸易方式占比整体不断上升，2001~2017 年，一般贸易出口占比由 42.04% 上升至 49.60%，其他贸易方式占比由 2.55% 增加至 12.14%，而加工贸易出口占比整体呈现下降趋势，由 55.41% 下跌至 34.10%，并且下跌趋势明显，其中一般贸易方式出口占比在 2011 年首次超过加工贸易方式占比，且在以后年份稳居第一。

从图 3-6 进口方面来看，2001~2017 年，我国的一般贸易进口额由 1134.56 亿美元上升至 10827.59 亿美元，增长 9693.03 亿美元，增幅 854.34%，加工贸易由 939.74 亿美元增长至 4312.20 亿美元，增加了 3372.46 亿美元，增幅为 358.87%，增幅不足一般贸易的 1/2；就占比而言，加工贸易进口额占比下降明显，由 38.58% 下降至 23.42%，一般贸易进口额占比由 46.58% 增加至 58.81%，增加约 12 个百分点。其他贸易方式进口额则呈现缓慢的增长趋势，16 年间仅增加 3 个百分点。

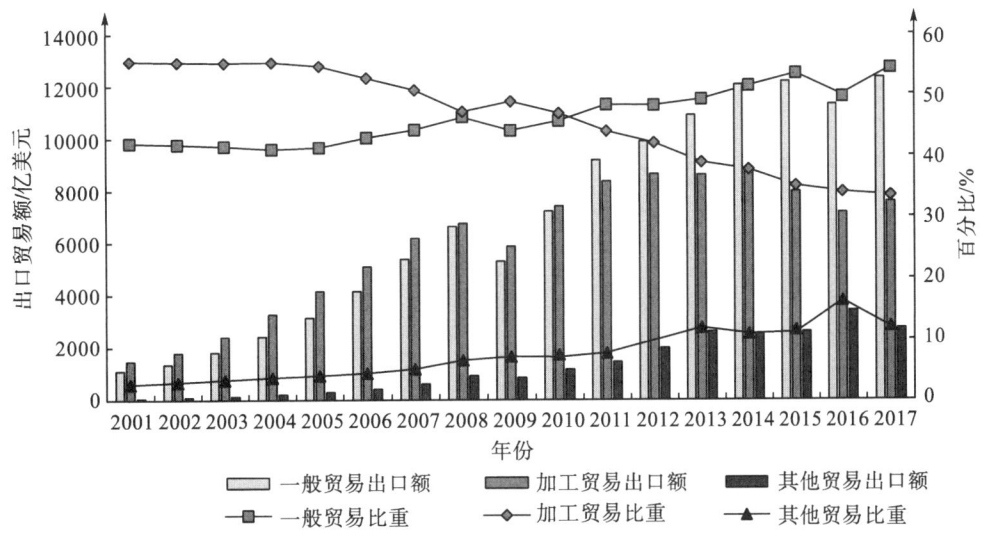

图 3-5 2001~2017 年我国出口贸易方式概况

注：折线图对应右轴，柱状图对应左轴。

数据来源：根据《中国统计年鉴》《中国海关统计年鉴》商务部数据整理计算绘制所得。

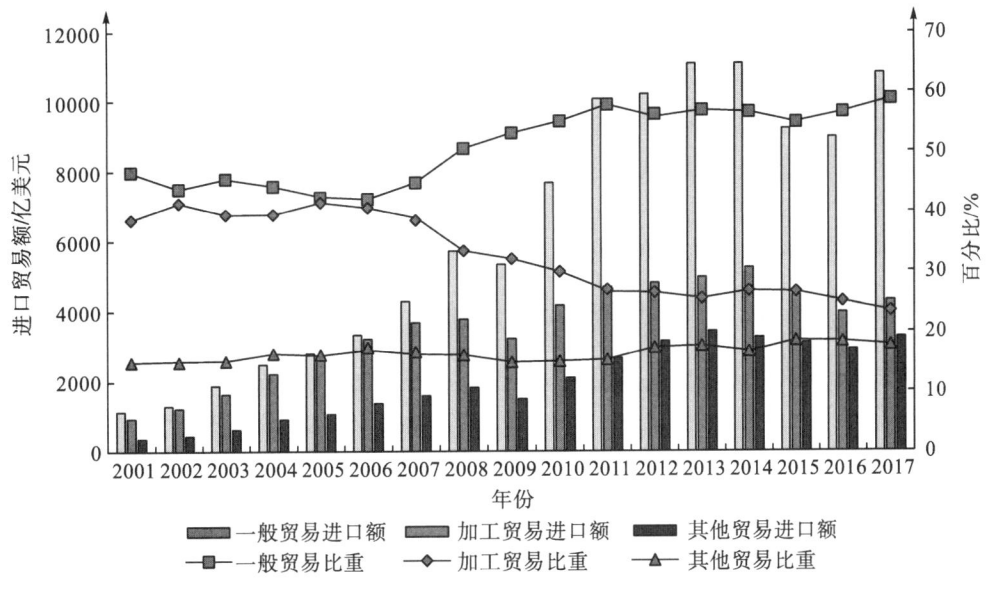

图 3-6 2001~2017 年我国进口贸易方式概况

数据来源：根据《中国统计年鉴》《中国海关统计年鉴》商务部数据整理计算绘制所得。

如表 3-7 所示，从贸易盈余和赤字方面来看，一般贸易方式除个别年份出现赤字外，其余年份均为正值，其他贸易差值除 2016 年出现盈余 502.1 亿美元，其余年份均呈现赤字，赤字最高达 1200.7 亿美元，纵观 17 年间，加工贸易盈余最高 3816.1 亿美元，相对比而言，一般贸易盈余远低于加工贸易盈余，说明我国的出口盈余主要还是依托于加工贸易。由此可见，在今后的一段时间里，我国仍然必须依托于加工贸易维持国际收支平衡，但是从表中来看,我国的加工贸易盈余处于一种缓慢的下跌态势,而其他贸易赤字主要依靠一般贸易和加工贸易弥补。

表 3-7 2001~2017 年中国贸易方式差值　　　　　(单位:亿美元)

年份	一般贸易差值	加工贸易差值	其他贸易差值
2001	−15.8	534.6	−293.6
2002	70.8	577.3	−343.9
2003	−56.2	789.5	−478.7
2004	−45.4	1062.8	−697.1
2005	354.3	1424.6	−759.2
2006	831.3	1888.8	−944.8
2007	1098.4	2490.9	−969.3
2008	907.7	2967.4	−894.1
2009	−40.4	2646.4	−645.5
2010	−472.5	3229.1	−928.2
2011	−903.4	3656.2	−1200.7
2012	−338.1	3816.1	−1168.4
2013	−221.9	3638.3	−820.4
2014	938.3	3597.6	−716.4
2015	2925.1	3507.9	−492.7
2016	2304.7	3186.9	502.1
2017	1481.4	3276.1	−525.4

数据来源:根据《中国统计年鉴》《中国海关统计年鉴》计算整理所得。

3.1.4 中国对外贸易的国家(地区)结构

如表 3-8 所示,从中国的出口对象按洲别分类来看,中国对亚洲地区的出口额牢牢地占据主要地位,在出口总额的占比一直稳定在 50%左右,2001~2008 年表现为下降趋势,2009~2013 年则缓慢上升,2013 年之后则又恢复下降趋势,虽有波动,但是其整体上呈现下降趋势,其中在 2001 年达到最高点 52.96%,2010 年达到最低点 46.39%;中国与大洋洲的贸易占比最低,一直在 2%左右徘徊,总体上表现为上升趋势;中国与欧洲和北美洲的贸易占比则在 20%左右波动,无明显的变化,主要是由于欧盟和美国一直以来都是我国的主要贸易伙伴;需要特别指出的是,中国对非洲和拉丁美洲的贸易额占比,均表现出明显的增幅,2001~2017 年,中国对非洲的贸易额占比由 2.26%上升至 4.18%,对拉丁美洲的贸易额占比由 3.09%上升至 5.78%,增幅近一倍;中国与各大洲的贸易额占比均处于不断的动态变化之中,并且从整体来看,贸易额占比与贸易距离有着明显的负向关系,与各大洲的经济发展程度则表现出显著的正向关系。从贸易额的角度来看,对亚洲的出口额历年来稳居龙头地位,大洋洲则居于末位;2001~2017 年,中国出口贸易额按洲别分类增长额由高到低分别为亚洲、北美洲、欧洲、拉丁美洲、非洲、大洋洲,增长额分别为 9553.83 亿美元、4036.00 亿美元、3797.36 亿美元、1225.79 亿美元、887.11 亿美元、471.90 亿美元,增长幅度由高到低依次为拉丁美洲、非洲、大洋洲、欧洲、北美洲、亚洲,增长幅度依次为 1488.15%、1476.79%、1158.32%、771.20%、700.20%、677.78%,可以看出:虽然中国对非洲和拉丁美洲的贸易额起步比较低,但是伴随着这些发展中国家经济的逐渐发展,我国对这两个地区的出口增长幅度增长势头迅猛,特别是近几年来我国与非洲各国政治文化交流显著增加,受此影响,我国与非洲的贸易额增长迅速。

表 3-8 2001~2017 年中国出口贸易在各洲情况

年份	亚洲		非洲		欧洲		拉丁美洲		北美洲		大洋洲	
	出口额/亿美元	占比/%	出口额/亿美元	占比/%	出口额/亿美元	占比/%	出口额/亿美元	占比/%	出口额/亿美元	占比/%	出口额/亿美元	占比/%
2001	1409.57	52.96	60.07	2.26	492.39	18.50	82.37	3.09	576.41	21.66	40.74	1.53
2002	1713.03	52.61	69.61	2.14	582.78	17.90	94.88	2.91	742.69	22.81	52.89	1.62
2003	2225.80	50.79	101.82	2.32	881.68	20.12	118.77	2.71	981.31	22.39	72.90	1.66
2004	2954.87	49.80	138.13	2.33	1223.86	20.63	182.38	3.07	1332.30	22.45	101.71	1.71
2005	3664.08	48.09	186.82	2.45	1656.28	21.74	236.81	3.11	1746.68	22.92	128.87	1.69
2006	4557.27	47.03	266.88	2.75	2153.70	22.23	360.28	3.72	2191.14	22.61	160.09	1.65
2007	5678.74	46.63	372.98	3.06	2878.49	23.64	515.39	4.23	2521.15	20.70	211.01	1.73
2008	6641.19	46.42	512.40	3.58	3434.22	24.00	717.62	5.02	2742.72	19.17	258.78	1.81
2009	5686.51	47.32	477.35	3.97	2646.51	22.02	570.94	4.75	2385.54	19.85	249.27	2.07
2010	7319.55	46.39	599.54	3.80	3551.88	22.51	917.98	5.82	3058.43	19.38	330.17	2.09
2011	8990.38	47.36	730.83	3.85	4135.71	21.79	1217.19	6.41	3500.75	18.44	408.94	2.15
2012	10068.12	49.14	853.11	4.16	3963.99	19.35	1352.15	6.60	3801.10	18.55	448.68	2.19
2013	11340.70	51.34	927.99	4.20	4057.44	18.37	1339.61	6.06	3978.15	18.01	446.15	2.02
2014	11883.81	50.74	1060.35	4.53	4388.25	18.73	1362.24	5.82	4262.57	18.20	465.72	1.99
2015	11401.00	50.15	1085.41	4.77	4032.41	17.74	1320.97	5.81	4390.02	19.31	504.89	2.22
2016	10411.17	49.63	922.72	4.40	3899.17	18.59	1139.36	5.43	4128.41	19.68	475.49	2.27
2017	10963.40	48.44	947.18	4.18	4289.75	18.95	1308.16	5.78	4612.41	20.38	512.64	2.26

数据来源:根据中国统计局数据库计算整理所得。

中国的进口来源按洲别来分,中国从亚洲的进口额占比同出口额占比同样稳居第一位,在 2001~2003 年保持了上升趋势,自 2003~2014 年则表现出明显的下降趋势,由 2003 年的 66.12%下降至 2014 年的 55.43%,2014 年之后则保持了波动趋势,但是整体上从亚洲的进口额占比明显下降,由 2001 年的 60.42%下降至 2017 年的 55.88%,下降了 4.54 个百分点,其中 2005 年达到最大值 66.90%,2014 年为最小值 55.43%。中国从非洲的进口贸易额占比在 2001~2012 年整体上呈现上升趋势,2012 年之后则转为下降,在 2012 年达到了最大值 6.25%;中国从欧洲的进口贸易额占比在 2001~2017 年呈现先下降后上升趋势,其中 2006 年最低点 14.51%,2001 年最高点 19.87%;中国从拉丁美洲的进口额占比由 2001 年的 2.75%上升至 2012 年的 6.96%,之后一直在 6%徘徊;中国从北美洲的进口额占比总体呈现缓慢的下降趋势,由 2001 年的 12.41%缓慢下降至 2017 年的 9.47%;与其他洲相比,中国从大洋洲的进口额占比增幅最大,由 2001 年的 2.58%增加至 2017 年的

5.85%,增加了3.27个百分点。从进口贸易额的角度来看,亚洲的贸易额一直占据第一,2001～2003年中国进口贸易额非洲最低,2003年之后,中国从大洋洲的进口额最低。从进口增加额来看,按洲别分类由高到低分别为亚洲、欧洲、北美洲、拉丁美洲、大洋洲、非洲,增长额分别为8830.01亿美元、2787.29亿美元、1442.61亿美元、1210.72亿美元、1016.02亿美元、711.34亿美元,从进口角度来看,我国经济发展需要大量的工业制成品,因而对亚洲、欧洲、北美洲各洲发达国家的进口额增加明显;增长幅度由高至低分别为拉丁美洲、大洋洲、非洲、亚洲、欧洲、北美洲,增幅分别为1806.51%、1614.52%、1484.12%、599.93%、575.86%、477.04%。从表3-9中可得:中国对亚洲地区国家的进口依存度较高,对非洲、大洋洲、拉丁美洲的进口依存度较低,对欧洲和北美洲的进口依存度呈缓慢下降趋势。总体来看,我国的进口市场呈现更加多元化的趋势。

表3-9 2001～2017年中国进口贸易在各洲情况

年份	亚洲		非洲		欧洲		拉丁美洲		北美洲		大洋洲	
	进口额/亿美元	占比/%	进口额/亿美元	占比/%	进口额/亿美元	占比/%	进口额/亿美元	占比/%	进口额/亿美元	占比/%	进口额/亿美元	占比/%
2001	1471.83	60.42	47.93	1.97	484.02	19.87	67.02	2.75	302.41	12.41	62.93	2.58
2002	1917.27	64.96	54.27	1.84	519.68	17.61	83.36	2.82	308.77	10.46	68.34	2.32
2003	2728.99	66.12	83.60	2.03	696.97	16.89	149.29	3.62	382.63	9.27	86.00	2.08
2004	3694.19	65.83	156.46	2.79	889.99	15.86	217.63	3.88	520.30	9.27	133.34	2.38
2005	4414.79	66.90	210.62	3.19	964.31	14.61	267.85	4.06	561.62	8.51	180.14	2.73
2006	5253.67	66.38	287.72	3.64	1148.57	14.51	341.75	4.32	669.22	8.46	213.24	2.69
2007	6199.27	64.85	363.59	3.80	1396.73	14.61	511.11	5.35	804.08	8.41	284.14	2.97
2008	7025.86	62.04	559.67	4.94	1680.59	14.84	716.44	6.33	940.70	8.31	402.36	3.55
2009	6035.20	60.00	433.31	4.31	1620.44	16.11	647.69	6.44	895.58	8.90	426.64	4.24
2010	8349.56	59.86	670.92	4.81	2178.70	15.62	918.42	6.58	1170.77	8.39	660.18	4.73
2011	10040.85	57.79	932.40	5.37	2871.75	16.53	1196.68	6.89	1443.47	8.31	889.27	5.12
2012	10382.93	57.30	1132.51	6.25	2866.90	15.82	1260.73	6.96	1561.66	8.62	916.66	5.06
2013	10899.38	56.03	1174.55	6.04	3241.72	16.66	1274.29	6.55	1776.51	9.13	1086.94	5.59
2014	10850.97	55.43	1156.31	5.91	3361.31	17.17	1270.54	6.49	1843.08	9.41	1094.67	5.59
2015	9543.09	56.86	702.58	4.19	2930.65	17.46	1037.97	6.18	1741.13	10.37	828.65	4.94
2016	9057.93	57.08	566.90	3.57	2878.47	18.14	1030.71	6.50	1528.83	9.63	806.14	5.08
2017	10301.84	55.88	759.27	4.12	3271.31	17.75	1277.74	6.93	1745.02	9.47	1078.95	5.85

数据来源:根据中国统计局数据库计算整理所得。

进入21世纪以来,我国的对外贸易发展迅速,已经与220多个国家和地区有贸易往来。在2001～2017年,占据我国出口市场前五位的国家和地区包括美国、中国香港地区、日本、韩国、德国(后被越南取代)。从表3-10中可见,2001～2017年,日本和韩国常年占据我国出口市场的第三位和第四位,我国对日本的出口额由449.41亿美元上升至1372.59亿美元,增长了923.18亿美元,增幅为205.42%,对韩国的出口额由125.19亿美元增长至1027.04亿美元,增加901.85亿美元,增幅为720.39%;除此之外,美国常年占据我国出口市场第一的位置,可见美国作为全球第一大经济体对于我国出口的重要性,出口额由543.55亿美元增长至4303.28亿美元,增长3759.73亿美元;德国在2001~2016年一直是我国的第5大出口市场,但是在2017年被越南超越,退出我国的前五大市场。整体而言,我国的前5大出口市场整体保持稳定,并且除美国外基本以亚洲国家为主。

表3-10 2001~2017年中国出口前五大市场 (单位:亿美元)

年份	前五大出口国家或地区及其出口额									
2001	美国	543.55	中国香港	465.41	日本	449.41	韩国	125.19	德国	97.51
2002	美国	700.50	中国香港	584.63	日本	484.34	韩国	155.35	德国	113.72
2003	美国	926.26	中国香港	762.74	日本	594.09	韩国	200.95	德国	174.42
2004	美国	1251.49	中国香港	1008.69	日本	735.09	韩国	278.12	德国	237.56
2005	美国	1631.80	中国香港	1244.73	日本	839.86	韩国	351.08	德国	325.27
2006	美国	2038.01	中国香港	1553.09	日本	916.23	韩国	445.22	德国	403.15
2007	美国	2331.69	中国香港	1844.38	日本	1020.62	韩国	564.32	德国	487.44
2008	美国	2528.44	中国香港	1907.29	日本	1161.32	韩国	739.32	德国	592.09
2009	美国	2212.95	中国香港	1662.17	日本	979.11	韩国	536.80	德国	499.20
2010	美国	2837.80	中国香港	2183.01	日本	1210.44	韩国	687.66	德国	680.47
2011	美国	3250.11	中国香港	2679.84	日本	1482.69	韩国	829.20	德国	764.00
2012	美国	3524.38	中国香港	3234.45	日本	1516.27	韩国	876.74	德国	692.13
2013	中国香港	3844.98	美国	3690.64	日本	1501.33	韩国	911.65	德国	673.43
2014	美国	3970.99	中国香港	3630.77	日本	1493.91	韩国	1003.33	德国	727.03
2015	美国	4099.79	中国香港	3304.63	日本	1356.16	韩国	1012.86	德国	691.55
2016	美国	3856.78	中国香港	2872.52	日本	1292.68	韩国	937.07	德国	652.14
2017	美国	4303.28	中国香港	2792.11	日本	1372.59	韩国	1027.04	越南	716.17

数据来源:根据UNComtrade数据库计算整理所得。

2001~2017年,占据我国进口市场前5位的主要是日本、韩国、美国、德国、澳大利亚、中国香港、马来西亚这7个国家和地区,遍布亚洲、美洲、欧洲、大洋洲。2001~2012年间日本一直占据我国进口市场的龙头地位,在2013年被韩国超越,之后除2015年外稳居第二并保持至今,我国从韩国的进口额由2001年的233.77亿美元增加至1775.53亿美元,增加1541.76亿美元,增幅为659.52%。美国除2001年超越韩国、2015年超越日本之外,常年占据第三的位置;德国在这17年间除2013年被澳大利亚短暂超越外,均保持第4的地位;第5的位置则常年更替,2001~2002年由中国香港占据,2003~2007年由马来西亚占据,2008年由澳大利亚顶替,澳大利亚除2013年超越德国位居第4外一直保持第5的位置至今。相对比出口市场而言,我国进口市场整体竞争激烈,前五名的位置常年出现更替,这也反映了我国进口市场地区结构呈现合理化、多元化趋势(表3-11)。

表 3-11 2001~2017 年中国进口前五大市场 （单位：亿美元）

年份	前五大进口国家或地区及其进口额									
2001	日本	427.87	美国	262.17	韩国	233.77	德国	137.72	中国香港	94.22
2002	日本	534.66	韩国	285.68	美国	272.61	德国	164.16	中国香港	107.26
2003	日本	741.48	韩国	431.28	美国	339.44	德国	242.92	马来西亚	139.86
2004	日本	943.27	韩国	622.34	美国	447.48	德国	303.56	马来西亚	181.75
2005	日本	1004.08	韩国	768.20	美国	487.41	德国	307.23	马来西亚	200.93
2006	日本	1156.73	韩国	897.24	美国	593.14	德国	378.79	马来西亚	235.72
2007	日本	1339.51	韩国	1037.52	美国	695.48	德国	453.84	马来西亚	287.23
2008	日本	1506.00	韩国	1121.38	美国	815.86	德国	557.90	澳大利亚	374.35
2009	日本	1309.38	韩国	1025.52	美国	777.55	德国	557.64	澳大利亚	394.39
2010	日本	1767.36	韩国	1383.39	美国	1027.34	德国	742.51	澳大利亚	611.05
2011	日本	1945.68	韩国	1627.17	美国	1231.24	德国	927.26	澳大利亚	826.67
2012	日本	1778.32	韩国	1687.28	美国	1337.66	德国	919.33	澳大利亚	845.68
2013	韩国	1830.73	日本	1622.46	美国	1533.95	澳大利亚	989.54	德国	941.57
2014	韩国	1901.09	日本	1629.21	美国	1600.65	德国	1050.13	澳大利亚	976.31
2015	韩国	1745.06	美国	1486.93	日本	1429.03	德国	876.23	澳大利亚	735.10
2016	韩国	1589.75	日本	1456.71	美国	1351.20	德国	861.09	澳大利亚	708.95
2017	韩国	1775.53	日本	1657.94	美国	1544.42	德国	969.40	澳大利亚	950.09

数据来源：根据 UNComtrade 数据库计算整理所得。

3.2 中国能源储量分布及消耗现状

3.2.1 中国能源储量分布情况

随着我国经济的高速增长，特别是我国进入到社会主义现代化的关键时期，经济发展对于能源的需求也快速增加。作为世界第二大经济体，经济发展对于各种能源的需求也是居于世界前列，能源的产量必须满足经济发展的需求。从表 3-12 中来看，我国的能源生产总量由 2001 年的 147425 万吨标准煤上升至 2017 年的 359000 万吨标准煤，增加了 211575 万吨标准煤，增幅为 143.51%，年均增幅 5.72%，远低于 GDP 的增长速度，这也从侧面反映出我国的能源利用效率在不断提高；从能源的产量分布来看，受制于我国"富煤贫油少气"的资源禀赋，我国的煤炭生产量历年来稳居第一，2001~2017 年，煤炭产量由 107031 万吨标准煤增加至 249864 万吨标准煤，增加了 142833 万吨标准煤，增幅为 133.45%，年均增长 5.44%，变化趋势表现为先增后减，在 2013 年达到产量最高点 270523 万吨标准煤；原油产量则整体表现为缓慢增长态势，在四种能源产量中增幅最低，仅为 16.39%，在 2015 年达到最高点 30725 万吨标准煤后开始减少；天然气与一次电力及其他能源产量增幅最快，2001~2017 年，天然气产量由 3980 万吨标准煤上升至 19386 万吨标准煤，增幅为 387.09%，一次电力及其他能源产量由 12973 万吨标准煤增长至 62466 万吨标准煤，增幅为 381.51%。从占比方面来看，除 2016 年和 2017 年外，其余年份原煤生产总量在能源总产量中的占比均高于 70%，但是从历年占比来看，原煤产量占比先上升，后下降，整体上原煤产量在能源总产量中的占比由 2001 年的 72.6%下降至 2017 年的 69.6%，其中 2007 年和 2011 年占比达到最大值 77.8%；原油产量在能源总产量中的占比一直呈下降趋势，2001～2017 年，由 15.9%下跌至 7.6%，下跌 8.3 个百分点；天然气、一次电力及其他能源在能源总产量中的占比均表现为增长态势，2001～2017 年，天然气产量占比由 2.7%增长至 5.4%，一次电力及其他能源除 2001 年(8.8%)、2002 年(8.8%)外，其余年份保持稳定增长，由 2003 年的 8.1%增加至 2017 年的 17.4%。相对比而言，我国的能源产量结构出现了较大的变化，煤炭、石油等污染较高的化石能源产量占比明显降低，而天然气、一次电力及其他能源等清洁能源的产量占比则明显提高，能源产量结构更加优化。

表 3-12　2001～2017 年中国能源总产量及分布

年份	能源生产总量/万吨标准煤	原煤/万吨标准煤	原煤占比/%	原油/万吨标准煤	原油占比/%	天然气/万吨标准煤	天然气占比/%	一次电力及其他能源/万吨标准煤	一次电力及其他能源占比/%
2001	147425	107031	72.6	23441	15.9	3980	2.7	12973	8.8
2002	156276	114238	73.1	23910	15.3	4376	2.8	13752	8.8
2003	178299	134972	75.7	24249	13.6	4636	2.6	14442	8.1
2004	206108	158085	76.7	25145	12.2	5565	2.7	17313	8.4
2005	229036	177274	77.4	25881	11.3	6642	2.9	19239	8.4
2006	244762	189691	77.5	26434	10.8	7832	3.2	20805	8.5
2007	264172	205526	77.8	26681	10.1	9246	3.5	22719	8.6
2008	277419	213058	76.8	27187	9.8	10819	3.9	26355	9.5
2009	286093	219719	76.8	26893	9.4	11444	4	28037	9.8
2010	312125	237839	76.2	29028	9.3	12797	4.1	32461	10.4
2011	340177	264658	77.8	28915	8.5	13947	4.1	32657	9.6
2012	351041	267493	76.2	29838	8.5	14393	4.1	39317	11.2
2013	358783	270523	75.4	30138	8.4	15786	4.4	42336	11.8
2014	361866	266333	73.6	30397	8.4	17008	4.7	48128	13.3
2015	361476	260986	72.2	30725	8.5	17351	4.8	52414	14.5
2016	346037	241534	69.8	28375	8.2	17994	5.2	58134	16.8
2017	359000	249864	69.6	27284	7.6	19386	5.4	62466	17.4

数据来源：根据《中国统计年鉴》计算整理所得。

我国能源分布总体呈现出"富煤贫油少气"的特点，且分布广泛，在地理上表现为西多东少、北多南少，能源主要分布在中西部地区，而能源的消耗却主要集中在东南沿海地区，具体如下所示。

1. 煤炭

据《中国矿产资源报告 2018》显示，截至 2017 年底，我国已查明煤炭储量为 16666.73 亿吨，相比 2016 年增长了 4.3%，同时，全国新发现煤炭矿产地 8 处，超过 50 亿吨的煤田有三处，均位于新疆。同时中国形成了神府-东胜煤田、大同煤田、沁水煤田、开滦煤田、兖州煤田、平顶山煤田、六盘水煤田七个大型煤炭基地。如表 3-13 所示，根据地理位置将我国划分为七个地区[①]，其中华北地区原煤产量稳居全国第一，且产量占比不断上升，

---

① 根据我国的地理地区划分：东北(黑龙江省、吉林省、辽宁省)、华东(上海市、江苏省、浙江省、安徽省、福建省、江西省、山东省)、华北(北京市、天津市、山西省、河北省、内蒙古自治区)、华中(河南省、湖北省、湖南省)、华南(广东省、广西壮族自治区、海南省、香港特别行政区、澳门特别行政区)、西南(四川省、贵州省、云南省、重庆市、西藏自治区)、西北(陕西省、甘肃省、青海省、宁夏回族自治区、新疆维吾尔自治区)。

由 2001 年的 36.47%增加至 2016 年的 52.05%，这主要是由于山西、陕西等大型煤炭基地位于华北地区，东北、华东、华中地区的原煤产量占比一直呈现下降趋势，2001~2016 年，东北地区原煤产量占比由 10.27%下降至 3.47%，华东地区原煤产量占比由 18.57%下降至 8.69%，华中地区原煤产量占比由 11.94%下降至 4.54%，产量占比均不足原值的一半。一方面是由于这些地区煤炭储量本身较低，另一方面是东北老工业基地的地位降低以及东南沿海地区产业结构升级、淘汰落后高耗能产业导致原煤产量占比一直下降；西南西区的原煤产量占比整体呈下降趋势，但是降幅远不及上述三地区；西北地区原煤产量占比则异军突起，由 2001 年的 10.12%上升至 2016 年 23.60%，增长了一倍多。从原煤产量的角度来看，2001~2016 年，我国的原煤总产量由 116 077.66 万吨增长至 337 989.09 万吨，增加了 221 911.43 万吨，变化幅度为 191.17%，年均增长 7.38%；2001~2016 年，七个地区的原煤产量增加额由高到低分别为华北、西北、西南、华东、华中、东北、华南，产量增长额分别为 133 586.24 万吨、68 001.58 万吨、11 866.96 万吨、7807.62 万吨、1466.95 万吨、-172.23 万吨、-645.69 万吨，增幅由高至低为西北、华北、西南、华东、华中、东北、华南，增幅分别为 578.81%、315.56%、87.35%、36.22%、10.58%、-1.45%、-59.89%。相对比而言，华北地区原煤产量稳占第一，但是伴随着西部大开发战略的实施，西北地区的原煤产量一路高歌猛进，仅次于华北地区，其他地区则呈现出先增长后下降的趋势。

2. 原油

我国石油资源集中分布在渤海湾、松辽、塔里木、鄂尔多斯、准格尔、珠江口、柴达木和东海陆架八大盆地，形成了以大庆油田、胜利油田、辽河油田等为主的主要油田产地，在地理区位上主要集中在东北、华北与西北。截至 2017 年底，全国石油累计探明地质储量 389.65 亿吨，剩余技术可采储量 35.42 亿吨，其中 2017 年新增探明储量 8.77 亿吨(李月清，2018)。从表 3-14 中可知，在我国原油产量按地区分类中，东北与西北地区的原油产量牢牢占据了全国产量 60%以上，就占比而言，西北地区在 2010 年超过东北地区占据第一的位置，东北地区的原油产量占比由 2001 年的 42.31%下降至 2016 年的 26.46%，而西北地区的原油产量占比由 18.94%增长至 31.72%，增幅明显；华南和西南地区原油产量占比则无显著变化；华东和华中地区的原油产量占比则降幅明显，2001~2016 年，华东地区原油产量占比由 17.59%下降至 12.36%，华中地区原油产量占比由 3.93%下降至 1.87%；华北地区原油产量占比则出现增长，增幅接近一倍。从产量来看，我国原油总产量由 2001 年的 16391.58 万吨增加至 2016 年的 19968.6 万吨，16 年间仅增长 3577.02 万吨，增幅仅为 21.82%，远低于其他类型能源产量增长。2001~2016 年，增长额由高到低依次为西北、华北、华南、西南、华中、华东、东北，增长额依次为 3230.08 万吨、2299.14 万吨、388.78 万吨、-3.88 万吨、-269.97 万吨、-416.16 万吨、-1650.97 万吨，增幅由高到低依次为华北、西北、华南、华东、东北、西南、华中，增幅依次为 146.90%、104.03%、31.24%、-14.43%、-23.81%、-26.43%、-41.94%，华东、东北、西南、华中四个地区出现了负增长，这主要是由于其本身原油资源相对匮乏，导致原油开采量逐年下降。预期未来，我国会形成华北、西北、华南三个主要产油区，并且伴随着海上石油资源开采技术的逐步完善，我国南海油气田的开发逐步增加，会缓解我国石油资源的紧缺状况。

第3章 中国对外贸易发展及能源消耗现状

表3-13 2001~2016年中国原煤产量按地区分布概况

年份	华北 产量/万吨	华北 占比/%	东北 产量/万吨	东北 占比/%	华东 产量/万吨	华东 占比/%	华中 产量/万吨	华中 占比/%	华南 产量/万吨	华南 占比/%	西南 产量/万吨	西南 占比/%	西北 产量/万吨	西北 占比/%	原煤产量总量/万吨
2001	42333.48	36.47	11916.83	10.27	21554.19	18.57	13860.87	11.94	1078.19	0.93	13585.52	11.70	11748.58	10.12	116077.66
2002	40206.25	36.13	12748.6	11.45	23890.45	21.47	12139.18	10.91	633.48	0.57	10187.64	9.15	11487.88	10.32	111293.48
2003	48890.73	36.85	14577.52	10.99	25953.35	19.56	14604.1	11.01	621.48	0.47	13822.19	10.42	14200.21	10.70	132669.58
2004	79347.86	39.83	17708.39	8.89	30104.95	15.11	23862.61	11.98	1146.54	0.58	24305.65	12.20	22756.36	11.42	199232.36
2005	90571.15	41.08	18613.34	8.44	29767.9	13.50	25506.81	11.57	1083.72	0.49	29004.94	13.16	25925.02	11.76	220472.88
2006	96917.32	40.85	20653.76	8.70	30183.4	12.72	26597.32	11.21	680.53	0.29	31745.68	13.38	30497.18	12.85	237275.19
2007	107770.65	42.66	19768.38	7.83	31323.76	12.40	26588.57	10.53	721.48	0.29	32470.74	12.85	33953.85	13.44	252597.43
2008	123448.17	44.05	20235.33	7.22	33488.39	11.95	28532.71	10.18	461.67	0.16	33511.23	11.96	40539.9	14.47	280217.4
2009	128548.26	43.57	19774.35	6.70	35085.51	11.89	30649.42	10.39	519.72	0.18	32550.13	11.03	47925.86	16.24	295053.25
2010	—	—	—	—	—	—	—	—	—	—	—	—	—	—	0
2011	—	—	—	—	—	—	—	—	—	—	—	—	—	—	0
2012	—	—	—	—	—	—	—	—	—	—	—	—	—	—	0
2013	—	—	—	—	—	—	—	—	—	—	—	—	—	—	0
2014	199987.84	52.26	15160.57	3.96	33910.50	8.86	21026.65	5.49	615.43	0.16	30055.19	7.85	81894.96	21.40	382651.14
2015	195524.17	52.92	13937.88	3.77	33404.87	9.04	18014.43	4.88	425.45	0.12	27173.29	7.35	80989.62	21.92	369469.71
2016	175919.72	52.05	11744.6	3.47	29361.81	8.69	15327.82	4.54	432.5	0.13	25452.48	7.53	79750.16	23.60	337989.09

注：由于《中国能源统计年鉴》尚未公布2010~2013年中国原煤按地区产量数据，表中缺失数据用"—"表示。

数据来源：根据《中国能源统计年鉴》计算整理所得。

表 3-14 2001~2016 年中国原油产量按地区分布概况

年份	华北 产量/万吨	华北 占比/%	东北 产量/万吨	东北 占比/%	华东 产量/万吨	华东 占比/%	华中 产量/万吨	华中 占比/%	华南 产量/万吨	华南 占比/%	西南 产量/万吨	西南 占比/%	西北 产量/万吨	西北 占比/%	原油产量总量/万吨
2001	1565.06	9.55	6934.97	42.31	2883.96	17.59	643.77	3.93	1244.32	7.59	14.68	0.09	3104.82	18.94	16391.58
2002	1722.93	10.28	6857.51	40.93	2881.8	17.20	646.36	3.86	1272.62	7.60	14.05	0.08	3360.51	20.06	16755.78
2003	1832.31	10.80	6648.74	39.20	2869.88	16.92	627.30	3.70	1286.55	7.59	13.92	0.08	3681.28	21.71	16959.98
2004	2097.21	11.92	6430.79	36.56	2790.99	15.87	688.43	3.91	1493.53	8.49	14.71	0.08	4071.67	23.15	17587.33
2005	2355.44	12.99	6327.54	34.89	2884.51	15.91	585.27	3.23	1483.53	8.18	14.01	0.08	4484.99	24.73	18135.29
2006	2553.90	13.82	6247.32	33.81	2965.04	16.05	571.79	3.09	1352.26	7.32	17.98	0.10	4768.28	25.81	18476.57
2007	2584.29	13.87	6000.93	32.21	3009.46	16.15	570.62	3.06	1274.67	6.84	18.14	0.10	5173.72	27.77	18631.83
2008	2636.96	13.85	5918.26	31.08	3028.23	15.90	560.22	2.94	1402.63	7.37	22.75	0.12	5474.02	28.75	19043.07
2009	2896.05	15.28	5640.62	29.77	3021.34	15.94	555.39	2.93	1366.39	7.21	21.68	0.11	5447.49	28.75	18948.96
2010	3931.70	19.37	5657.20	27.87	2980.3	14.68	584.40	2.88	1309.80	6.45	15.10	0.07	5822.9	28.68	20301.40
2011	3773.90	18.60	5745.40	28.32	2910.55	14.35	564.50	2.78	1174.80	5.79	16.20	0.08	6102.2	30.08	20287.55
2012	3682.30	17.75	5811.90	28.01	2974.5	14.34	555.50	2.68	1230.60	5.93	17.50	0.08	6475.5	31.21	20747.80
2013	3635.54	17.32	5705.68	27.18	2935.8	13.99	556.59	2.65	1361.99	6.49	22.36	0.11	6773.89	32.27	20991.85
2014	3688.65	17.45	5685.86	26.89	2924.96	13.83	549.46	2.60	1332.57	6.30	19.20	0.09	6942.23	32.83	21142.93
2015	4122.70	19.22	5541.20	25.83	2805.3	13.07	483.10	2.25	1653.10	7.70	15.40	0.07	6834.80	31.86	21455.60
2016	3864.20	19.35	5284.00	26.46	2467.8	12.36	373.80	1.87	1633.10	8.18	10.80	0.05	6334.90	31.72	19968.60

数据来源：根据《中国能源统计年鉴》计算整理所得。

3. 天然气

我国气田以中小型气田为主，大多数地质构造比较复杂，开发难度较大，现探明储量主要集中在渤海湾、四川、松辽、准噶尔、莺歌海-琼东南、柴达木、吐-哈、塔里木、渤海、鄂尔多斯，其中塔里木、四川盆地最为丰富，共占总资源的40%以上。截至2017年底，全国累计探明天然气地质储量14.22万亿立方米，剩余技术可采储量5.52万亿立方米，2017年常规天然气新增的探明地质储量5553.8亿立方米，新增大于1000亿立方米的盆地仅1个鄂尔多斯盆地(王少勇，2018)。由表3-15可见，西南地区和西北地区的天然气产量占据全国天然气产量的60%以上，截至2016年，这两个地区的天然气产量占比之和甚至超过了80%，其中一个重要原因是受西气东输工程的影响，西北地区的天然气产量节节攀升，天然气产量占比由2001年的27.00%上升至2016年的55.82%，增加了28.82个百分点，西南地区的天然气产量占比则由最初的31.9%下降至25.73%；华东和华中地区的天然气产量占比一直处于下跌态势，至2016年，两地区天然气产量占比均不足1%，分别为0.82%和0.34%；华北地区经历了先下降后上升的变化趋势；东北和华南地区天然气产量占比也出现不同程度的下跌，跌幅分别为8.16和4.93个百分点。从产量上来看，2001~2016年这16年间我国天然气总产量由303.21亿立方米增长至1368.66亿立方米，增长了1065.45亿立方米，变化幅度为351.39%，年均增幅为10.57%；按增长额由高到低为西北、西南、华北、华南、东北、华东、华中，增长额分别为682.11亿立方米、255.37亿立方米、69.89亿立方米、47.95亿立方米、24.54亿立方米、-0.9亿立方米、-13.51亿立方米，增幅由高到低依次为西北、华北、西南、华南、东北、华东、华中，增幅分别为833.06%、307.20%、264.03%、145.88%、63.26%、-7.45%、-74.56%；其中华东地区和华中地区出现了负增长，华中地区2016年产量甚至仅为2003年的1/5。受制于天然气本身的地理分布，我国的天然气田主要分布于西南地区、西北地区，在西气东输工程的影响下，华东地区与华中地区自身的天然气产量出现下降。伴随着经济发展，天然气作为一种清洁能源，如今已经进入千家万户。

4. 可再生能源

可再生能源包括水能、风能、太阳能、波浪能、生物质能、地热能、潮汐能等，可再生能源具有清洁、丰富、可再生的特点，可再生能源的利用符合科学发展观以及五大发展理念中绿色发展和生态文明的要求，伴随着经济发展，世界范围内都面临着能源危机，而可再生能源的利用则是解决能源危机的一种重要途径。我国可再生资源丰富，就太阳能而言，丰富区域占国土面积的2/3以上，每年的太阳能辐射量超过$6000MJ/m^2$，特别是"十三五"规划以来，我国对太阳能的开发和重视程度有所提高，特别是光伏发电取得巨大的进展，太阳能光伏发电量由2001年的0.31亿千瓦时增长至2016年的752.56亿千瓦时，增长了752.25亿千瓦时，变化幅度为242661.29%，年均增幅68.14%。据预测，我国陆地风能蕴藏量巨大，2001~2016年，风能发电量由7.49亿千瓦时增长至2370.71亿千瓦时，增长了2363.22亿千瓦时，增幅为31551.67%，风能利用量增幅甚至超越太阳能；我国地理呈现西高东低，水能资源蕴藏量居世界首位，并且我国极为重视水能资源的利用与开发，

表 3-15 2001~2016 年中国天然气产量按地区分布概况

年份	华北 产量/亿立方米	华北 占比/%	东北 产量/亿立方米	东北 占比/%	华东 产量/亿立方米	华东 占比/%	华中 产量/亿立方米	华中 占比/%	华南 产量/亿立方米	华南 占比/%	西南 产量/亿立方米	西南 占比/%	西北 产量/亿立方米	西北 占比/%	天然气产量总量/亿立方米
2001	22.75	7.50	38.79	12.79	12.08	3.98	18.12	5.98	32.87	10.84	96.72	31.90	81.88	27.00	303.21
2002	25.33	7.76	35.94	11.01	12.11	3.71	20.27	6.21	31.55	9.67	102.63	31.44	98.58	30.20	326.41
2003	17.33	4.95	36.56	10.44	13.4	3.83	21.08	6.02	26.88	7.68	116.42	33.25	118.48	33.84	350.15
2004	32.54	7.85	34.08	8.22	15.51	3.74	19.63	4.73	44.11	10.64	118.9	28.68	149.83	36.14	414.6
2005	18.95	3.84	41.55	8.42	15.96	3.24	18.74	3.80	46.41	9.41	146.32	29.67	205.27	41.62	493.2
2006	23.07	3.94	39	6.66	14.8	2.53	19.84	3.39	51	8.71	166.59	28.45	271.23	46.32	585.53
2007	20.48	2.96	39.44	5.70	13.49	1.95	16.93	2.45	54.51	7.87	192.6	27.82	354.95	51.26	692.4
2008	27.96	3.48	44.55	5.55	14.03	1.75	15.81	1.97	71.64	8.92	203.83	25.38	425.17	52.95	802.99
2009	25.17	2.95	49.76	5.84	13.65	1.60	31.25	3.66	60.29	7.07	194.3	22.79	478.27	56.09	852.69
2010	29.9	3.15	51.7	5.45	9.23	0.97	8.72	0.92	80.2	8.46	239.03	25.20	529.7	55.85	948.48
2011	30.6	2.98	53.2	5.18	8.7	0.85	7.28	0.71	85.3	8.31	266.06	25.91	575.75	56.07	1026.89
2012	32.1	3.00	63.1	5.89	9.5	0.89	6.7	0.63	85.3	7.96	242.71	22.65	632.12	58.99	1071.53
2013	76.96	6.37	67.22	5.56	7.97	0.66	8.02	0.66	77.61	6.42	246.9392	20.43	723.86	59.89	1208.5792
2014	98.5	7.57	65.78	5.05	7.99	0.61	6.32	0.49	85.4	6.56	261.7261	20.11	775.86	59.61	1301.5761
2015	100.17	7.44	62.72	4.66	7.17	0.53	5.54	0.41	98.61	7.33	301.47	22.40	770.39	57.23	1346.07
2016	92.64	6.77	63.33	4.63	11.18	0.82	4.61	0.34	80.82	5.91	352.09	25.73	763.99	55.82	1368.66

数据来源：根据《中国能源统计年鉴》计算整理所得。

相继建成了三峡水电站、溪洛渡水电站并且正在建设白鹤滩水电站等装机容量巨大的水利工程,世界前十大水电站中中国独占5位,其中三峡水电站作为世界上最大的水电站,1994年动工并于2009年正式完工,年均发电近1000亿千瓦时。2001～2016年,我国水能发电量由2774.32亿千瓦时增加至11933.74亿千瓦时,占我国发电总量的近20%,增幅为330.15%。相比较而言,地热能、太阳热能、潮汐、波浪、海洋能的利用则稍显不足,三者相加不足3亿千瓦时,三种能源的利用率有待提高;我国可再生能源中,虽然风能的发电量增长最快,但是水电的发电量则牢牢占据可再生能源发电量的第一位(表3-16)。

表3-16 2001～2016年中国可再生能源发电量　　　(单位:亿千瓦时)

年份	地热能	太阳热能	水电	太阳能光伏	潮汐、波浪、海洋能	风能
2001	1.09	0	2774.32	0.31	0.07	7.49
2002	1.09	0	2879.74	0.48	0.07	8.73
2003	1.09	0	2836.81	0.64	0.07	10.39
2004	1.09	0	3535.44	0.76	0.07	13.32
2005	1.15	0	3970.17	0.84	0.07	20.28
2006	1.26	0	4357.86	0.95	0.07	38.68
2007	1.16	0	4852.64	1.14	0.07	57.1
2008	1.44	0	5851.87	1.52	0.07	148.00
2009	1.25	0	6156.4	2.79	0.07	269.00
2010	1.25	0.02	7221.72	6.99	0.07	446.22
2011	1.25	0.06	6989.45	26.04	0.07	703.31
2012	1.26	0.09	8721.07	63.5	0.07	959.78
2013	1.25	0.26	9202.91	154.51	0.08	1411.97
2014	1.25	0.34	10643.37	291.95	0.08	1560.78
2015	1.25	0.27	11302.7	447.82	0.08	1857.66
2016	1.25	0.29	11933.74	752.56	0.11	2370.71

数据来源:根据国际能源署统计信息计算整理所得。

3.2.2 中国能源消耗概况

改革开放以来,我国经济飞速发展,特别是进入20世纪以后,我国的国内生产总值由2001年的13393.96亿美元增长至2017年的122377.00亿美元,增加了108983.04亿美元,变化幅度为813.67%,年均增幅14.83%,经济快速增长的同时,不可避免地带来了化石能源的快速消耗以及CO_2排放量的快速增加,我国能源消耗总量由2001年的155547万吨标准煤增加至2017年的449000万吨标准煤,增幅达188.66%,年均增幅为6.85%,对比之后不难发现我国的年均GDP增速远高于能源消耗增速,这也反映出,伴随着产业结构升级及经济新常态的进行,我国单位GDP的能耗逐渐降低,对能源的利用率逐步提升。从能源消耗分类的角度来看,受制于我国自然资源的要素禀赋差异,我国自古以来就是煤炭消耗大国,煤炭在我国的能源消耗结构中占据主要地位,历年来所占比重均高于60%,2001～2009年,我国煤炭能源消耗所占比重不断增加,但是2009年之后则出现缓慢下降,至2017年,降幅近11个百分点,这得益于我国在减少化石能源消耗所产生的污染中所做的努力，特别是科学发展观、绿色发展理念以及生态文明建设的贯彻落实，以及中国作为负责任的大国为履行巴黎协定的承诺所做出的努力；作为一个相对贫油国，我国的石油对外依存度已接近70%，石油作为"工业的血液"，其缺乏会很大程度上限制我国工业的发展，我国对石油的消耗量占比由2001年的21.20%下降至2009年的16.40%，之后则出现缓慢的上升态势，至2017年缓慢回升至18.80%；天然气作为一种清洁能源，其开发利用则是伴随着我国西部大开发战略进行的，特别是西气东输工程自2001年开工，至2007年全部建成，2001~2007年，我国能源消耗中天然气占比仅增加0.6个百分点，2007~2017年，我国的天然气能源消耗占比增幅达4个百分点，这体现出我国对于清洁能源使用的重大突破；2001~2017年，我国一次电力能源及其他能源消耗占比则出现缓慢上升态势，由8.40%上升至13.80%，特别是近些年我国加大了对水电、风电、太阳能发电等可再生资源领域的投入。

从整体上看，2001~2017年我国的能源消耗结构出现比较大的变动，煤炭、石油等化石燃料的消耗占比明显降低，而天然气、一次电力及其他能源的消耗比重则明显地提高，如此一来，我国的能源消耗比重更加趋向优化，但是我们可以看出，我国化石能源的消耗比重仍然偏高，由此带来的环境污染问题仍然严峻，推进生态文明建设，以及经济新常态的建设仍然任重而道远（表3-17）。

表3-17 2001~2017年中国能源消耗概况

年份	能源消耗总量/万吨标准煤	占能源消耗总量的比重/%			
		煤炭	石油	天然气	一次电力及其他能源
2001	155547	68.00	21.20	2.40	8.40
2002	169577	68.50	21.00	2.30	8.20
2003	197083	70.20	20.10	2.30	7.40
2004	230281	70.20	19.90	2.30	7.60
2005	261369	72.40	17.80	2.40	7.40
2006	286467	72.40	17.50	2.70	7.40
2007	311442	72.50	17.00	3.00	7.50
2008	320611	71.50	16.70	3.40	8.40
2009	336126	71.60	16.40	3.50	8.50
2010	360648	69.20	17.40	4.00	9.40
2011	387043	70.20	16.80	4.60	8.40
2012	402138	68.50	17.00	4.80	9.70
2013	416913	67.40	17.10	5.30	10.20
2014	425806	65.60	17.40	5.70	11.30
2015	429905	63.70	18.30	5.90	12.10
2016	435819	62.00	18.50	6.20	13.30
2017	449000	60.40	18.80	7.00	13.80

数据来源：根据《中国统计年鉴》计算整理所得。

从表3-18中来看，我国分行业能源消耗结构中，工业能源消耗总量占比均超越50%，从 2001 年的 107137.6 万吨标准煤增加至 2016 年的 290255 万吨标准煤，增加 183117.4 万吨标准煤，增幅为 170.92%，以 2016 年为例，能源消耗按行业分类由高至低依次为工业，生活，交通运输、仓储和邮政业，其他行业，批发、零售业和住宿、餐饮业，农、林、牧、渔、水利业，建筑业，其能源消耗量分别为 290255 万吨标准煤、54208.66 万吨标准煤、39651.21 万吨标准煤、23154.47 万吨标准煤、12015.23 万吨标准煤、8544.06 万吨标准煤、7990.93 万吨标准煤；2001～2016 年，我国能源消耗增长按行业分类由高至低依次为工业，交通运输、仓储和邮政业，生活消耗，其他行业，批发、零售业和住宿、餐饮业，建筑业，农、林、牧、渔、水利业，增长额依次为 183117.4 万吨标准煤、28038.1 万吨标准煤、26635.76 万吨标准煤、17222.9 万吨标准煤、8845 万吨标准煤、5735.91 万吨标准煤、4428.86 万吨标准煤，就增幅而言，由高至低依次为其他行业，批发、零售业和住宿、餐饮业，建筑业，交通运输、仓储和邮政业，工业，农、林、牧、渔、水利业，生活消耗，增幅分别为 290.36%、279.00%、254.36%、241.43%、170.92%、107.62%、96.60%，从表 3-18 中可以看出：工业由于其本身体量巨大，所以能源消耗增长额也位居第一，但是就增幅而言，其他行业能源消耗增幅最大，生活能源消耗增幅最小。

表 3-18 2001～2016 年中国分行业能源消耗量　　（单位：万吨标准煤）

年份	能源消耗总量	农、林、牧、渔、水利业能源消耗总量	工业能源消耗总量	建筑业能源消耗总量	交通运输、仓储和邮政业能源消耗总量	批发、零售业和住宿、餐饮业能源消耗总量	其他行业能源消耗总量	生活能源消耗总量
2001	155547.00	4115.20	107137.60	2255.02	11613.11	3170.23	5931.57	—
2002	169577.00	4331.18	113600.44	2409.57	12313.22	3373.17	6240.93	—
2003	197083.00	4954.60	131167.92	2720.66	14116.19	3914.93	7152.84	—
2004	230281.00	5697.35	152506.51	3114.60	16642.21	4484.09	8242.82	—
2005	261369.00	6071.06	168723.53	3403.31	18391.01	4847.75	9254.56	27572.9
2006	286467.00	6330.71	184945.45	3760.73	20284.23	5314.05	10275.98	27765.16
2007	311442.00	6228.40	200531.38	4127.52	21959.18	5689.38	11158.19	30813.90
2008	320611.00	6013.13	209302.15	3812.53	22917.25	5733.58	11771.34	31898.32
2009	336126.00	6251.18	219197.16	4562.02	23691.84	6412.26	12689.81	33843.00
2010	360648.00	6477.30	232018.82	5309.30	26068.47	6826.82	13680.50	36469.63
2011	387043.00	6758.56	246440.96	5872.16	28535.50	7795.38	15189.15	39583.66
2012	402138.00	6784.43	252462.78	6167.37	31524.71	8545.86	16580.77	42305.84
2013	416913.00	8054.80	291130.63	7016.97	34819.02	10598.16	19762.59	45530.84
2014	425806.00	8094.27	295686.44	7519.58	36336.43	10873.01	20084.01	47212.33
2015	429905.00	8231.66	292275.96	7696.41	38317.66	11403.69	21880.78	50098.96
2016	435818.63	8544.06	290255.00	7990.93	39651.21	12015.23	23154.47	54208.66

注：由于《中国能源统计年鉴》《中国统计年鉴》等资料尚未公布 2001～2004 年生活能源消耗总量数据，缺失数据用"—"表示。
数据来源：根据《中国统计年鉴》《中国能源统计年鉴》等数据计算整理所得。

从石油消耗来看(表 3-19)，工业，交通运输、仓储和邮政业的占比总和常年高于 70%，其他行业占比明显较少。受制于我国的供给侧结构性改革和工业产业结构升级，2010～

2016年我国工业石油消耗量增幅明显放缓,年消耗仅增加537.5万吨;近年来我国汽车保有量以及物流行业发展迅速,导致交通运输、仓储和邮政业对石油的消耗明显增加。

表3-19 2001~2016年中国分行业石油消耗量

行业	2001年		2005年		2010年		2015年		2016年	
	石油消耗量	占比/%	石油消耗量	占比/%	石油消耗量	占比/%	石油消耗量	占比/%	石油消耗量	占比/%
农、林、牧、渔、水利业/万吨	838.60	3.70	1451.70	4.50	1382.50	3.10	1733.40	3.10	1730.30	3.10
工业/万吨	11227.20	49.10	14030.40	43.10	185550	42.10	18908.10	34.30	19092.50	33.90
建筑业/万吨	933.80	4.10	1502.20	4.60	2483.10	5.60	3507.50	6.40	3712.70	6.60
交通运输、仓储和邮政业/万吨	6587.90	28.80	10928.50	33.60	15079.30	34.20	20549.90	37.30	21032.50	37.30
批发、零售业和住宿、餐饮业/万吨	252.40	1.10	375.60	1.20	481.00	1.10	615.70	1.10	584.90	1.00
其他行业/万吨	1673.70	7.30	1974.20	6.10	2578.20	5.80	3683.30	6.70	3537.10	6.30
生活消耗/万吨	1374.80	6.00	2284.40	7.00	3541.90	8.00	6162.20	11.20	6712.80	11.90

数据来源:根据中国统计局数据整理计算所得。

从煤炭消耗来看,工业占据了我国煤炭消耗近90%的份额,我国正处于社会主义初级阶段,作为一个发展中国家工业发展需要大量的能源,受制于我国能源"富煤贫油少气"的分布特点,煤炭成为我国工业的主要能源消耗,但是随着近几年经济新常态以及生态文明发展理念的提出,我国在2015~2016年的工业煤炭消耗量明显减少(表3-20)。

表3-20 2001~2016年中国分行业煤炭消耗量

行业	2001年		2005年		2010年		2015年		2016年	
	煤炭消耗量	占比/%	煤炭消耗量	占比/%	煤炭消耗量	占比/%	煤炭消耗量	占比/%	煤炭消耗量	占比/%
农、林、牧、渔、水利业/万吨	899.70	0.60	1801.70	0.70	2147.10	0.60	2625.00	0.70	2778.00	0.70
工业/万吨	131446.30	90.90	224766.10	92.40	329728.50	94.50	375650.00	94.60	363175.00	94.40
建筑业/万吨	505.00	0.30	603.60	0.20	730.60	0.20	878.10	0.20	805.00	0.20
交通运输、仓储和邮政业/万吨	841.30	0.60	811.20	0.30	639.20	0.20	491.60	0.10	404.00	0.10
批发、零售业和住宿、餐饮业/万吨	1260.90	0.90	2626.70	1.10	3192.00	0.90	3863.60	1.00	3826.00	1.00
其他行业/万吨	1164.70	0.80	2727.30	1.10	3411.60	1.00	4158.70	1.00	4081.00	1.10
生活消耗/万吨	8410.30	5.80	10039.00	4.10	9159.20	2.60	9347.10	2.40	9492.00	2.50

数据来源:根据中国统计局数据整理计算所得。

从天然气的消耗来看,工业仍然位居天然气消耗占比的龙头地位,但占比却在不断下降,由2001年的78.31%下降至2016年的64.41%,其主要原因是随着西气东输工程的全面贯通以及近几年新能源汽车的推广应用,生活消耗,交通运输、仓储和邮政业的天然气消耗占比增幅明显,从表 3-21 可以看出,得益于西气东输工程,2010~2015 年我国各行业天然气消耗量增加近 1 倍。

表 3-21 2001~2016 年中国分行业天然气消耗量

行业	2001		2005		2010		2015		2016	
	天然气消耗量	占比/%	天然气消耗量	占比/%	天然气消耗量	占比/%	天然气消耗量	占比/%	天然气消耗量	占比/%
农、林、牧、渔、水利业/亿立方米	—	—	—	—	0.50	0.05	0.90	0.05	1.10	0.05
工业/亿立方米	214.80	78.31	328.80	70.32	687.30	63.89	1234.50	63.91	1338.60	64.41
建筑业/亿立方米	0.70	0.26	1.50	0.32	1.20	0.11	2.20	0.11	2	0.10
交通运输、仓储和邮政业/亿立方米	11.00	4.01	38.00	8.13	106.70	9.92	237.60	12.30	254.80	12.26
批发、零售业和住宿、餐饮业/亿立方米	5.00	1.82	10.80	2.31	27.20	2.53	51.30	2.66	53.80	2.59
其他行业/亿立方米	0.70	0.26	9.10	1.95	26.00	2.42	45.40	2.35	48.20	2.32
生活消耗/亿立方米	42.10	15.35	79.40	16.98	226.90	21.09	359.80	18.63	379.80	18.27

注:由于国家统计局尚未公布 2001、2005 年中国农、林、牧、渔、水利业天然气消耗量,缺失数据用"—"表示。
数据来源:根据中国统计局数据整理计算所得。

从电力消耗来看,农、林、牧、渔、水利业和工业电力消耗量不断增加,但是占比却在不断下降,交通运输、仓储和邮政业的电力消耗占比基本维持在 2%左右无明显变化,其他行业电力消耗量和占比均在同步增加,随着我国经济的不断发展,电力能源的消耗量不断增加,但是各行业的消耗占比却在不断变化,其中电力消耗巨头工业的占比明显下降,在过去的几年中,我国大量淘汰落后的高耗能、高污染的工业企业,占比下降也是情理之中(表 3-22)。

表 3-22 2001~2016 年中国分行业电力消耗量

行业	2001		2005		2010		2015		2016	
	电力消耗量	占比/%	电力消耗量	占比/%	电力消耗量	占比/%	电力消耗量	占比/%	电力消耗量	占比/%
农、林、牧、渔、水利业/亿千瓦时	582.40	4.00	776.30	3.10	976.50	2.30	1039.80	1.80	1091.90	1.80
工业/亿千瓦时	10944.70	74.30	18521.70	74.30	30871.80	73.60	41550.00	71.60	43088.90	70.30
建筑业/亿千瓦时	154.90	1.10	233.90	0.90	483.20	1.20	698.70	1.20	725.60	1.20
交通运输、仓储和邮政业/亿千瓦时	309.30	2.10	430.30	1.70	734.50	1.80	1125.60	1.90	1251.50	2.00
批发、零售业和住宿、餐饮业/亿千瓦时	459.90	3.10	752.30	3.00	1292.00	3.10	2122.00	3.70	2323.78	3.80
其他行业/亿千瓦时	663.10	4.50	1340.90	5.40	2451.80	5.80	3918.60	6.80	4394.80	7.20
生活消耗/亿千瓦时	1609.20	10.90	2884.80	11.60	5124.60	12.20	7565.20	13.00	8420.60	13.70

数据来源:根据中国统计局数据整理计算所得。

3.3 本章小结

本章从中国对外贸易的发展规模、商品结构、发展方式以及国家（地区）结构等方面系统梳理了我国对外贸易的发展概况，从中国能源储量分布情况和能源消耗概况两方面梳理了我国能源储量及消耗情况，具体结论如下。

第一，中国对外贸易发展概况。改革开放之后，特别是 2001 年我国加入 WTO 之后，我国对外贸易迅速发展，2001~2017 年，我国进出口总额由 5096.51 亿美元增长至 41052.18 亿美元，进口和出口各自增长明显，同时我国的对外贸易盈余却一直呈现扩大之势；我国的对外贸易额对世界贸易总额的贡献率和拉动度均为正值，说明我国的进出口对世界进出口的贡献和拉动作用明显。从我国对外贸易的商品结构来看，SITC 分类下第 7 类产品机械和运输设备的进出口额稳居第一位，第 1 类产品饮料及烟叶则位居末位；初级产品与工业制成品进出口额均表现为增长态势，但是其所占比例在进出口的表现却相反，初级产品在我国出口额中所占比重不断下降，而在进口额中所占比重却不断上升，工业制成品的表现与初级产品截然相反，这反映出我国的进出口商品结构逐渐优化，趋向合理，也是我国社会主义现代化建设的必然趋势；从进出口产品分资源密集型产品、劳动密集型产品、资本密集型产品来看，我国出口商品结构中资源密集型产品占比最低，而劳动密集型产品与资本密集型产品占比交替变化，互有胜负，这也符合我国"世界工厂"地位，进口产品中资源密集型产品占比缓慢上升，劳动密集型产品和资本密集型产品仍然占据相当大的比重，说明我国对国外的工业制成品仍旧有一定程度的依赖；从我国对外贸易的方式来看，出口贸易中一般贸易额在 2011 年首次超过加工贸易额跃居第一，但是加工贸易在我国出口贸易中依旧占据相当大的比例，这与我国历年来的出口政策有很大的关系，进口贸易中一般贸易自 2006 年之后大幅增加，占据龙头地位，加工贸易则停滞不前，出现缓慢下降，并且加工贸易常年出现盈余，与一般贸易盈余弥补其他贸易赤字。从我国对外贸易的地区分布来看，受限于贸易地理距离和各地区的经济发展水平参差不齐，我国与亚洲地区的贸易额牢牢占据 50%以上份额，但是伴随着非洲、拉丁美洲、大洋洲及其他地区经济的崛起，此占比有缓慢下降趋势；我国出口市场前 5 大国家和地区基本保持稳定，进口市场前 5 则交替变化，竞争激烈，这也反映了我国外贸地区结构的多元化和合理化。

第二，中国能源储量分布及消耗现状。我国的能源分布不均，呈现北多南少、西多东少的布局，能源储量则是"富煤贫油少气"的整体格局，我国的煤炭资源最为丰富，2017 年底煤炭生产总量达 249 864 万吨标准煤，占能源产量比重近 70%，纵观历年数据，我国的煤炭及石油等化石能源的生产比重不断降低，天然气、一次电力及其他能源的占比不断上升，增幅均接近一倍；我国的煤炭产量集中分布于华北和西北地区，且产量占比也不断上升，至 2016 年，生产总量在能源总产量中的占比已超过 70%；我国的石油产量相比而言较低，油田分布主要集中于东北、西北地区，历年来我国原油总产量增幅不大；依托于西气东输工程，天然气作为一种清洁能源在我国的产量则呈现快速上升趋势，其主要分布于西北及西南盆地地区；我国对于可再生能源的利用近年来也取得了巨大的进步，水能、风能、太阳能等可再生能源的利用出现了跳跃式的发展，可再生能源发电量已占据我国发电总量的 20%，我国的生态文明建设取得了有效的进展。从能源消耗的角度来看，伴随着经济的快速增长，我国能源消耗一直呈现快速增长趋势，但是增幅明显低于 GDP 增速，煤炭、石油等高污染的化石燃料在我国能源消耗结构中的占比明显降低，天然气、一次电力及其他能源的占比则明显上升，这有助于我国环境污染问题的缓解；从能源消耗分行业来看，工业是我国能源消耗大头，建筑业占比最小，但是就增幅而言，其他行业则是能源消耗增长最快的；各种能源消耗分行业来看，我国的各行业能源消耗结构明显优化，能源消耗结构更加合理。

第4章 中国对外贸易隐含碳排放估算

4.1 投入产出分析法

投入产出分析法是里昂惕夫(Leontief)研究创立的，该方法被广泛应用到国民经济核算、产业结构联系以及能源和环境领域(郭风，2018)。投入产出表(延长表)依据投入产出法的基本原理而建，即：总产出=中间投入+最终使用，公式表示为：

$$X_i = \sum_{j=1}^{n} a_{ij} X_j + Y_i \quad (i, j = 1, 2, \cdots, n) \tag{4.1}$$

其中，a_{ij} 是指生产单位 j 的总产出 X_j 对行业部门 i 的直接消耗系数；$\sum_{j=1}^{n} a_{ij} X_j$ 表示中间投入之和；Y_i 为行业部门 i 在本期产品中提供的最终使用量；X_i 为第 i 行业部门的总产出。

将对行业部门 i 的分析扩大到所有行业部门，设 I 为单位矩阵，A 为直接消耗系数矩阵，X 为各行业部门总产出列向量，Y 为最终使用列向量，各行列式可表示如下：

$$A = \begin{bmatrix} a_{11} & a_{12} & \cdots & a_{1,n-1} & a_{1n} \\ a_{21} & a_{22} & \cdots & a_{2,n-1} & a_{2n} \\ \cdots & \cdots & \cdots & \cdots & \cdots \\ a_{n-1,1} & a_{n-1,2} & \cdots & a_{n-1,n-1} & a_{n-1,n} \\ a_{n1} & a_{n2} & \cdots & a_{n,n-1} & a_{nn} \end{bmatrix}; \quad Y = \begin{bmatrix} Y_1 \\ Y_2 \\ \vdots \\ Y_{n-1} \\ Y_n \end{bmatrix}$$

$$I = \begin{bmatrix} 1 & 0 & \cdots & 0 & 0 \\ 0 & 1 & \cdots & 0 & 0 \\ \cdots & \cdots & \cdots & \cdots & \cdots \\ 0 & 0 & \cdots & 1 & 0 \\ 0 & 0 & \cdots & 0 & 1 \end{bmatrix}; \quad X = \begin{bmatrix} X_1 \\ X_2 \\ \vdots \\ X_{n-1} \\ X_n \end{bmatrix}$$

则式(4.1)可表示为：

$$X = AX + Y \tag{4.2}$$

进一步整理即可得到投入产出的基本模型，即：

$$X = (I - A)^{-1} Y \tag{4.3}$$

若将投入产出模型扩展到环境领域，根据理论分析，行业部门中的 CO_2 排放量可用下式表示：

$$C_i = \sum_{k=1}^{n} C_{ik} = \sum_{k=1}^{n} (\theta_{ik} \times \varphi_k) \quad (i, k = 1, 2, \cdots, n) \tag{4.4}$$

其中，C_i 为第 i 行业部门直接消耗能源产生的 CO_2 量；C_{ik} 为第 i 行业部门使用第 k 种能源

产生的 CO_2 量；$\sum_{k=1}^{n} C_{ik}$ 为第 i 行业部门消耗 $k=n$ 种能源的 CO_2 排放总量；θ_{ik} 为第 i 行业部门对第 k 种能源的消耗量；$\sum_{k=1}^{n} \theta_{ik}$ 为第 i 行业部门对 $k=n$ 种能源的消耗量；φ_k 为第 k 种能源的 CO_2 排放系数。

记 CO_2 的直接碳排放系数为 E_i（$i,j=1,2,\cdots,n$），指第 i 部门每单位产出直接排放的 CO_2 量，其公式为：

$$E_i = C_i / X_i = \sum_{k=1}^{n} C_{ik} / X_i = \sum_{k=1}^{n} (\theta_{ik} \times \varphi_k) / X_i \tag{4.5}$$

若用行向量 $\boldsymbol{E}$ 来表示 CO_2 的直接碳排放系数矩阵，则为了满足最终需求 Y 而引起的一国隐含碳 C 的计算公式为：

$$C = \boldsymbol{E}X = \boldsymbol{E}(\boldsymbol{I}-\boldsymbol{A})^{-1} Y \tag{4.6}$$

将式(4.6)移项整理可得：

$$C/Y = \boldsymbol{E}(\boldsymbol{I}-\boldsymbol{A})^{-1} \tag{4.7}$$

在此用 F_i（$i=1,2,\cdots,n$）表示各行业部门 CO_2 的隐含碳排放系数，指第 i 部门每单位产出的直接和间接 CO_2 排放量之和，记行向量 $\boldsymbol{F}$ 为隐含碳排放系数矩阵，则有 $\boldsymbol{F} = C/Y$，故各行业部门的碳排放系数矩阵就能够表示为：

$$\boldsymbol{F} = \boldsymbol{E}(\boldsymbol{I}-\boldsymbol{A})^{-1} \tag{4.8}$$

在封闭的经济系统中，一国的生产和消费都在本国内进行，此时可不考虑贸易效应，但在当前开放的经济系统中，一国基于比较优势，通过贸易进行要素资源和产品的有效配置，这就使得一国的生产和消费发生分离，同时也导致了隐含碳排放在国际间的流动，因此，在测算行业部门隐含碳排放时，应充分考虑贸易因素导致的隐含碳排放，要区分中间投入国内生产和国外进口的部分，基于此，本书构建出非竞争型投入产出模型。

此时，对应的直接消耗系数矩阵为 $\boldsymbol{A} = \boldsymbol{A}^d + \boldsymbol{A}^m$，$\boldsymbol{A}^d$ 为竞争型直接消耗系数矩阵，$\boldsymbol{A}^m$ 为进口行业部门直接消耗系数矩阵。借鉴闫云凤和赵忠秀（2012）、李真（2014）等学者剔除中间投入 $\boldsymbol{A}^m$ 的方法，设 $\boldsymbol{A}^m = \boldsymbol{M} \times \boldsymbol{A}$，$\boldsymbol{M}$ 为进口系数矩阵，是指进口产品在中间投入中所占的比重，假定进口产品中间投入比例不变，则 $\boldsymbol{M}$ 为对角矩阵，对角矩阵元素 $m_{ij} = IM_i / (X_i + IM_i - EX_i)$（$i,j=1,2,\cdots,n$；且当 $i \neq j$ 时，$m_{ij}=0$），IM_i 为第 i 行业部门的进口额，EX_i 为出口额，则国内直接消耗系数矩阵为 $\boldsymbol{A}^d = (\boldsymbol{I}-\boldsymbol{M})\boldsymbol{A}$，此时，各行业部门的隐含碳排放系数可表示为：

$$\boldsymbol{F} = \boldsymbol{E}(\boldsymbol{I}-\boldsymbol{A}^d)^{-1} \tag{4.9}$$

其中，$(\boldsymbol{I}-\boldsymbol{A}^d)^{-1}$ 表示剔除进口的里昂惕夫逆矩阵。

4.2 对外贸易隐含碳排放模型构建

根据投入产出方法的基本原理，可构建出对外贸易隐含碳排放测算模型。根据隐含碳排放系数，可得到出口贸易隐含碳测算公式，即：

$$C_{\text{ex}} = E(I-A^d)^{-1} T^{\text{ex}} + E(I-A^d)^{-1} \left[A^m (I-A^d)^{-1} T^{\text{ex}} \right] \quad (4.10)$$

其中，C_{ex} 为出口贸易中的隐含碳排放量；$E(I-A^d)^{-1}$ 为出口产品的隐含碳排放系数矩阵；$E(I-A^d)^{-1} T^{\text{ex}}$ 为本国出口隐含碳；$E(I-A^d)^{-1} \left[A^m (I-A^d)^{-1} T^{\text{ex}} \right]$ 为再出口隐含碳；T^{ex} 为出口产品价值列向量。

与此同时，可构建出进口贸易隐含碳排放测算模型，国内从国外进口产品以满足国内的最终需求，从进口替代角度可知，从国外进口的产品中隐含的碳排放相当于节省了本需要国内生产所产生的碳排放，因此可假定国外单位产值的隐含碳排放强度和国内相等（曹彩虹和韩立岩，2014；胡剑波和郭风，2018）。由此可得到进口贸易隐含碳测算公式，即：

$$C_{\text{im}} = E(I-A^d)^{-1} \left[A^m (I-A^d)^{-1} Y^d + Y^m \right] + E(I-A^d)^{-1} \left[A^m (I-A^d)^{-1} T^{\text{ex}} \right] \quad (4.11)$$

其中，C_{im} 为进口贸易中的隐含碳排放量；$E(I-A^d)^{-1} \left[A^m (I-A^d)^{-1} Y^d \right]$ 为进口中用于中间投入产生的隐含碳；$E(I-A^d)^{-1} Y^m$ 为进口中用于最终消费产生的隐含碳；$E(I-A^d)^{-1} \left[A^m (I-A^d)^{-1} T^{\text{ex}} \right]$ 为进口中用于再出口产生的隐含碳；Y^d 为中间投入产品价值列向量；Y^m 为最终消费产品价值列向量；T^{im} 为进口产品价值列向量。

4.3 数据来源及处理

4.3.1 行业划分及调整

本书选取中国加入 WTO 之后所有的投入产出表（含延长表），即 2002~2015 年《中国投入产出表》（含延长表），基于非竞争型投入产出模型测算中国进出口行业部门的隐含碳排放；基础数据主要来源于历年《中国统计年鉴》和《中国能源统计年鉴》、国家统计局数据库等。在所有行业部门中，由于燃气的生产和供应业以及水的生产和供应业两个部门的进出口贸易量基本为零，所以予以剔除，本书将研究中国进出口贸易中 26 个行业部门的隐含碳排放；本书基于国民经济行业分类标准（GB/T 4754—2017）和历年投入产出部门的合并分类，将我国 26 个行业部门划分为三次产业进行分析，其中第一产业是指编号为 1 的行业部门，第二产业是指编号为 2~23 的行业部门，第三产业是指编号为 24~26 的行业部门。

4.3.2 主要能源 CO_2 排放系数估算值

截至目前，中国尚未公布历年分行业部门的碳排放官方数据，本书基于《2006 年 IPCC 国家温室气体清单指南》中提供的参考方法，即：CO_2 排放量可由各种化石能源燃料消费导致的 CO_2 排放估算量求和得到，各种化石能源所排放的 CO_2 系数公式为：

$$\varphi_k = \text{NCV}_k \times \text{CEF}_k \times \text{COF}_k \times \left(\frac{44}{12} \right) \quad (k=1,2,3,\cdots,8) \quad (4.12)$$

其中，NCV_k表示平均低位发热量；CEF_k表示碳排放系数；COF_k表示碳氧化因子；44和12分别表示$\mathrm{CO_2}$和C的分子量；k为所选取的8种消耗较大的化石燃料之一[①]。

由此可得我国历年分行业部门的直接碳排放系数，即：

$$E_i = \sum_{k=1}^{n}\left[\theta_{ik} \times \mathrm{NCV}_k \times \mathrm{CEF}_k \times \mathrm{COF}_k \times \left(\frac{44}{12}\right)\right]\bigg/ X_i \quad (i=1,2,\cdots,28) \tag{4.13}$$

其中，θ_{ik}为第i行业部门对第k种能源的消耗量；X_i为第i行业部门的总产出。

4.4 实证结果与分析

4.4.1 中国对外贸易总体隐含碳排放情况

由图4-1可清晰看到我国在2002～2015年出口贸易隐含碳、进口贸易隐含碳和对外贸易总体隐含碳排放的整体情况。在2002年、2005年、2007年、2010年、2012年和2015年间，我国进口贸易隐含碳排放和对外贸易总体隐含碳排放都呈现持续增加趋势，其中，进口贸易隐含碳排放在各年间分别为35.74亿吨、68.04亿吨、70.20亿吨、82.53亿吨、86.21亿吨和101.68亿吨，年均增长率为8.37%，成为我国对外贸易总体隐含碳排放增加的主要驱动力。此外，在2002～2015年，我国进口贸易隐含碳排放的整体增速为184.50%，这表明我国在加入WTO之后，进口贸易极大地促进了我国碳排放的增长。具体看来，在2002～2005年间，我国进口贸易隐含碳排放增速为90.38%，在各时间内增速最高，在2005～2007年、2007～2010年、2010～2012年及2012～2015年，我国进口贸易隐含碳排放的增速分别为3.18%、17.56%、4.46%以及17.95%。与此同时，我国对外贸易总体隐含碳排放在各年间分别达到49.07亿吨、98.86亿吨、103.86亿吨、114.07亿吨、117.84亿吨和134.60亿吨，年均增长率达8.07%；在2002～2015年，我国对外贸易总体隐含碳排放的整体增速为174.29%，具体看来，在2002～2005年，我国对外贸易总体隐含碳排放增速为101.47%，在各时间内增速最高，在2005～2007年、2007～2010年、2010～2012年及2012～2015年，我国对外贸易总体隐含碳排放的增速分别为5.06%、9.83%、3.30%及14.22%。我国出口贸易隐含碳排放呈现先增加后下降再增加的动态变化趋势，在各年间分别为13.33亿吨、30.82亿吨、33.65亿吨、31.54亿吨、31.63亿吨和32.92亿吨，年均增长率为6.67%，在2007年达到最大值之后，在2010年首次出现下降；在2002～2015年，我国出口贸易隐含碳排放的整体增速为146.90%，具体看来，在2002～2005年，我国出口贸易隐含碳排放增速为131.21%，在各时间内增速最高，在2005～2007年、2007～2010年、2010～2012年及2012～2015年，我国出口贸易隐含碳排放的增速分别为9.18%、-6.27%、0.29%及4.08%。

[①] 本书选取了能源消耗较大的煤炭、焦炭、原油、汽油、煤油、柴油、燃料油和天然气8种化石燃料。

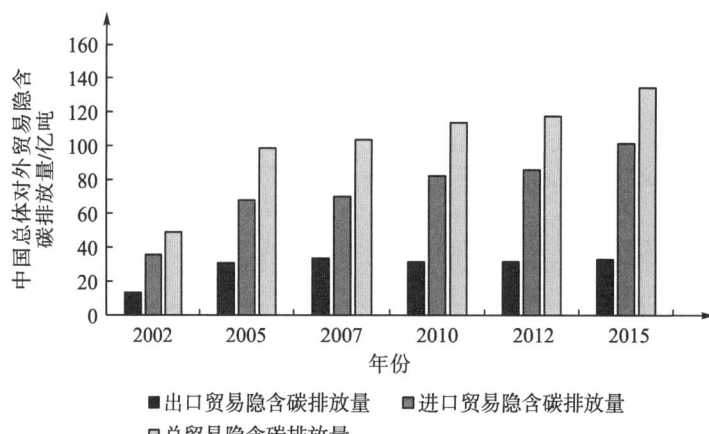

图 4-1 中国总体对外贸易隐含碳排放量(2002～2015 年)

数据来源：根据历年《中国投入产出表》(含延长表)、《中国统计年鉴》、《中国能源统计年鉴》、国家统计局数据库以及相关公式计算整理所得。

4.4.2 中国对外贸易分行业隐含碳排放情况

2002～2015 年，中国 26 个行业部门对外贸易隐含碳排放变动情况如表 4-1 所示。从我国 26 个行业部门对外贸易隐含碳排放总量来看，电力、热力的生产和供应业，石油加工、炼焦及核燃料加工业，金属冶炼及压延加工业以及化学工业的出口贸易隐含碳排放和进口贸易隐含碳排放在 2002 年、2005 年、2007 年、2010 年、2012 年及 2015 年始终处于前四位，其中在我国行业部门出口贸易隐含碳排放中，上述四个行业部门的出口贸易隐含碳排放之和占所有行业部门出口贸易隐含碳排放的比重为 78.59%，成为我国行业部门出口贸易隐含碳排放增加的主要驱动力，也是减排措施实施过程中应当重点关注的部门。而电力、热力的生产和供应业的出口贸易隐含碳排放总量为 534067 万吨，是唯一一个超过 500000 万吨的行业部门，排在第二位和第三位的是石油加工、炼焦及核燃料加工业和金属冶炼及压延加工业，这两个部门的出口贸易隐含碳排放总量分别为 345382 万吨和 322154 万吨，都已超过了 300000 万吨，排在第四位的是化学工业，其出口贸易隐含碳排放总量为 162619 万吨，超过了 100000 万吨，其余 22 个行业部门的出口贸易隐含碳排放总量都在 100000 万吨以下，其中有 8 个行业部门的出口贸易隐含碳排放在 10000 万吨以上，有 12 个行业部门的出口贸易隐含碳排放为 2000 万～10000 万吨，仪器仪表及文化办公用机械制造业和建筑业的出口贸易隐含碳排放居于后两位，分别为 645 万吨和 297 万吨，这两个部门出口贸易隐含碳排放之和占所有行业部门出口贸易隐含碳排放的比重仅为 0.05%，可作为我国出口贸易结构调整的重要发展对象。与此同时，电力、热力的生产和供应业，石油加工、炼焦及核燃料加工业，金属冶炼及压延加工业以及化学工业的进口贸易隐含碳排放之和占所有行业部门进口贸易隐含碳排放的比重为 77.88%，是我国进口贸易隐含碳排放增加的主要驱动力，其中电力、热力的生产和供应业以及石油加工、炼焦及核燃料加工业的进口贸易隐含碳排放排在前两位，其总量分别为 1452450 万吨和 1020883 万吨，都超过了 1000000 万吨，金属冶炼及压延加工业的进口贸易隐含碳排放排在第三位，其总量为 598973 万吨,化学工业的进口贸易隐含碳排放排在第四位,其总量为 377700 万吨,煤炭开采和洗选业,交通运输、仓储及邮政业以及石油和天然气开采业的进口贸易隐含碳排放紧随其后,分别为 233212 万吨、209556 万吨和 146491 万吨,其余 19 个行业部门的进口贸易隐含碳排放总量都在 100000 万吨以下,其中有 9 个行业部门的进口贸易隐含碳排放为 10000 万~100000 万吨,有 9 个行业部门的进口贸易隐含碳排放总量为 1000 万~10000 万吨,建筑业的进口贸易隐含碳排放位居最后一位,仅为 739 万吨。

表 4-1　中国 26 个行业部门对外贸易隐含碳排放量(2002~2015 年)　(单位:万吨)

编号	行业部门	2002 年		2005 年		2007 年		2010 年		2012 年		2015 年	
		出口贸易隐含碳	进口贸易隐含碳	出口贸易隐含碳	进口贸易隐含碳	出口贸易隐含碳	进口贸易隐含碳	出口贸易隐含碳	进口贸易隐含碳	出口贸易隐含碳	进口贸易隐含碳	出口贸易隐含碳	进口贸易隐含碳
1	农业	658	3812	1642	5975	1726	6166	1658	6784	1505	7463	2061	10084
2	煤炭开采和洗选业	4462	11774	15275	33398	15379	31694	16692	50618	16842	55383	14787	50345
3	石油和天然气开采业	6362	24464	4384	14224	4757	20386	4586	26752	4143	30555	3427	30110
4	金属矿采选业	331	1111	637	2238	820	3066	757	3746	811	4305	924	4651
5	非金属矿及其他矿采选业	465	917	708	1407	554	1063	439	952	478	2014	657	2958
6	食品制造及烟草加工业	1084	6034	1310	5333	1449	6547	1281	7191	1253	7690	1877	11585
7	纺织业	2600	2770	4010	3403	4622	2849	3572	2790	2338	2437	4623	6397
8	服装皮革羽绒及其他制造业	355	373	463	478	466	571	328	554	387	463	373	615
9	木材加工及家具制造业	235	374	519	531	488	464	433	521	392	331	369	487
10	造纸印刷及文教体育用品制造业	1832	3805	3686	6239	3848	6514	3400	7349	3850	6324	3136	8177
11	石油加工、炼焦及核燃料加工业	22614	59133	60159	169640	64479	145440	64982	186040	64095	198630	69053	262000
12	化学工业	17114	40275	29471	60952	30896	60654	26064	59850	25798	62042	33276	93927
13	非金属矿物制品业	5693	11505	11651	16663	9831	12766	9103	13619	9035	12003	9918	14597
14	金属冶炼及压延加工业	19015	43049	59629	103950	61630	91144	56902	106680	58394	111850	66584	142300
15	金属制品业	520	781	733	846	665	719	540	761	467	592	500	737
16	通用、专用设备制造业	755	1555	1309	2074	1761	2816	1596	3092	1441	1969	1217	1963
17	交通运输设备制造业	484	1228	693	1286	709	1297	635	1336	418	900	424	1380

续表

编号	行业部门	2002年 出口贸易隐含碳	2002年 进口贸易隐含碳	2005年 出口贸易隐含碳	2005年 进口贸易隐含碳	2007年 出口贸易隐含碳	2007年 进口贸易隐含碳	2010年 出口贸易隐含碳	2010年 进口贸易隐含碳	2012年 出口贸易隐含碳	2012年 进口贸易隐含碳	2015年 出口贸易隐含碳	2015年 进口贸易隐含碳
18	电气机械及器材制造业	351	528	400	593	353	444	396	531	553	662	654	933
19	通信设备、计算机及其他电子设备制造业	425	545	732	764	799	815	745	787	722	828	490	693
20	仪器仪表及文化办公用机械制造业	148	172	134	156	109	178	136	242	70	162	48	132
21	其他制造业	299	577	588	1238	526	1024	442	1205	524	1685	587	1848
22	电力、热力的生产和供应业	38173	115460	91686	204500	110720	260230	102110	292440	100690	291430	90688	288390
23	建筑业	34	120	57	147	36	107	53	118	58	119	59	128
24	交通运输、仓储及邮政业	7033	15801	14420	29676	15566	28656	14645	34423	17763	43586	17905	57414
25	批发零售业及餐饮业	952	2285	1697	3462	1534	3743	1590	3879	2020	4678	2955	6984
26	其他服务业	996	6840	1613	8293	1930	9764	1710	10204	1879	11801	2402	16785

数据来源：根据历年《中国投入产出表》（含延长表）、《中国统计年鉴》、《中国能源统计年鉴》、国家统计局数据库以及相关公式计算整理所得。

从我国26个行业部门对外贸易隐含碳排放变化趋势来看，大多数行业部门的出口贸易隐含碳排放呈现先增加后降低再增加的波动趋势，总体上除了石油和天然气开采业，金属制品业，交通运输设备制造业以及仪器仪表及文化办公用机械制造业的出口贸易隐含碳排放总量有所下降外，其余22个行业部门的出口贸易隐含碳排放总体都呈增加趋势，其中电力、热力的生产和供应业，金属冶炼及压延加工业，石油加工、炼焦及核燃料加工业，化学工业，交通运输、仓储及邮政业以及煤炭开采和洗选业的出口贸易隐含碳排放增量都在10000万吨以上，此外，有6个行业部门的出口贸易隐含碳排放增量为1000万～5000万吨，有10个行业部门的出口贸易隐含碳排放增量处于1000万吨以下；与此同时，我国大多数行业部门的进口贸易隐含碳排放总体呈现先增加后减少再增加的动态变化趋势，除了仪器仪表及文化办公用机械制造业和金属制品业的进口贸易隐含碳排放呈现下降趋势外，其余24个行业部门的进口贸易隐含碳排放总体都呈现增加趋势，其中石油加工、炼焦及核燃料加工业和电力、热力的生产和供应业的进口贸易隐含碳排放总量位居前两位，分别为202867万吨和172930万吨，此外，有4个行业部门的进口贸易隐含碳排放增量处于10000万吨以上，有11个行业部门的进口贸易隐含碳排放增量处于1000万吨以上，其余的7个行业部门的进口贸易隐含碳排放增量均处于500万吨以下。

4.4.3 中国对外贸易分三次产业隐含碳排放情况

2002~2015年我国三次产业对外贸易隐含碳排放变动情况如表4-2所示。在2002年、2005年、2007年、2010年、2012年和2015年，我国三次产业出口贸易隐含碳和进口贸易隐含碳基本上呈现持续增加态势。从绝对量方面来看，对第一产业进行分析，第一产业出口贸易隐含碳排放由2002年的658万吨增加到2015年的2061万吨，增加了1403万吨，并在2010年和2012年出现不同程度的下降，而第一产业进口贸易隐含碳排放由2002年的3812万吨增加到2015年的10084万吨，增加了6272万吨，并始终呈现增加趋势；对第二产业进行分析，第二产业出口贸易隐含碳排放由2002年的123351万吨增加到2015年的303671万吨，增加了180320万吨，并在2010年和2012年出现不同程度的下降，而第二产业进口贸易隐含碳排放由2002年的326550万吨增加到2015年的924353万吨，增加了597803万吨，并始终呈现增加趋势；对第三产业进行分析，第三产业出口贸易隐含碳排放由2002年的8981万吨增加到2015年的23262万吨，增加了14281万吨，并在2010年出现了下降，而第三产业进口贸易隐含碳排放由2002年的24926万吨增加到2015年的81183万吨，增加了56257万吨，并始终呈现增加趋势。从增速方面来看，在2002~2015年第一产业出口贸易隐含碳排放和进口贸易隐含碳排放的增速分别为213.22%和164.53%，出口贸易隐含碳排放的增速大于进口贸易隐含碳排放的增速；第二产业出口贸易隐含碳排放和进口贸易隐含碳排放的增速分别为146.18%和183.07%，出口贸易隐含碳排放的增速小于进口贸易隐含碳排放的增速；第三产业出口贸易隐含碳排放和进口贸易隐含碳排放的增速分别为159.01%和225.70%，出口贸易隐含碳排放的增速小于进口贸易隐含碳排放的增速。综合分析发现：我国三次产业的进口贸易隐含碳排放远远大于出口贸易隐含碳排放，除第一产业外，第二产业和第三产业的进口贸易隐含碳排放增速都高于出口贸易隐含碳排放增速，由此发现，我国碳排放高速增长的原因主要是由于进口贸易引致的，我国的贸易碳泄漏问题较为严重。

表4-2 中国三次产业对外贸易隐含碳排放量(2002~2015年) (单位：万吨)

年份	第一产业		第二产业		第三产业	
	出口隐含碳	进口隐含碳	出口隐含碳	进口隐含碳	出口隐含碳	进口隐含碳
2002	658	3812	123351	326550	8981	24926
2005	1642	5975	288234	630060	17730	41431
2007	1726	6166	314897	650788	19030	42163
2010	1658	6784	295192	767174	17945	48506
2012	1505	7463	292759	792374	21662	60065
2015	2061	10084	303671	924353	23262	81183

数据来源：根据历年《中国投入产出表》(含延长表)、《中国统计年鉴》、《中国能源统计年鉴》、国家统计局数据库以及相关公式计算整理所得。

4.5 本章小结

本章基于 2002~2015 年《中国投入产出表》（含延长表），根据投入产出法构建了非竞争型投入产出模型，以此测算中国对外贸易隐含碳排放。考虑到数据资料可获取的详细程度、统一性和可靠性，为了统一不同行业部门之间的标准，便于数据处理，本章将投入产出部门合并为 26 类，并分别从总体、分行业部门和三次产业视角测算中国对外贸易隐含碳排放，得到如下结论。

第一，从总体视角来看，在 2002~2015 年，我国对外贸易总体隐含碳排放在各年间分别达到 49.07 亿吨、98.86 亿吨、103.86 亿吨、114.07 亿吨、117.84 亿吨和 134.60 亿吨，年均增长率达 8.07%，进口贸易隐含碳排放也呈现持续增加趋势，其年均增长率达 8.37%，出口贸易隐含碳排放呈现先增加后下降再增加的动态变化趋势，其年均增长率为 7.20%。

第二，从分行业部门视角来看，在 2002~2015 年，电力、热力的生产和供应业，石油加工、炼焦及核燃料加工业，金属冶炼及压延加工业以及化学工业的出口贸易隐含碳排放和进口贸易隐含碳排放始终处于前四位，其中电力、热力的生产和供应业的出口贸易隐含碳排放总量为 534067 万吨，是唯一一个超过 500000 万吨的行业部门；大多数行业部门的出口贸易隐含碳排放呈现先增加后降低再增加的波动趋势，我国大多数行业部门的进口贸易隐含碳排放总体呈现先增加后减少再增加的动态变化趋势。

第三，从三次产业视角来看，在 2002~2015 年，我国三次产业出口贸易隐含碳排放和进口贸易隐含碳排放基本上呈现持续增加态势，第一产业出口贸易隐含碳排放由 2002 年的 658 万吨增加到 2015 年的 2061 万吨，进口贸易隐含碳排放由 2002 年的 3812 万吨增加到 2015 年的 10084 万吨；第二产业出口贸易隐含碳排放由 2002 年的 123351 万吨增加到 2015 年的 303671 万吨，进口贸易隐含碳排放由 2002 年的 326550 万吨增加到 2015 年的 924353 万吨；第三产业出口贸易隐含碳排放由 2002 年的 8981 万吨增加到 2015 年的 23262 万吨，进口贸易隐含碳排放由 2002 年的 24926 万吨增加到 2015 年的 81183 万吨；第二产业是主要的隐含碳排放来源产业，我国三次产业的进口贸易隐含碳排放远远大于出口贸易隐含碳排放。

第 5 章　中国对外贸易隐含碳排放竞争力测度

5.1　国际竞争力测度指标

5.1.1　比较优势指数

比较优势指数是衡量一国或地区产品、产业国际市场竞争力的指标，通过该指标可以更好地判断一国或地区的出口竞争优势产品或产业（殷凤和陈宪，2009；张禹和严兵，2016），可表示为：

$$\text{RCA} = \frac{X_{ij} \Big/ \sum_{i=1}^{n} X_{ij}}{\sum_{i=1}^{w} X_{ij} \Big/ \sum_{i=1}^{w}\sum_{j=1}^{n} X_{ij}} \tag{5.1}$$

其中，X_{ij} 表示国家 j 对产品 i 的出口值；$\sum_{i=1}^{n} X_{ij}$ 表示国家 j 的总出口值；$\sum_{i=1}^{w} X_{ij}$ 表示世界出口产品 i 的出口值；$\sum_{i=1}^{w}\sum_{j=1}^{n} X_{ij}$ 表示世界总出口值。

通常情况下，RCA 越接近 1，表示中性的比较优势，既无优势也无劣势；RCA 大于 1，表示该产品在国家中的出口比重大于在世界上的出口比重，即该国的此产品具有比较优势；RCA 小于 1，表示该产品在国家中的出口比重小于在世界上的出口比重，即该国的此产品不具有比较优势，国际竞争力较弱。

5.1.2　贸易竞争力指数

贸易竞争力指数衡量的是一国或地区产品、产业对外贸易差额占对外贸易总额的比重，是分析一国或地区国际竞争力的常用方法（牟岚，2014；文东伟和冼国明），可表示为：

$$\text{TC} = \frac{T^{\text{ex}} - T^{\text{im}}}{T^{\text{ex}} + T^{\text{im}}} = 1 - \frac{2T^{\text{im}}}{T^{\text{ex}} + T^{\text{im}}} \tag{5.2}$$

其中，TC 为贸易竞争力指数，T^{ex} 为出口产品价值列向量，T^{im} 为进口产品价值列向量，由公式(5.2)可知，贸易竞争力指数取值在 $[-1,1]$。

贸易竞争力评价标准认为：TC=1 表示该行业部门只出口不进口，具有绝对优势的贸易竞争力；TC=0 表示出口等于进口，贸易竞争力绝对平均；TC=−1 表示该行业部门只进口不出口，具有绝对劣势的贸易竞争力。

5.2　低碳贸易竞争力指数构建

本书根据低碳贸易竞争力内涵，基于隐含碳排放生产率指标和传统的贸易竞争力指数,构建我国进出口行业部门的低碳贸易竞争力指数。其中,隐含碳排放生产率是指单位隐含碳排放所含的经济价值,衡量了一国或地区单位隐含碳排放的经济产出水平,主要测度隐含碳排放空间对经济社会的影响(周玲玲和于津平,2014;郑义等,2015),可表示为:

$$\mathrm{CP}_k = \frac{Y_k}{C_k} \tag{5.3}$$

其中,CP_k 是指我国 k 行业部门的隐含碳排放生产率;Y_k 是指我国 k 行业部门的增加值;C_k 是指我国 k 行业部门的隐含碳排放。

在行业部门中,隐含碳排放生产率数值越大,表明该行业部门单位隐含碳排放所含的经济价值越高。

借鉴隐含碳排放生产率指标和传统的贸易竞争力指数测算方法,可得我国进出口行业部门的低碳贸易竞争力指数,测算的是我国进出口行业部门单位隐含碳排放所含经济价值的差额占我国进出口行业部门单位隐含碳排放所含经济价值总额的比重,可表示如下:

$$\mathrm{CTC} = \frac{\dfrac{T^{\mathrm{ex}}}{C_{\mathrm{ex}}} - \dfrac{T^{\mathrm{im}}}{C_{\mathrm{im}}}}{\dfrac{T^{\mathrm{ex}}}{C_{\mathrm{ex}}} + \dfrac{T^{\mathrm{im}}}{C_{\mathrm{im}}}} = 1 - \frac{2\dfrac{T^{\mathrm{im}}}{C_{\mathrm{im}}}}{\dfrac{T^{\mathrm{ex}}}{C_{\mathrm{ex}}} + \dfrac{T^{\mathrm{im}}}{C_{\mathrm{im}}}} = 1 - \frac{2T^{\mathrm{im}}}{C_{\mathrm{im}}\dfrac{T^{\mathrm{ex}}}{C_{\mathrm{ex}}} + T^{\mathrm{im}}} \tag{5.4}$$

其中,CTC 为低碳贸易竞争力指数;C_{ex} 为我国行业部门出口贸易隐含碳;C_{im} 为我国行业部门进口贸易隐含碳;T^{ex} 为出口产品价值列向量;T^{im} 为进口产品价值列向量。

与传统的贸易竞争力测算模型进行对比,综合分析式(5.2)和式(5.4)可知,当进口贸易隐含碳等于出口贸易隐含碳时,传统的贸易竞争力指数与低碳贸易竞争力指数的测算方法一致,由此可理解为传统的贸易竞争力指数是当 $C_{\mathrm{ex}} = C_{\mathrm{im}}$ 时低碳贸易竞争力指数的一种特殊形式。

由模型可知,我国进出口行业部门的低碳贸易竞争力指数为[−1,1],在评价我国进出口行业部门低碳贸易竞争力时,借鉴潘文卿和张伟(2001)、黄先海(2006)等学者将传统贸易竞争力指数细分的方法,将其引入到低碳贸易竞争力的评价标准中,可较为准确地测度我国进出口行业部门的低碳贸易竞争力处于何种水平,低碳贸易竞争力评价标准如表 5-1 所示。

表 5-1 低碳贸易竞争力评价标准

低碳贸易竞争力指数	低碳贸易竞争力评级
0.8~1.0	高比较优势
0.5~0.8	较高比较优势
0~0.5	低比较优势
−0.5~0	低比较劣势
−0.8~−0.5	较高比较劣势
−1.0~−0.8	高比较劣势

数据来源:根据相关资料整理所得。

5.3 数据来源及处理

本章所用数据主要包括中国对外贸易总额、各行业部门的对外贸易额以及各行业部门的对外贸易隐含碳排放等，基础数据主要来源于 2002 年、2005 年、2007 年、2010 年、2012 年及 2015 年《中国投入产出表》（含延长表）以及对应年份的《中国统计年鉴》等，各行业部门的对外贸易隐含碳排放数据来源于第 4 章基于非竞争型投入产出模型测算的结果。与前述相同，本章将各行业部门划为三次产业进行分析。

5.4 实证结果与分析

5.4.1 中国对外贸易隐含碳排放总体竞争力情况

图 5-1 表示的是 2002~2015 年我国总体的低碳贸易竞争力指数。首先从低碳贸易竞争力指数绝对量来看，在 2002 年、2005 年、2007 年、2010 年、2012 年和 2015 年，我国总体的低碳贸易竞争力指数呈现先下降后上升的趋势，在各年间其值分别为 0.51、0.43、0.46、0.49、0.51 和 0.57，总体上低碳贸易竞争力的增长幅度大于下降幅度，总体上呈增长态势；其次从低碳贸易竞争力指数增速方面来看，在 2002~2015 年，我国总体的低碳贸易竞争力指数增加了 0.06，增速为 11.76%，总体的低碳贸易竞争力有所提高，具体看来，在 2002~2005 年，我国总体的低碳贸易竞争力在该时间段内出现下降，在其余时间段内，即在 2005~2007 年、2007~2010 年、2010~2012 年以及 2012~2015 年，我国总体的低碳贸易竞争力指数都呈正向变动，增加值在各时间段内分别为 0.03、0.03、0.02 和 0.06，增速分别为 6.98%、6.52%、4.08%和 11.76%。最后结合我国总体的低碳贸易竞争力指数，根据表 4-1 中对低碳贸易竞争力的评价标准，可得我国历年总体的低碳贸易竞争力

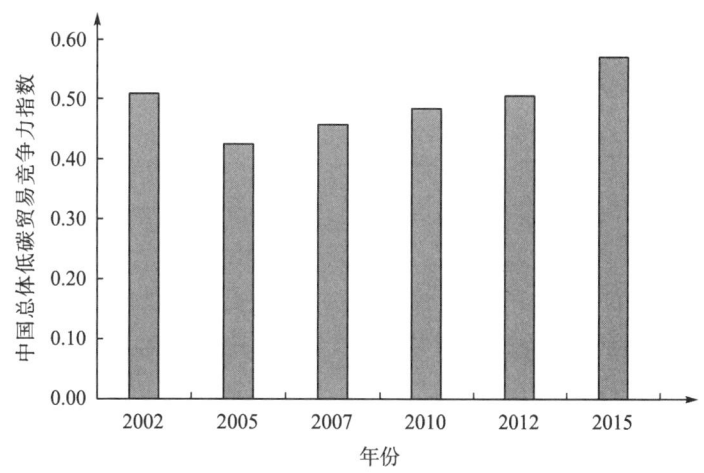

图 5-1 中国总体低碳贸易竞争力指数（2002~2015 年）

数据来源：根据历年《中国投入产出表》（含延长表）、《中国统计年鉴》、
《中国能源统计年鉴》、国家统计局数据库以及相关公式计算整理所得。

处于何种状况，即我国低碳贸易竞争力指数在 2005 年、2007 年和 2010 年间处于 0~0.5，上述年份的低碳贸易竞争力具有较低的比较优势，在 2002 年、2012 年和 2015 年处于 0.5~0.8，这些年份的低碳贸易竞争力具有较高比较优势，这表明我国总体的低碳贸易竞争力呈现较好的发展趋势。

5.4.2 中国对外贸易隐含碳排放分行业竞争力情况

我国 26 个行业部门的低碳贸易竞争力指数变动情况如表 5-2 所示。从我国行业部门低碳贸易竞争力指数的绝对量方面来看，在 2002 年、2005 年、2007 年、2010 年、2012 年以及 2015 年，我国低碳贸易竞争力指数大于 0 的行业部门分别有 22 个、22 个、23 个、22 个、20 个和 22 个，各年间大于 0 的行业部门个数在所有行业部门中占据绝对优势，这表明我国行业部门的低碳贸易竞争力具有相对的发展优势。在各年间，批发零售业及餐饮业的低碳贸易竞争力指数都位居第一位，其值分别为 0.99、0.83、0.91、0.92、0.92 和 0.87，始终处于 0.8~1.0，具有高比较优势，而金属矿采选业的低碳贸易竞争力指数都居于最后一位，其值分别为-0.71、-0.73、-0.86、-0.90、-0.93 和-0.93，其中在 2002 年和 2005 年该行业部门的低碳贸易竞争力指数处于-0.8~-0.5，其低碳贸易竞争力具有较高比较劣势，其余年份均处于-1.0~-0.8，其低碳贸易竞争力具有高比较劣势，这与以上两个行业部门的自身发展特点以及生产活动对能源的依赖程度等都密切相关。在 2002 年、2005 年、2007 年、2010 年、2012 年及 2015 年，我国低碳贸易竞争力指数处于 0.8~1.0 的行业部门分别有 6 个、1 个、2 个、3 个、3 个和 3 个，处于该范围内的行业部门的低碳贸易竞争力具有高比较优势，在对外贸易发展中应着重发展处于该范围内的行业部门；在各年间，我国低碳贸易竞争力指数处于 0.5~0.8 的行业部门分别有 7 个、12 个、10 个、9 个、10 个和 9 个，处于该范围内的行业部门的低碳贸易竞争力具有较高比较优势，处于该范围内的行业部门个数较多，在对外贸易发展尤其是在低碳贸易发展中这些行业部门具有举足轻重的发展地位；在各年间，我国低碳贸易竞争力指数处于 0~0.5 的行业部门分别有 9 个、9 个、11 个、10 个、7 个和 10 个，处于该范围内的行业部门的低碳贸易竞争力具有低比较优势，在对外贸易结构调整中，应注重这些行业部门的发展结构调整，逐步引导其向低碳贸易的方向发展；在各年间，我国低碳贸易竞争力指数处于-0.5~0 的行业部门分别有 3 个、2 个、1 个、1 个、3 个和 1 个，处于该范围内的行业部门的低碳贸易竞争力具有较低比较劣势，在对外贸易发展中，处于该范围内的行业部门具有不利的发展条件；在各年间，我国低碳贸易竞争力指数处于-0.8~-0.5 的行业部门分别有 1 个、2 个、1 个、1 个、1 个和 2 个，处于该范围内的行业部门的低碳贸易竞争力具有较高比较劣势，在倡导低碳贸易的背景下，处于该范围内的行业部门在对外贸易中难以为继；2002 年和 2005 年没有行业部门的低碳贸易竞争力指数处于-1.0~-0.8，在 2007 年、2010 年、2012 年和 2015 年处于该范围的行业部门分别有 1 个、2 个、2 个和 1 个，处于该范围内的行业部门的低碳贸易竞争力具有高比较劣势，应对这些行业部门的发展进行有效调控，在对外贸易尤其在低碳贸易背景下这些行业部门的发展举步维艰。

表 5-2 中国 26 个行业部门低碳贸易竞争力指数（2002~2015 年）

编号	行业部门	2002 年	2005 年	2007 年	2010 年	2012 年	2015 年
1	农业	0.60	0.12	0.01	-0.09	-0.14	-0.08
2	煤炭开采和洗选业	0.87	0.66	0.43	-0.51	-0.72	-0.79
3	石油和天然气开采业	-0.40	-0.55	-0.77	-0.81	-0.82	-0.76
4	金属矿采选业	-0.71	-0.73	-0.86	-0.90	-0.93	-0.93
5	非金属矿及其他矿采选业	0.25	0.16	-0.02	0.05	0.16	0.26
6	食品制造及烟草加工业	0.81	0.74	0.69	0.67	0.67	0.59
7	纺织业	0.41	0.51	0.72	0.76	0.70	0.75
8	服装皮革羽绒及其他制造业	0.74	0.78	0.84	0.86	0.84	0.82
9	木材加工及家具制造业	0.69	0.72	0.79	0.75	0.72	0.70
10	造纸印刷及文教体育用品制造业	0.57	0.54	0.64	0.65	0.72	0.73
11	石油加工、炼焦及核燃料加工业	0.14	-0.26	0.09	0.06	0.12	0.16
12	化学工业	0.18	0.15	0.22	0.29	0.32	0.43
13	非金属矿物制品业	0.62	0.63	0.67	0.66	0.67	0.70
14	金属冶炼及压延加工业	-0.25	0.00	0.28	0.14	-0.02	0.11
15	金属制品业	0.49	0.56	0.74	0.74	0.74	0.79
16	通用、专用设备制造业	-0.08	0.00	0.13	0.18	0.24	0.38
17	交通运输设备制造业	0.25	0.31	0.33	0.29	0.35	0.46
18	电气机械及器材制造业	0.29	0.32	0.43	0.49	0.53	0.62
19	通信设备、计算机及其他电子设备制造业	0.07	0.09	0.15	0.18	0.18	0.26
20	仪器仪表及文化办公用机械制造业	0.03	-0.02	0.15	0.13	0.17	0.26
21	其他制造业	0.73	0.28	0.23	0.14	-0.15	0.15
22	电力、热力的生产和供应业	0.87	0.70	0.79	0.85	0.82	0.86
23	建筑业	0.65	0.61	0.69	0.73	0.75	0.56
24	交通运输、仓储及邮政业	0.84	0.52	0.74	0.67	0.62	0.40
25	批发零售业及餐饮业	0.99	0.83	0.91	0.92	0.92	0.87
26	其他服务业	0.81	0.68	0.69	0.76	0.74	0.68

数据来源：根据历年《中国投入产出表》（含延长表）、《中国统计年鉴》、《中国能源统计年鉴》、国家统计局数据库以及相关公式计算整理所得。

从我国行业部门低碳贸易竞争力指数的变化趋势来看，总体上多数行业部门的低碳贸易竞争力指数呈现扩大趋势，这表明我国行业部门低碳贸易竞争力的整体水平在不断提高，其中金属冶炼及压延加工业和通用、专用设备制造业的低碳贸易竞争力分别由 2002 年的 -0.25 和 -0.08 增加到 2015 年的 0.11 和 0.38，其对应的低碳贸易竞争力从具有低比较劣势变为具有低比较优势，实现了较好的发展趋势；与此同时，在 2002~2015 年有 11 个行业部门的低碳贸易竞争力指数呈现降低趋势，其中农业、煤炭开采和洗选业的低碳贸易竞争力指数分别由 2002 年的 0.60 和 0.87 下降到 2015 年的 -0.08 和 -0.79，其对应的低碳贸易竞争力中，农业从具有较高比较优势变为具有低比较劣势，煤炭开采和洗选业从具有高比较优势变为具有较高比较劣势。从我国行业部门低碳贸易竞争力指数的增加量来看,通用、专用设备制造业,金属冶炼及压延加工业,纺织业,电气机械及器材制造业以及金属制品业的低碳贸易竞争力指数增加量位居前五位,其增加量都在 0.30 及以上,分别为 0.46、0.36、0.34、0.33 和 0.30,这五个行业部门的低碳贸易竞争力都呈现较好的发展趋势,而其他制造业、农业以及煤炭开采和洗选业的低碳贸易竞争力指数增加量位居后三位,其增加量都在-0.50 以上,分别为-0.58、-0.68 和-1.66,这三个行业部门的低碳贸易竞争力水平不断降低,应该结合实际,有效调整其对外贸易结构和生产结构,逐步提升其低碳贸易发展水平。

5.4.3 中国对外贸易隐含碳排放三次产业竞争力情况

我国三次产业的低碳贸易竞争力指数变动情况如图 5-2 所示。从低碳贸易竞争力指数绝对值方面来看,第一产业的低碳贸易竞争力指数呈现波动式下降趋势,在 2002 年、2005 年、2007 年、2010 年、2012 年和 2015 年分别为 0.60、0.12、0.01、-0.09、-0.14 和-0.08,并在 2002 年达到最大值,在 2012 年达到最小值;第二产业的低碳贸易竞争力指数呈现波动式增加趋势,在 2002 年、2005 年、2007 年、2010 年、2012 年和 2015 年间分别为 0.44、0.40、0.44、0.46、0.48 和 0.56,并在 2015 年达到最大值,在 2005 年达到最小值;第三产业的低碳贸易竞争力指数呈现波动式下降趋势,在 2002 年、2005 年、2007 年、2010 年、2012 年和 2015 年间分别为 0.81、0.63、0.67、0.73、0.73 和 0.69,并在 2002 年达到最大值,在 2005 年达到最小值。从低碳贸易竞争力指数增速方面来看,在 2002~2015 年第一产业低碳贸易竞争力指数增速为-113.33%,第二产业低碳贸易竞争力指数增速为 27.27%,第三产业低碳贸易竞争力指数增速为-14.81%,除第二产业低碳贸易竞争力指数有所增加外,第一产业和第三产业的低碳贸易竞争力指数都呈现降低趋势。结合低碳贸易竞争力的评价标准可得,在 2002~2015 年第一产业的低碳贸易竞争力由具有较高比较优势变为具有低比较劣势,第二产业的低碳贸易竞争力由具有低比较优势变为具有较高比较优势,而第三产业的低碳贸易竞争力由具有高比较优势变为具有较高比较优势,第一产业和第三产业的低碳贸易竞争力有所下降,第二产业的低碳贸易竞争力有所提升并呈现出较高的比较优势。

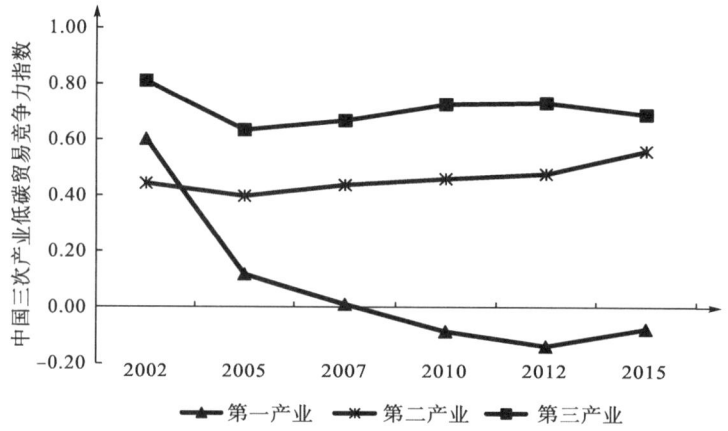

图 5-2 中国三次产业低碳贸易竞争力指数(2002~2015 年)

数据来源:根据历年《中国投入产出表》(含延长表)、《中国统计年鉴》、《中国能源统计年鉴》、国家统计局数据库以及相关公式计算整理所得。

5.5 本章小结

本章将传统的贸易竞争力指数和隐含碳生产率指标进行有机结合,构建了低碳贸易竞争力指数,基于2002~2015年《中国投入产出表》(含延长表),测度中国对外贸易中的隐含碳排放竞争力,得到如下结论。

第一,在总体视角下,在2002~2015年,我国总体的低碳贸易竞争力指数增加0.06,增速为11.76%,总体的低碳贸易竞争力有所提高,具体来看:在2002年、2005年、2007年、2010年、2012年和2015年,我国总体低碳贸易竞争力指数呈现先下降后上升的趋势,在各年间其值分别为0.51、0.43、0.46、0.49、0.51和0.57;在细分时间段内我国低碳贸易竞争力指数的总体增速分别为-15.69%、6.98%、6.52%、4.08%、11.76%;我国总体的低碳贸易竞争力在2005年、2007年和2010年具有低的比较优势,在2002年、2012年和2015年具有较高比较优势。

第二,在分行业部门视角下,在2002年、2005年、2007年、2010年、2012年及2015年,我国低碳贸易竞争力指数大于0的行业部门分别有22个、22个、23个、22个、20个和22个;在各年间批发零售业及餐饮业的低碳贸易竞争力指数都位居第一位,其低碳贸易竞争力具有高比较优势,而金属矿采选业的低碳贸易竞争力指数各年间都位居最后一位,其低碳贸易竞争力在2002年和2005年具有较高比较劣势,在其余年份具有高比较劣势;从变化趋势来看,有15个行业部门的低碳贸易竞争力指数呈现增加趋势,其中金属冶炼及压延加工业和通用、专用设备制造业的低碳贸易竞争力指数增加量位居前两位,其低碳贸易竞争力从具有低比较劣势变为具有低比较优势。

第三,在三次产业视角下,第一产业和第三产业的低碳贸易竞争力指数呈现波动式下降趋势,第二产业的低碳贸易竞争力指数呈现波动式增加趋势;从增速方面来看,在2002~2015年,第一产业低碳贸易竞争力指数增速为-112.72%,第二产业低碳贸易竞争力指数增速为26.21%,第三产业低碳贸易竞争力指数增速为-14.81%;在2002~2015年第一产业的低碳贸易竞争力由具有较高比较优势变为具有低比较劣势,第二产业的低碳贸易竞争力由具有低比较优势变为具有较高比较优势,而第三产业的低碳贸易竞争力由具有高比较优势变为具有较高比较优势,即第一产业和第三产业的低碳贸易竞争力有所下降,第二产业的低碳贸易竞争力有所提升并呈现出较高比较优势。

第6章 中国对外贸易隐含碳排放竞争力影响因素分析

6.1 指数分解法及 LMDI 分解法

6.1.1 IDA 的基本形式

指数因素分解方法的基本模型思路是，假设目标变量 V 是 m 个部门之和，即 $V = \sum_{i=1}^{m} V_i$，在 n 维空间里，目标变量 V 可以分解成为 n 个驱动因素的乘积，将其记为 $V_i = x_{1,i} \times x_{2,i} \times x_{3,i} \times \cdots \times x_{n,i}$，则有 $V = \sum_{i=1}^{m} x_{1,i} \times x_{2,i} \times x_{3,i} \times \cdots \times x_{n,i}$，在时间周期 $[0,t]$ 内，目标变量 V 将从 $V^0 = \sum_{i=1}^{m} x^0_{1,i} \times x^0_{2,i} \times x^0_{3,i} \times \cdots \times x^0_{n,i}$ 变化到 $V^t = \sum_{i=1}^{m} x^t_{1,i} \times x^t_{2,i} \times x^t_{3,i} \times \cdots \times x^t_{n,i}$，或者 $\Delta V = V^t - V^0$，则指数分解法的基本表达式（包括乘法和加法）如下所示：

加法表达式为

$$\Delta V_{\text{tot}} = V^t - V^0 = \Delta V_{x_1} + \Delta V_{x_2} + \Delta V_{x_3} + \cdots + \Delta V_{x_n} + \Delta V_{\text{rsd}} \tag{6.1}$$

乘法表达式为

$$D_{\text{tot}} = \frac{V^t}{V^0} = D_{x_1} \times D_{x_2} \times D_{x_3} \times \cdots \times D_{x_n} \times D_{\text{rsd}} \tag{6.2}$$

其中，ΔV_{tot} 和 D_{tot} 分别代表目标变量的变化量；ΔV_{x_n}、D_{x_n} 分别代表第 n 个驱动因素 x_n 的变化量；ΔV_{rsd} 和 D_{rsd} 分别表示驱动因素分解的残差值。

6.1.2 LASPEYRES 指数分解法

拉氏指数分解法是由德国学者 Laspeyres 于 1864 年提出的，目的主要是解决当时的一些经济问题，如商品产量变化和价格变化对各自企业销售业绩变化的影响等（刘红光等，2010）。该方法的基本假设是在保持其他因素不变的情况下，直接对相应的各个驱动因素进行微分，进而求得某一驱动因素的变化对目标变量变化的影响，鉴于该方法简单直观、易于理解、便于操作等优势，一度成为最为常见的一种指数分解方法，在20世纪70年代末、80年代初被广泛应用。Laspeyres 指数分解法进一步细分，又包括 Paasche 指数分解法、Marshall-Edgeworth 指数分解法、Shapley 指数分解法、Refined Laspeyres 指数分解法等。

Laspeyres 指数分解法的基本表达式（包括乘法和加法）如下所示：

加法表达式为

$$\Delta V_{x_k} = \sum_{i=1}^{m} x_{1,i}^0 \times x_{2,i}^0 \times x_{3,i}^0 \times \cdots \left(x_{k,i}^t - x_{k,i}^0\right) \cdots \times x_{n,i}^0 = \sum_{i=1}^{m} \frac{V_i^0 x_{k,i}^t}{x_{k,i}^0} - V^0$$

$$(i=1,2,3,\cdots,m;\quad k=1,2,3,\cdots,n) \tag{6.3}$$

乘法表达式为

$$D_{x_k} = \frac{\sum_{i=1}^{m} x_{1,i}^0 \times x_{2,i}^0 \times x_{3,i}^0 \times \cdots x_{k,i}^t \cdots \times x_{n,i}^0}{\sum_{i=1}^{m} x_{1,i}^0 \times x_{2,i}^0 \times x_{3,i}^0 \times \cdots x_{k,i}^0 \cdots \times x_{n,i}^0} = \frac{\sum_{i=1}^{m} V_i^0 x_{k,i}^t / x_{k,i}^0}{V^0} = \sum_{i=1}^{m} \psi_i^0 x_{k,i}^t / x_{k,i}^0$$

$$(i=1,2,3,\cdots,m;\quad k=1,2,3,\cdots,n;\quad \psi_i = V_i / V) \tag{6.4}$$

但是以上的 Laspeyres 指数分解法存在较大缺陷，那就是其变化量分解不完全，可能存在严重的残差值，从而导致分析结果的不合理，为进一步提高该计算结果的精确度，Sun(1998)对 Laspeyres 指数分解法进行了相应拓展和完善，整理出没有残差值的 Refined Laspeyres 指数分解法，并将残差值中所被忽略的影响效应补充到计算结果当中。

6.1.3 Divisia 指数分解法

迪式指数分解法的基本原理是将研究目标的变化分解为多种影响因素变化的组合，从而判断各个影响因素变动对研究目标变动的影响程度的大小(Ang and Choi，1997；陈诗一，2011；张鸿武等，2016)，该方法是法国数学家迪维西亚(Divisia)提出的，其基本原理是将各种影响因素认定为时间 t 的连续可微函数，通过对时间 t 微分，进而得到不同影响因素变动对研究目标变动的影响水平，表述如下：

$$\frac{\mathrm{d}V^t}{\mathrm{d}t} = \sum_{k=1}^{n}\sum_{i=1}^{m} x_{1,i}^t \times x_{2,i}^t \times x_{3,i}^t \times \cdots \times x_{k-1,i}^t \times x_{k+1,i}^t \cdots \times x_{n,i}^t \times \mathrm{d}x_{k,i}^t\big/\mathrm{d}t = \sum_{k=1}^{n}\sum_{i=1}^{m} V_i^t \times \mathrm{d}(\ln x_{k,i}^t)\big/\mathrm{d}t$$

$$(i=1,2,3,\cdots,m;\quad k=,2,3,\cdots,n) \tag{6.5}$$

对式(6.5)两侧同时积分可得：

$$\int_0^t \frac{\mathrm{d}V^t}{\mathrm{d}t} = V^t - V^0 = \sum_{k=1}^{n} \int_0^t \sum_{i=1}^{m} V_i^t \times \mathrm{d}(\ln x_{k,i}^t)\big/\mathrm{d}t \tag{6.6}$$

由指数分解法的加法运算方式可得：

$$\Delta V_{x_k} = \int_0^t \sum_{i=1}^{m} V_i^t \times \mathrm{d}(\ln x_{k,i}^t)\big/\mathrm{d}t \tag{6.7}$$

对式(6.7)两侧化简之后再积分可得：

$$\int_0^t \frac{1}{V^t} \times \frac{\mathrm{d}V^t}{\mathrm{d}t} = \ln\left(\frac{V^t}{V^0}\right) = \sum_{k=1}^{n} \int_0^t \sum_{i=1}^{m} \psi_i^t \times \mathrm{d}(\ln x_{k,i}^t)\big/\mathrm{d}t$$

$$(i=1,2,3,\cdots,m;\quad k=1,2,3,\cdots,n;\quad \psi_i^t = V_i^t/V^t) \tag{6.8}$$

进一步化简以及由指数分解法的乘数运算方法可得：

$$D_{x_k} = \exp\left\{\int_0^t \sum_{i=1}^{m} \psi_i^t \times \mathrm{d}(\ln x_{k,i}^t)\big/\mathrm{d}t\right\} \tag{6.9}$$

式(6.7)和式(6.9)分别为迪式指数分解法的加法和乘数形式，迪式指数分解法存在多种分解类型，常见的分解类型包括算术平均迪氏指数分解法(Arithmetic mean Divisia index method，AMDI）和 LMDI 分解法，分别表述如下：

1. AMDI 的分解模型

加法形式可表述为：

$$\Delta V_{x_k} = \frac{1}{2}\sum_{i=1}^{m}(V_i^0 + V_i^t)\ln\left(\frac{x_{k,i}^t}{x_{k,i}^0}\right) \tag{6.10}$$

乘数形式可表述为：

$$D_{x_k} = \exp\left\{\frac{1}{2}\sum_{i=1}^{m}(\psi_i^0 + \psi_i^t)\ln\left(\frac{x_{k,i}^t}{x_{k,i}^0}\right)\right\} \tag{6.11}$$

2. LMDI 分解模型

加法形式可表述为：

$$\Delta V_{x_k} = \sum_{i=1}^{m} L(V_i^t, V_i^0)\ln\left(\frac{x_{k,i}^t}{x_{k,i}^0}\right) = \sum_{i=1}^{m} \frac{V_i^t - V_i^0}{\ln V_i^t - \ln V_i^0}\ln\left(\frac{x_{k,i}^t}{x_{k,i}^0}\right) \tag{6.12}$$

由式（6.12）可得到加法形式总的分解表达式：

$$\Delta V_{\text{tot}} = V^t - V^0 = \Delta V_{x_1} + \Delta V_{x_2} + \Delta V_{x_3} + \cdots + \Delta V_{x_n} \tag{6.13}$$

乘数形式可表述为：

$$D_{x_k} = \exp\left\{\sum_{i=1}^{m}\frac{L(V_i^t, V_i^0)}{L(V^t, V^0)}\ln\left(\frac{x_{k,i}^t}{x_{k,i}^0}\right)\right\} = \exp\left\{\sum_{i=1}^{m}\frac{V_i^t - V_i^0 / \ln V_i^t - \ln V_i^0}{V^t - V^0 / \ln V^t - \ln V^0} \times \ln\left(\frac{x_{k,i}^t}{x_{k,i}^0}\right)\right\} \tag{6.14}$$

由式（6.14）可得到乘数形式总的分解表达式为：

$$D_{\text{tot}} = \frac{V^t}{V^0} = D_{x_1} \times D_{x_2} \times D_{x_3} \times \cdots \times D_{x_n} \tag{6.15}$$

对比两种分解模型，LMDI 分解模型更为有效地处理了残差值问题，可更为细致地分析不同影响因素变动对研究目标变动的影响程度，因此，本书选择 LMDI 分解模型来分析中国对外贸易隐含碳排放竞争力的影响因素。与此同时，本书借鉴了 Ang 和 Liu（2007）关于 LMDI 分解模型中处理 0 值的方法，如表 6-1 所示。

表 6-1　LMDI 分解模型中 0 值的处理方法

8 种情况	V^0	V^t	X^0	X^t	$\Delta V_X = L(V^t, V^0)\ln\left(\frac{X^t}{X^0}\right)$
1	0	+	0	+	$\Delta V_X = V^t$
2	+	0	+	0	$\Delta V_X = -V^0$
3	0	0	0	0	0
4	0	+	+	+	0
5	+	0	+	+	0
6	0	0	+	+	0
7	0	0	+	+	0
8	+	+	0	+	0

资料来源：Ang 和 Liu（2007）。

6.2 对外贸易隐含碳排放竞争力影响因素的 LMDI 模型构建

本书通过借鉴 Grossman 和 Krueger(1991)，Cole 等(2006)，田云等(2013)及莫莎和王佩婷(2017)等学者的研究方法，将我国对外贸易隐含碳排放竞争力的变动分解为以下五种效应变动的组合，即通过选取以下五种效应来分析我国对外贸易隐含碳排放竞争力的影响因素。

(1) 规模效应。一般情况下，贸易规模扩大会伴随着能源消费的同步扩张，进而影响我国的对外贸易隐含碳排放竞争力。贸易规模扩大在促进我国经济增长的同时也带来一定的环境污染，尤其是在愈发开放的经济系统中，一国或地区的生产和消费逐步发生分离，考察由于贸易规模变动对中国对外贸易隐含碳排放竞争力的影响至关重要。

(2) 结构效应。不同的贸易结构对能源消费和环境污染的影响大不相同，本书研究的行业部门贸易结构中既包含加工贸易也包含服务贸易，既包含初级产品也包含工业制成品等，通过研究结构效应对我国对外贸易隐含碳排放竞争力的影响，以此分析何种贸易结构对中国对外贸易隐含碳排放竞争力的影响更大，以及何种贸易结构对中国对外贸易隐含碳排放竞争力的影响更小。

(3) 强度效应。分析我国行业部门隐含碳排放强度对于对外贸易隐含碳排放竞争力的影响，其影响主要是通过不同行业部门的能源消费和隐含碳排放的密度差异进行的，这导致我国不同行业部门之间的隐含碳排放存在较大差异，进而影响中国对外贸易隐含碳排放竞争力的大小。

(4) 生产率效应。生产率①是指单位隐含碳排放所含的经济价值，通常情况下，生产率越高，证明我国行业部门单位隐含碳排放所含的经济价值就越高，分析生产率效应对我国对外贸易隐含碳排放竞争力的影响，即研究我国不同行业部门单位隐含碳排放经济产出水平的变动对我国对外贸易隐含碳排放竞争力的影响呈现何种变化趋势。

(5) 竞争力效应。不同行业部门每增加一单位增加值，其对应的对外贸易隐含碳排放竞争力是增加还是降低又或是呈现其他变化趋势，可以通过研究我国不同行业部门单位增加值对应的对外贸易隐含碳排放竞争力，分析历年来我国不同行业部门的单位增加值变动所对应的对外贸易隐含碳排放竞争力呈现何种变化趋势得出结论。

Kaya(1989)根据碳排放 Kaya 恒等式和 LMDI 分解法，构建了中国对外贸易隐含碳排放竞争力影响因素的 LMDI 模型，如下所示：

$$\mathrm{CTC} = \sum_{i=1}^{n} T \times \frac{T_i}{T} \times \frac{C_i}{T_i} \times \frac{Y_i}{C_i} \times \frac{\mathrm{CTC}_i}{Y_i} \quad (i=1,2,\cdots n) \tag{6.16}$$

其中，CTC 为中国低碳贸易竞争力指数；CTC_i 为第 i 行业部门低碳贸易竞争力指数；C_i 为第 i 行业部门对外贸易中的隐含碳排放量；T 为中国对外贸易量；T_i 为第 i 行业部门贸易量；Y_i 为第 i 行业部门增加值。

将式(6.16)化简为

---

① 本书研究的生产率是指隐含碳排放的生产率。

$$\mathrm{CTC} = \sum_{i=1}^{n} Q \times S_i \times R_i \times U_i \times V_i \quad (i=1,2,\cdots n) \qquad (6.17)$$

其中，$Q=T$ 表示中国对外贸易规模总量；$S_i = \dfrac{T_i}{T}$ 表示中国对外贸易结构；$R_i = \dfrac{C_i}{T_i}$ 表示隐含碳排放强度；$U_i = \dfrac{Y_i}{C_i}$ 表示隐含碳生产率；$V_i = \dfrac{\mathrm{CTC}_i}{Y_i}$ 表示行业部门单位增加值对应的低碳贸易竞争力。

由此可得，中国对外贸易隐含碳排放竞争力影响因素分解模型可表示为

$$\Delta \mathrm{CTC}_Q = \sum_{i=1}^{n} \dfrac{\mathrm{CTC}_i^t - \mathrm{CTC}_i^0}{\ln \mathrm{CTC}_i^t - \ln \mathrm{CTC}_i^0} \ln\left(\dfrac{Q^t}{Q^0}\right) \qquad (6.18)$$

$$\Delta \mathrm{CTC}_S = \sum_{i=1}^{n} \dfrac{\mathrm{CTC}_i^t - \mathrm{CTC}_i^0}{\ln \mathrm{CTC}_i^t - \ln \mathrm{CTC}_i^0} \ln\left(\dfrac{S_i^t}{S_i^0}\right) \qquad (6.19)$$

$$\Delta \mathrm{CTC}_R = \sum_{i=1}^{n} \dfrac{\mathrm{CTC}_i^t - \mathrm{CTC}_i^0}{\ln \mathrm{CTC}_i^t - \ln \mathrm{CTC}_i^0} \ln\left(\dfrac{R_i^t}{R_i^0}\right) \qquad (6.20)$$

$$\Delta CTC_U = \sum_{i=1}^{n} \dfrac{\mathrm{CTC}_i^t - \mathrm{CTC}_i^0}{\ln \mathrm{CTC}_i^t - \ln \mathrm{CTC}_i^0} \ln\left(\dfrac{U_i^t}{U_i^0}\right) \qquad (6.21)$$

$$\Delta \mathrm{CTC}_V = \sum_{i=1}^{n} \dfrac{\mathrm{CTC}_i^t - \mathrm{CTC}_i^0}{\ln \mathrm{CTC}_i^t - \ln \mathrm{CTC}_i^0} \ln\left(\dfrac{V_i^t}{V_i^0}\right) \qquad (6.22)$$

$$\Delta \mathrm{CTC} = \Delta \mathrm{CTC}_Q + \Delta \mathrm{CTC}_S + \Delta \mathrm{CTC}_R + \Delta \mathrm{CTC}_U + \Delta \mathrm{CTC}_V \qquad (6.23)$$

其中，$\Delta \mathrm{CTC}_Q$ 表示规模效应；$\Delta \mathrm{CTC}_S$ 表示结构效应；$\Delta \mathrm{CTC}_R$ 表示强度效应；$\Delta \mathrm{CTC}_U$ 表示生产率效应；$\Delta \mathrm{CTC}_V$ 表示竞争力效应；$\Delta \mathrm{CTC}$ 表示总效应。

6.3 数据来源及处理

根据前述测算得到的 2002~2015 年我国 26 个进出口行业部门的隐含碳排放和对外贸易隐含碳排放竞争力，基于我国对外贸易隐含碳排放竞争力影响因素的 LMDI 模型，研究了规模效应、结构效应、强度效应、生产率效应和竞争力效应对我国对外贸易隐含碳排放竞争力的影响；基础数据主要来源于 2002 年、2005 年、2007 年、2010 年、2012 年和 2015 年《中国投入产出表》（含延长表）、《中国统计年鉴》、《中国能源统计年鉴》、国家统计局数据库以及商务部商务数据中心等。

6.4 实证结果与分析

6.4.1 中国对外贸易隐含碳排放总体竞争力影响因素分析

总体视角下中国对外贸易隐含碳排放竞争力影响因素的分解情况如表 6-2 所示，具体的分析情况如下所示。

表 6-2 中国总体对外贸易隐含碳排放竞争力影响因素分解

区间		规模效应	结构效应	强度效应	生产率效应	竞争力效应	总效应
2002~2005 年	贡献值	9.76	-1.03	-3.50	0.15	-7.30	-1.92
	贡献率/%	-508.33	53.65	182.29	-7.81	380.20	100.00
2005~2007 年	贡献值	3.25	0.65	-3.59	4.51	-3.26	1.56
	贡献率/%	208.33	41.67	-230.13	289.10	-208.97	100.00
2007~2010 年	贡献值	3.03	0.87	-3.26	3.97	-4.34	0.27
	贡献率/%	1122.22	322.22	-1207.41	1470.37	-1607.41	100.00
2010~2012 年	贡献值	2.59	0.26	-2.82	3.32	-2.86	0.49
	贡献率/%	528.57	53.06	-575.51	677.55	-583.67	100.00
2012~2015 年	贡献值	0.78	-0.45	2.23	-0.90	-1.27	0.39
	贡献率/%	200.00	-115.38	571.79	-230.77	-325.64	100.00
2002~2015 年	贡献值	19.41	0.30	-10.94	11.05	-19.03	0.79
	贡献率/%	2795.95	36.49	-1559.46	1539.19	-2712.16	100.00

数据来源：根据相关数据和公式计算整理所得。

1. 规模效应

在研究区间内，我国对外贸易总额由 2002 年的 6207.7 亿美元增长到 2015 年的 39586.4 亿美元，年均增长率高达 15.32%，与此同时，我国的对外贸易隐含碳排放竞争力由 2002 年的 0.51 增长到 2015 年的 0.57，这表明我国对外贸易规模和对外贸易隐含碳排放竞争力的变动趋势基本一致，因此规模效应对我国对外贸易隐含碳排放竞争力的贡献值一直为正值。从规模效应的贡献值来看，在 2002~2005 年、2005~2007 年、2007~2010 年、2010~2012 年及 2012~2015 年的五个时间段内，规模效应的贡献值分别为 9.76、3.25、3.03、2.59 和 0.78，从 2002~2015 年整体水平上来看，规模效应对我国对外贸易隐含碳排放竞争力的影响程度较大，其累计贡献值为 19.41；从其他五个时间段规模效应贡献值的变化趋势来看，规模效应的贡献值呈现持续下降趋势，下降了 8.98，这表明规模效应对我国对外贸易隐含碳排放竞争力的影响程度正在逐渐减弱。从规模效应的贡献率来看，由于 2002~2005 年我国对外贸易隐含碳排放竞争力影响因素的总效应为负值-1.92，而规模效应为正值 9.76，因此规模效应对总效应的贡献率为负值，即为-508.33%；在 2005~2007 年、2007~2010 年、2010~2012 年、2012~2015 年以及 2002~2015 年的其他五个时间段内，规模效应对总效应的贡献率分别为 208.33%、1122.22%、528.57%、200.00% 和 2795.95%，从 2002~2015 年整体水平上来看，规模效应的贡献率达到 2795.95%，对我国对外贸易隐含碳排放竞争力影响因素总效应的贡献率最大，极大地促进我国的对外贸易隐含碳排放竞争力；从其余五个时间段贡献率的变化趋势来看，规模效应的贡献率呈现先增加后降低的趋势。

2. 结构效应

从结构效应的贡献值来看，在 2002~2005 年、2005~2007 年、2007~2010 年、2010~2012 年以及 2012~2015 年的五个时间段内，贡献值分别为-1.03、0.65、0.87、0.20 和-0.45，由此发现结构效应的贡献值呈现先增加后降低的趋势，其中在 2002~2005 年和 2012~2015 年两个时间段内结构效应为负值，表明在这两个时间段内结构效应对我国对外贸易隐含碳排放竞争力的提升具有抑制作用；从 2002~2015 年整体水平上来看，结构效应的累计贡献值为 0.30，总体上提升了我国的对外贸易隐含碳排放竞争力，因此，应继续不断优化调整我国的贸易结构和生产结构。从结构效应的贡献率来看，在 2002~2005 年、2005~2007 年、2007~2010 年、2010~2012 年以及 2012~2015 年的五个时间段内，贡献率分别为 53.65%、41.67%、322.22%、53.06%和-115.38%，结构效应的贡献率呈现波动式递减态势；从 2002~2015 年整体水平上来看，结构效应的贡献率为 36.49%，总体上促进了我国对外贸易隐含碳排放竞争力的提升。

3. 强度效应

从强度效应的贡献值来看，在 2002~2005 年、2005~2007 年、2007~2010 年、2010~2012 年以及 2012~2015 年的五个时间段内，贡献值分别为-3.50、-3.59、-3.26、-2.82 和 2.23，由此发现强度效应的贡献值呈现先降低后增加的趋势，其中除 2012~2015 年间贡献值为正值外，其余时间段内的贡献值均小于 0，这表明强度效应对我国对外贸易隐含碳排放竞争力的提升具有抑制作用；从 2002~2015 年整体水平上来看，强度效应的累计贡献值为-10.94，较大程度地抑制了我国对外贸易隐含碳排放竞争力的提升，这是由于隐含碳排放强度越高，我国行业部门的隐含碳排放就越多，对对外贸易隐含碳排放竞争力的抑制作用就越强。从强度效应的贡献率来看，在 2002~2005 年、2005~2007 年、2007~2010 年、2010~2012 年以及 2012~2015 年的五个时间段内，贡献率分别为 182.29%、-230.13%、-1207.41%、-575.51%和 571.79%，贡献率呈现先降低后增加的趋势，除 2002~2005 年和 2012~2015 年两个时间段内强度效应贡献率为正值外，其余时间段内的贡献率均为负值，从 2002~2015 年整体水平上来看，强度效应的贡献率为-1559.46%，对我国对外贸易隐含碳排放竞争力具有较强的抑制作用。

4. 生产率效应

从生产率效应的贡献值来看，在 2002~2005 年、2005~2007 年、2007~2010 年、2010~2012 年及 2012~2015 年的五个时间段内，贡献值分别为 0.15、4.51、3.97、3.32 和-0.90，由此发现生产率效应的贡献值呈现先增加后降低的趋势，并在 2005~2007 年间达到最大值，除了 2012~2015 年间贡献值为负值外，其余时间段内贡献值均为正值，这表明生产率效应促进了我国对外贸易隐含碳排放竞争力的提升，这是由于生产率越高，我国行业部门单位隐含碳排放所含的经济价值就越高；从 2002~2015 年整体水平上来看，生产率效应的累计贡献值为 11.05，较大地促进了我国对外贸易隐含碳排放竞争力的提升，因此应不断提高我国隐含碳排放的生产率。从生产率效应的贡献率来看，在 2002~2005 年、

2005~2007年、2007~2010年、2010~2012年及2012~2015年的五个时间段内，贡献率分别为-7.81%、289.10%、1470.37%、677.55%和-230.77%，贡献率呈现先增加后降低的趋势，并在2007~2010年间达到最大值，除2002~2005年和2012~2015年两个时间段内贡献率为负值外，其余时间段内贡献率均为正值，从2002~2015年整体水平上来看，生产率效应的贡献率为1539.19%，较大程度地促进了我国对外贸易隐含碳排放竞争力的提升。

5. 竞争力效应

从竞争力效应的贡献值来看，在2002~2005年、2005~2007年、2007~2010年、2010~2012年以及2012~2015年的五个时间段内，贡献值分别为-7.30、-3.26、-4.34、-2.86和-1.27，由此发现竞争力效应的贡献值呈现波动式增加态势，但在各时间段内贡献值均为负值，这表明竞争力效应在一定程度上抑制了我国的对外贸易隐含碳排放竞争力，从2002~2015年整体水平上来看，竞争力效应的累计贡献值为-19.03，较大程度地抑制了我国对外贸易隐含碳排放竞争力的提升，由于我国行业部门单位增加值的增长速度远远超过其对应的对外贸易隐含碳排放竞争力的增速，导致竞争力效应对我国对外贸易隐含碳排放竞争力的提升具有较强的抑制作用。从竞争力效应的贡献率来看，在2002~2005年、2005~2007年、2007~2010年、2010~2012年及2012~2015年的五个时间段内，贡献率分别为380.20%、-208.97%、-1607.41%、-583.67%和-325.64%，除2002~2005年贡献率为正值外，其余时间段内贡献率均为负值，从2002~2015年整体水平上来看，竞争力效应的贡献率为-2712.16%，严重抑制了我国对外贸易隐含碳排放竞争力的提升。

6. 总效应

从总效应的贡献值来看，在2002~2005年、2005~2007年、2007~2010年、2010~2012年及2012~2015年的五个时间段内，贡献值分别为-1.92、1.56、0.27、0.49和0.39，由此发现总效应的贡献值总体呈现波动式增加趋势，并在2005~2007年间达到最大值，除2002~2005年贡献值为负值外，其余时间段内的贡献值均为正值，这表明综合涵盖规模效应、结构效应、强度效应、生产率效应和竞争力效应的总效应有助于提高我国的对外贸易隐含碳排放竞争力；从2002~2015年整体水平上来看，总效应的累计贡献值为0.79，对我国对外贸易隐含碳排放竞争力的提升具有促进作用，同时通过整体水平的分析可以得出，规模效应、结构效应和生产率效应有助于提升我国对外贸易隐含碳排放竞争力，而强度效应和竞争力效应对我国对外贸易隐含碳排放竞争力的提升具有抑制作用。

6.4.2 中国对外贸易隐含碳排放分行业竞争力影响因素分析

中国26个行业部门对外贸易隐含碳排放竞争力影响因素的分解情况如表6-3(1)和表6-3(2)以及表6-4(1)和表6-4(2)所示，具体的分析情况如下所示。

表 6-3(1) 中国 26 个行业部门对外贸易隐含碳排放竞争力影响因素分解

行业部门代码	2002~2005 年						2005~2007 年						2007~2010 年					
	规模效应	结构效应	强度效应	生产率效应	竞争力效应	总效应	规模效应	结构效应	强度效应	生产率效应	竞争力效应	总效应	规模效应	结构效应	强度效应	生产率效应	竞争力效应	总效应
1	0.24	-0.03	-0.05	-0.06	-0.58	-0.48	0.01	0.00	-0.01	0.01	-0.12	-0.11	0.01	0.01	-0.02	0.01	0.06	0.07
2	0.61	-0.08	0.30	-0.58	-0.47	-0.22	0.15	-0.08	-0.09	0.19	-0.40	-0.23	0.11	0.47	-0.41	0.18	-0.27	0.08
3	0.38	-0.38	-0.24	0.49	-0.11	0.14	0.18	0.86	-0.84	0.04	-0.01	0.23	0.18	0.12	-0.13	-0.02	-0.12	0.03
4	0.58	0.69	-0.78	-0.09	-0.39	0.01	0.21	0.27	-0.24	0.30	-0.40	0.14	0.20	0.31	-0.38	0.40	-0.49	0.04
5	0.16	-0.03	-0.05	-0.10	-0.08	-0.10	0.02	-0.04	0.01	0.07	-0.19	-0.13	0.01	-0.01	-0.01	0.01	0.02	0.02
6	0.62	-0.17	-0.50	0.42	-0.44	-0.07	0.19	0.04	-0.10	0.11	-0.29	-0.05	0.16	0.04	-0.15	0.19	-0.25	-0.01
7	0.37	-0.12	-0.10	0.03	-0.08	0.10	0.16	0.01	-0.17	0.24	-0.03	0.21	0.17	-0.10	-0.19	0.35	-0.19	0.04
8	0.61	-0.25	-0.17	0.28	-0.44	0.03	0.22	-0.06	-0.08	0.15	-0.16	0.07	0.19	-0.16	-0.17	0.26	-0.10	0.02
9	0.57	-0.03	-0.16	-0.21	-0.15	0.02	0.20	0.08	-0.36	0.55	-0.41	0.06	0.18	-0.05	-0.12	0.08	-0.12	-0.03
10	0.44	-0.09	-0.04	-0.25	-0.10	-0.04	0.16	-0.13	0.00	0.14	-0.06	0.11	0.15	-0.11	-0.02	0.10	-0.11	0.01
11	0.15	0.19	-0.14	-0.04	-0.03	0.13	0.04	-0.16	0.10	0.09	-0.24	-0.17	0.02	0.00	-0.01	0.02	-0.06	-0.03
12	0.13	0.00	-0.05	-0.01	-0.09	-0.02	0.05	0.00	-0.05	0.06	0.00	0.06	0.06	0.01	-0.08	0.11	-0.02	0.08
13	0.50	-0.09	-0.10	0.19	-0.49	0.01	0.18	0.11	-0.44	0.40	-0.21	0.04	0.15	0.04	-0.19	0.22	-0.24	-0.02
14	0.04	0.00	0.01	-0.02	-0.27	-0.24	0.02	0.02	-0.04	0.04	0.24	0.28	0.05	-0.06	0.03	0.03	-0.17	-0.12
15	0.42	0.04	-0.36	0.16	-0.19	0.07	0.17	-0.13	-0.13	0.38	-0.12	0.17	0.17	-0.17	-0.05	0.21	-0.15	0.01
16	0.02	0.00	-0.01	0.00	-0.08	-0.07	0.01	0.00	-0.19	0.00	0.11	0.12	0.04	0.01	-0.04	0.06	-0.02	0.05
17	0.22	-0.02	-0.16	0.07	-0.05	0.06	0.09	0.11	-0.20	0.17	-0.15	0.03	0.07	0.10	-0.18	0.18	-0.22	-0.05
18	0.25	-0.03	-0.18	0.18	-0.19	0.03	0.10	0.02	-0.02	0.19	0.00	0.11	0.11	0.02	-0.06	0.14	-0.15	0.06
19	0.06	0.02	-0.04	0.00	-0.01	0.03	0.03	0.00	0.01	0.04	0.00	0.05	0.04	-0.02	-0.03	0.05	0.00	0.04
20	0.02	0.01	-0.03	0.02	-0.03	-0.01	0.02	-0.03	0.01	0.01	0.12	0.13	0.03	-0.01	0.01	0.01	-0.07	-0.03

第6章 中国对外贸易隐含碳排放竞争力影响因素分析

续表

行业部门代码	2002~2005年						2005~2007年						2007~2010年					
	规模效应	结构效应	强度效应	生产率效应	竞争力效应	总效应	规模效应	结构效应	强度效应	生产率效应	竞争力效应	总效应	规模效应	结构效应	强度效应	生产率效应	竞争力效应	总效应
21	0.38	0.11	-0.14	-0.14	-0.66	-0.45	0.07	0.09	-0.20	0.25	-0.26	-0.05	0.04	0.06	-0.09	0.02	-0.13	-0.10
22	0.63	-0.46	0.34	-0.15	-0.53	-0.17	0.20	-0.14	0.11	0.08	-0.16	0.09	0.19	-0.06	-0.08	0.13	-0.12	0.06
23	0.50	-0.11	-0.21	0.09	-0.31	-0.04	0.17	0.21	-0.62	0.46	-0.15	0.07	0.16	0.36	-0.40	0.30	-0.39	0.03
24	0.53	0.18	-0.28	-0.15	-0.61	-0.33	0.17	-0.16	0.00	0.20	0.02	0.23	0.16	-0.12	0.03	0.11	-0.25	-0.07
25	0.73	-0.06	-0.25	-0.08	-0.51	-0.17	0.24	-0.36	0.15	0.20	-0.14	0.09	0.21	0.19	-0.37	0.45	-0.47	0.01
26	0.60	-0.32	-0.11	0.10	-0.41	-0.14	0.19	0.12	-0.19	0.14	-0.25	0.01	0.17	0.00	-0.15	0.37	-0.31	0.08

注：①1、2、3、…、26代表的是行业部门编号（详见表6-1）。②参考借鉴丁马贤磊等（2018）等学者处理负值的方法。

数据来源：根据相关数据和公式计算整理所得。

表6-3(2) 中国26个行业部门对外贸易隐含碳排放竞争力影响因素分解

行业部门代码	2010~2012年						2012~2015年						2002~2015年					
	规模效应	结构效应	强度效应	生产率效应	竞争力效应	总效应	规模效应	结构效应	强度效应	生产率效应	竞争力效应	总效应	规模效应	结构效应	强度效应	生产率效应	竞争力效应	总效应
1	0.02	0.00	-0.01	0.02	0.02	0.05	0.01	0.00	0.03	-0.01	-0.08	-0.05	0.40	0.03	-0.17	0.08	-0.87	-0.53
2	0.12	0.05	-0.12	0.07	0.10	0.22	0.04	-0.70	0.58	-0.24	0.39	0.07	1.29	-0.08	-0.05	-0.19	-1.04	-0.07
3	0.16	0.26	-0.33	-0.02	-0.04	0.03	0.04	-0.44	0.37	-0.36	0.32	-0.07	0.87	0.24	-1.06	0.33	-0.03	0.35
4	0.18	-0.06	0.00	0.07	-0.16	0.03	0.05	-0.37	0.40	-0.32	0.25	0.01	1.27	0.97	-1.14	0.36	-1.23	0.23
5	0.02	-0.01	0.04	-0.01	0.07	0.11	0.01	-0.04	0.10	-0.09	0.12	0.10	0.40	-0.32	0.16	0.08	-0.32	0.00
6	0.13	0.06	-0.16	0.22	-0.25	0.00	0.04	0.07	0.15	-0.11	-0.22	-0.07	1.08	0.06	-0.70	0.78	-1.44	-0.22
7	0.14	-0.50	0.15	0.23	-0.08	-0.06	0.04	0.03	0.54	-0.52	-0.04	0.05	0.88	-0.57	0.10	0.30	-0.37	0.34
8	0.16	0.34	-0.54	0.30	-0.28	-0.02	0.05	0.03	0.05	0.26	-0.40	-0.01	1.22	-0.12	-0.86	1.18	-1.34	0.08

续表

行业部门代码	2010~2012年						2012~2015年						2002~2015年					
	规模效应	结构效应	强度效应	生产率效应	竞争力效应	总效应	规模效应	结构效应	强度效应	生产率效应	竞争力效应	总效应	规模效应	结构效应	强度效应	生产率效应	竞争力效应	总效应
9	0.14	0.05	-0.40	0.49	-0.32	-0.04	0.04	0.04	0.04	0.08	-0.21	-0.01	1.09	0.09	-0.94	0.92	-1.15	0.01
10	0.13	0.39	-0.56	0.37	-0.26	0.07	0.04	-0.05	0.09	0.03	-0.11	0.00	1.00	-0.04	-0.52	0.34	-0.63	0.15
11	0.02	0.01	-0.02	0.01	0.04	0.06	0.01	-0.06	0.08	-0.02	0.03	0.04	0.23	-0.04	0.02	0.10	-0.28	0.03
12	0.06	-0.05	-0.01	0.07	-0.05	0.02	0.02	-0.01	0.13	-0.07	0.05	0.12	0.44	-0.05	-0.16	0.22	-0.19	0.26
13	0.13	0.08	-0.26	0.25	-0.19	0.01	0.04	0.11	-0.05	-0.03	-0.05	0.02	1.02	0.24	-1.03	1.03	-1.19	0.07
14	0.01	0.02	-0.03	0.02	-0.14	-0.12	0.00	0.00	0.01	-0.03	0.10	0.08	0.26	0.05	-0.10	0.03	-0.38	-0.14
15	0.14	0.01	-0.30	0.40	-0.25	0.00	0.04	0.03	0.04	0.08	-0.15	0.04	0.98	-0.19	-0.82	1.14	-0.81	0.30
16	0.04	-0.01	-0.10	0.09	0.04	0.06	0.02	-0.02	-0.01	0.07	0.09	0.15	0.29	-0.02	-0.21	0.24	0.00	0.30
17	0.06	-0.04	-0.15	0.17	0.02	0.06	0.02	0.00	0.10	-0.01	-0.01	0.10	0.53	0.16	-0.68	0.64	-0.44	0.21
18	0.10	-0.06	0.10	-0.07	-0.03	0.04	0.03	0.05	0.07	0.06	-0.12	0.09	0.68	-0.02	-0.41	0.59	-0.53	0.31
19	0.03	0.01	-0.04	0.04	-0.04	0.00	0.01	0.00	-0.07	0.13	0.01	0.08	0.22	0.02	-0.21	0.22	-0.05	0.20
20	0.03	-0.12	0.02	0.04	0.07	0.04	0.01	0.01	-0.07	0.14	0.01	0.10	0.17	-0.12	-0.12	0.23	0.07	0.23
21	0.03	-0.11	0.13	-0.10	0.07	0.02	0.01	-0.06	0.06	-0.10	0.09	0.00	0.57	-0.09	-0.10	-0.22	-0.73	-0.57
22	0.16	-0.14	-0.02	0.12	-0.14	-0.02	0.05	0.03	-0.10	0.08	-0.01	0.05	1.34	-0.85	0.29	0.26	-1.06	-0.02
23	0.14	-0.35	0.23	0.21	-0.22	0.01	0.04	0.30	-0.30	0.12	-0.34	-0.18	0.93	0.39	-1.20	1.05	-1.26	-0.09
24	0.12	0.19	-0.17	-0.04	-0.16	-0.06	0.03	0.16	-0.08	0.04	-0.36	-0.21	0.92	0.27	-0.48	0.16	-1.30	-0.43
25	0.18	0.28	-0.27	0.21	-0.39	0.01	0.05	0.34	-0.03	-0.11	-0.30	-0.05	1.45	0.39	-0.79	0.69	-1.87	-0.13
26	0.14	-0.04	0.00	0.16	-0.29	-0.03	0.04	0.10	0.10	0.03	-0.33	-0.06	1.16	-0.13	-0.36	0.83	-1.63	-0.13

注：同表 6-3(1)注。

数据来源：根据相关数据和公式计算整理所得。

表 6-4 (1) 中国 26 个行业部门对外贸易隐含碳排放竞争力影响因素分解的贡献率 (%)

行业部门代码	2002~2005 年					2005~2007 年					2007~2010 年				
	规模效应	结构效应	强度效应	生产率效应	竞争力效应	规模效应	结构效应	强度效应	生产率效应	竞争力效应	规模效应	结构效应	强度效应	生产率效应	竞争力效应
1	-50.00	6.25	10.42	12.50	120.83	-9.09	0.00	9.09	-9.09	109.09	14.29	14.29	-28.57	14.29	85.71
2	-277.27	36.36	-136.36	263.64	213.64	-65.22	34.78	39.13	-82.61	173.91	137.50	587.50	-512.50	225.00	-337.50
3	271.43	-271.43	-171.43	350.00	-78.57	78.26	373.91	-365.22	17.39	-4.35	600.00	400.00	-433.33	-66.67	-400.00
4	5800.00	6900.00	-7800.00	-900.00	-3900.00	150.00	192.86	-171.43	214.29	-285.71	500.00	775.00	-950.00	1000.00	-1225.00
5	-160.00	30.00	50.00	100.00	80.00	-15.38	30.77	-7.69	-53.85	146.15	50.00	-50.00	-50.00	50.00	100.00
6	-885.71	242.86	714.29	-600.00	628.57	-380.00	-80.00	200.00	-220.00	580.00	-1600.00	-400.00	1500.00	-1900.00	2500.00
7	370.00	-120.00	-100.00	30.00	-80.00	76.19	4.76	-80.95	114.29	-14.29	425.00	-250.00	-475.00	875.00	-475.00
8	2033.33	-833.33	-566.67	933.33	-1466.67	314.29	-85.71	-114.29	214.29	-228.57	950.00	-800.00	-850.00	1300.00	-500.00
9	2850.00	-150.00	-800.00	-1050.00	-750.00	333.33	133.33	-600.00	916.67	-683.33	-600.00	166.67	400.00	-266.67	400.00
10	-1100.00	225.00	100.00	625.00	250.00	145.45	-118.18	0.00	127.27	-54.55	1500.00	-1100.00	-200.00	1000.00	-1100.00
11	115.38	146.15	-107.69	-30.77	-23.08	-23.53	94.12	-58.82	-52.94	141.18	-66.67	0.00	33.33	-66.67	200.00
12	-650.00	0.00	250.00	50.00	450.00	83.33	0.00	-83.33	100.00	0.00	75.00	12.50	-100.00	137.50	-25.00
13	5000.00	-900.00	-1000.00	1900.00	-4900.00	450.00	275.00	-1100.00	1000.00	-525.00	-750.00	-200.00	950.00	-1100.00	1200.00
14	-16.67	0.00	-4.17	8.33	112.50	7.14	7.14	-14.29	14.29	85.71	-41.67	50.00	-25.00	-25.00	141.67
15	600.00	57.14	-514.29	228.57	-271.43	100.00	-76.47	-76.47	223.53	-70.59	1700.00	-1700.00	-500.00	2100.00	-1500.00
16	-28.57	0.00	14.29	0.00	114.29	8.33	0.00	0.00	0.00	91.67	80.00	20.00	-80.00	120.00	-40.00
17	366.67	-33.33	-266.67	116.67	-83.33	300.00	366.67	-633.33	566.67	-500.00	-140.00	-200.00	360.00	-360.00	440.00
18	833.33	-100.00	-600.00	600.00	-633.33	90.91	18.18	-181.82	172.73	0.00	183.33	33.33	-100.00	233.33	-250.00
19	200.00	66.67	-133.33	0.00	-33.33	60.00	0.00	-40.00	80.00	0.00	100.00	-50.00	-75.00	125.00	0.00
20	-200.00	-100.00	300.00	-200.00	300.00	15.38	-23.08	7.69	7.69	92.31	-100.00	33.33	-33.33	-33.33	233.33

续表

行业部门代码	2002~2005年					2005~2007年					2007~2010年				
	规模效应	结构效应	强度效应	生产率效应	竞争力效应	规模效应	结构效应	强度效应	生产率效应	竞争力效应	规模效应	结构效应	强度效应	生产率效应	竞争力效应
21	-84.44	-24.44	31.11	31.11	146.67	-140.00	-180.00	400.00	-500.00	520.00	-40.00	-60.00	90.00	-20.00	130.00
22	-370.59	270.59	-200.00	88.24	311.76	222.22	-155.56	122.22	88.89	-177.78	316.67	-100.00	-133.33	216.67	-200.00
23	-1250.00	275.00	525.00	-225.00	775.00	242.86	300.00	-885.71	657.14	-214.29	533.33	1200.00	-1333.33	1000.00	-1300.00
24	-160.61	-54.55	84.85	45.45	184.85	73.91	-69.57	0.00	86.96	8.70	-228.57	171.43	-42.86	-157.14	357.14
25	-429.41	35.29	147.06	47.06	300.00	266.67	-400.00	166.67	222.22	-155.56	2100.00	1900.00	-3700.00	4500.00	-4700.00
26	-428.57	228.57	78.57	-71.43	292.86	1900.00	1200.00	-1900.00	1400.00	-2500.00	212.50	0.00	-187.50	462.50	-387.50

注：1、2、3、…、26代表的是行业部门编号。

数据来源：根据相关数据和公式计算整理所得。

表6-4(2) 中国26个行业部门对外贸易隐含碳排放竞争力影响因素分解的贡献率（%）

行业部门代码	2010~2012年					2012~2015年					2002~2015年				
	规模效应	结构效应	强度效应	生产率效应	竞争力效应	规模效应	结构效应	强度效应	生产率效应	竞争力效应	规模效应	结构效应	强度效应	生产率效应	竞争力效应
1	40.00	0.00	-20.00	40.00	40.00	-20.00	0.00	-60.00	20.00	160.00	-75.47	-5.66	32.08	-15.09	164.15
2	54.55	22.73	-54.55	31.82	45.45	57.14	-1000.00	828.57	-342.86	557.14	-1842.86	114.29	71.43	271.43	1485.71
3	533.33	866.67	-1100.00	-66.67	-133.33	-57.14	628.57	-528.57	514.29	-457.14	248.57	68.57	-302.86	94.29	-8.57
4	600.00	-200.00	0.00	233.33	-533.33	500.00	-3700.00	4000.00	-3200.00	2500.00	552.17	421.74	-495.65	156.52	-534.78
5	18.18	-9.09	36.36	-9.09	63.64	10.00	-40.00	100.00	-90.00	120.00	4000.00	-3200.00	1600.00	800.00	-3200.00
6	1300.00	600.00	-1600.00	2200.00	-2500.00	-57.14	-100.00	-214.29	157.14	314.29	-490.91	-27.27	318.18	-354.55	654.55
7	-233.33	833.33	-250.00	-383.33	133.33	80.00	60.00	1080.00	-1040.00	-80.00	258.82	-167.65	29.41	88.24	-108.82
8	-800.00	-1700.00	2700.00	-1500.00	1400.00	-500.00	-300.00	-500.00	-2600.00	4000.00	1525.00	-150.00	-1075.00	1475.00	-1675.00

第6章 中国对外贸易隐含碳排放竞争力影响因素分析

续表

行业部门代码	2010~2012年					2012~2015年					2002~2015年				
	规模效应	结构效应	强度效应	生产率效应	竞争力效应	规模效应	结构效应	强度效应	生产率效应	竞争力效应	规模效应	结构效应	强度效应	生产率效应	竞争力效应
9	-350.00	-125.00	1000.00	-1225.00	800.00	-400.00	-400.00	-400.00	-800.00	2100.00	10900.00	900.00	9400.00	9200.00	-11500.00
10	185.71	557.14	-800.00	528.57	-371.43	400.00	-500.00	900.00	300.00	-1100.00	666.67	-26.67	-346.67	226.67	-420.00
11	33.33	16.67	-33.33	16.67	66.67	25.00	-150.00	200.00	-50.00	75.00	766.67	-133.33	66.67	333.33	-933.33
12	300.00	-250.00	-50.00	350.00	-250.00	16.67	-8.33	108.33	-58.33	41.67	169.23	-19.23	-61.54	84.62	-73.08
13	1300.00	800.00	-2600.00	2500.00	-1900.00	200.00	550.00	-250.00	-150.00	-250.00	1457.14	342.86	-1471.43	1471.43	-1700.00
14	-8.33	-16.67	25.00	-16.67	116.67	0.00	0.00	12.50	-37.50	125.00	-185.71	-35.71	71.43	-21.43	271.43
15	1400.00	100.00	-3000.00	4000.00	-2500.00	100.00	75.00	100.00	200.00	-375.00	326.67	-63.33	-273.33	380.00	-270.00
16	66.67	-16.67	-166.67	150.00	66.67	13.33	-13.33	-6.67	46.67	60.00	96.67	-6.67	-70.00	80.00	0.00
17	100.00	-66.67	-250.00	283.33	33.33	20.00	0.00	100.00	-10.00	-10.00	252.38	76.19	-323.81	304.76	-209.52
18	250.00	-150.00	250.00	-175.00	-75.00	33.33	55.56	77.78	66.67	-133.33	219.35	-6.45	-132.26	190.32	-170.97
19	300.00	100.00	-400.00	400.00	-400.00	12.50	0.00	-87.50	162.50	12.50	110.00	10.00	-105.00	110.00	-25.00
20	75.00	-300.00	50.00	100.00	175.00	10.00	10.00	-70.00	140.00	10.00	73.91	-52.17	-52.17	100.00	30.43
21	150.00	-550.00	650.00	-500.00	350.00	100.00	-600.00	600.00	-1000.00	900.00	-100.00	15.79	17.54	38.60	128.07
22	-800.00	700.00	100.00	-600.00	700.00	100.00	60.00	-200.00	160.00	-20.00	-6700.00	4250.00	-1450.00	-1300.00	5300.00
23	1400.00	-3500.00	2300.00	2100.00	-2200.00	-22.22	-166.67	166.67	-66.67	188.89	-1033.33	-433.33	1333.33	-1166.67	1400.00
24	-200.00	-316.67	283.33	66.67	266.67	-14.29	-76.19	38.10	-19.05	171.43	-213.95	-62.79	111.63	-37.21	302.33
25	1800.00	2800.00	-2700.00	2100.00	-3900.00	-100.00	-680.00	60.00	220.00	600.00	-1115.38	-300.00	607.69	-530.77	1438.46
26	-466.67	133.33	0.00	-533.33	966.67	-66.67	-166.67	-166.67	-50.00	550.00	-892.31	100.00	276.92	-638.46	1253.85

注：1、2、3、…、26代表的是行业部门编号。

数据来源：根据相关数据和公式计算整理所得。

1. 规模效应

从规模效应的贡献值来看,在 2002~2005 年、2005~2007 年、2007~2010 年、2010~2012 年、2012~2015 年及 2002~2015 年的六个时间段内,规模效应的贡献值始终为正值,这表明规模效应对我国行业部门对外贸易隐含碳排放竞争力的提升都具有促进作用。具体来看,2002~2005 年因规模效应导致我国对外贸易隐含碳排放竞争力增加最多的行业部门为批发零售业及餐饮业,其在该时间段内的贡献值为 0.73,排在第二位和第三位的行业部门分别为电力、热力的生产和供应业,食品制造及烟草加工业,其在该时间段内的贡献值分别为 0.63 和 0.62,这三个行业部门的贡献值占所有行业部门贡献值的 20.29%。在 2005~2007 年间因规模效应导致我国对外贸易隐含碳排放竞争力增加最多的行业部门为批发零售业及餐饮业,其在该时间段内的贡献值为 0.24,排在第二位和第三位的行业部门分别为服装皮革羽绒及其他制造业,金属矿采选业,其在该时间段内的贡献值分别为 0.22 和 0.21,这三个行业部门的贡献值占所有行业部门贡献值的 20.62%。2007~2010 年因规模效应导致我国对外贸易隐含碳排放竞争力增加最多的行业部门为批发零售业及餐饮业,其在该时间段内的贡献值为 0.21,排在第二位和第三位的行业部门分别为金属矿采选业,服装皮革羽绒及其他制造业,其在该时间段内的贡献值分别为 0.20 和 0.19,这三个行业部门的贡献值占所有行业部门贡献值的 19.80%。2010~2012 年,因规模效应导致我国对外贸易隐含碳排放竞争力增加最多的行业部门为金属矿采选业,其在该时间段内的贡献值为 0.18,排在第二位和第三位的行业部门分别为批发零售业及餐饮业,石油和天然气开采业,其在该时间段内的贡献值分别为 0.18 和 0.16,这三个行业部门的贡献值占所有行业部门贡献值的 20.08%。2012~2015 年有四个行业部门的贡献值相同,并列处于第一位,分别为金属矿采选业,服装皮革羽绒及其他制造业,电力、热力的生产和供应业,批发零售业及餐饮业,其贡献值均为 0.05,这四个行业部门的贡献值占所有行业部门贡献值的 19.23%。从 2002~2015 年整体水平上来看,因规模效应导致我国对外贸易隐含碳排放竞争力增加最多的行业部门为批发零售业及餐饮业,其在该时间段内的贡献值为 1.45,排在第二位和第三位的行业部门分别为电力、热力的生产和供应业,煤炭开采和洗选业,其在该时间段内的贡献值分别为 1.34 和 1.29,这三个行业部门的贡献值占所有行业部门贡献值的 19.72%。综合分析发现批发零售业及餐饮业,金属矿采选业,服装皮革羽绒及其他制造业的规模效应基本处于前三位,并且这三个行业部门的规模效应呈现下降趋势。从规模效应的贡献率来看,2002~2005 年贡献率最大的行业部门是金属矿采选业,其贡献率为 5800%;2005~2007 年贡献率最大的行业部门是其他服务业,其贡献率为 1900%;2007~2010 年贡献率最大的行业部门是批发零售业及餐饮业,其贡献率为 2100%;2010~2012 年贡献率最大的行业部门是批发零售业及餐饮业,其贡献率为 1800%;2012~2015 年贡献率最大的行业部门是金属矿采选业,其贡献率为 500%;2002~2015 年贡献率最大的行业部门是木材加工及家具制造业,其贡献率为 10900%。

2. 结构效应

从结构效应的贡献值来看,在 2002~2005 年、2005~2007 年、2007~2010 年、2010~

2012 年、2012～2015 年及 2002～2015 年的六个时间段内，结构效应的贡献值有正有负，其中贡献值为正的行业部门个数分别有 10 个、16 个、15 个、14 个、17 个和 12 个，由此发现，由于结构效应而提升我国对外贸易隐含碳排放竞争力的行业部门个数呈波动式变化。具体来看，2002～2005 年间因结构效应导致我国对外贸易隐含碳排放竞争力增加最多的行业部门为金属矿采选业，其在该时间段内的贡献值为 0.69；因结构效应抑制我国对外贸易隐含碳排放竞争力增加最多的行业部门为电力、热力的生产和供应业，其在该时间段内的贡献值为-0.46。2005～2007 年因结构效应导致我国对外贸易隐含碳排放竞争力增加最多的行业部门为石油和天然气开采业，其在该时间段内的贡献值为 0.86；因结构效应抑制我国对外贸易隐含碳排放竞争力增加最多的行业部门为批发零售业及餐饮业，其在该时间段内的贡献值为-0.36。2007～2010 年因结构效应导致我国对外贸易隐含碳排放竞争力增加最多的行业部门为煤炭开采和洗选业，其在该时间段内的贡献值为 0.47；因结构效应抑制我国对外贸易隐含碳排放竞争力增加最多的行业部门为金属制品业，其在该时间段内的贡献值为-0.17。2010～2012 年因结构效应导致我国对外贸易隐含碳排放竞争力增加最多的行业部门为造纸印刷及文教体育用品制造业，其在该时间段内的贡献值为 0.39；因结构效应抑制我国对外贸易隐含碳排放竞争力增加最多的行业部门为纺织业，其在该时间段内的贡献值为-0.50。2012～2015 年间因结构效应导致我国对外贸易隐含碳排放竞争力增加最多的行业部门为批发零售业及餐饮业，其在该时间段内的贡献值为 0.34；因结构效应抑制我国对外贸易隐含碳排放竞争力增加最多的行业部门为煤炭开采和洗选业，其在该时间段内的贡献值为-0.70。从 2002～2015 年间整体水平上来看，因结构效应导致我国对外贸易隐含碳排放竞争力增加最多的行业部门为金属矿采选业，其在该时间段内的贡献值为 0.97；因结构效应抑制我国对外贸易隐含碳排放竞争力增加最多的行业部门为电力、热力的生产和供应业，其在该时间段内的贡献值为-0.85。从结构效应的贡献率来看，2002～2005 年贡献率最大的行业部门为金属矿采选业，其值为 6900%；2005～2007 年贡献率最大的行业部门为其他服务业，其值为 1200%；2007～2010 年贡献率最大的行业部门为批发零售业及餐饮业，其值为 1900%；2010～2012 年贡献率最大的行业部门为批发零售业及餐饮业，其值为 2800%；2012～2015 年贡献率最大的行业部门为石油和天然气开采业，其值为 628.57%；2002～2015 年间贡献率最大的行业部门为电力、热力的生产和供应业，其值为 4250%。

3. 强度效应

从强度效应的贡献值来看，六个时间段所对应的 26 个行业部门的强度效应有正有负，在 2002～2005 年、2005～2007 年、2007～2010 年、2010～2012 年、2012～2015 年以及 2002～2015 年各时间段内贡献值为正的行业部门个数分别有 3 个、8 个、3 个、8 个、18 个和 4 个，由此发现，由于强度效应而提升我国对外贸易隐含碳排放竞争力的行业部门个数有多有少，除 2012～2015 年间强度效应大于 0 的行业部门较多之外，其余时间段内大多数行业部门的强度效应小于 0。具体来看，2002～2005 年因强度效应导致我国对外贸易隐含碳排放竞争力增加最多的行业部门为电力、热力的生产和供应业，其在该时间段内的贡献值为 0.34；因强度效应抑制我国对外贸易隐含碳排放竞争力增加最多的行业部门为金属矿采选业,其在该时间段内的贡献值为-0.78。2005~2007年因强度效应导致我国对外贸易隐含碳排放竞争力增加最多的行业部门为批发零售业及餐饮业,其在该时间段内的贡献值为0.15;因强度效应抑制我国对外贸易隐含碳排放竞争力增加最多的行业部门为石油和天然气开采业,其在该时间段内的贡献值为-0.84。2007~2010年因强度效应导致我国对外贸易隐含碳排放竞争力增加最多的行业部门为金属冶炼及压延加工业,其在该时间段内的贡献值为0.03;因强度效应抑制我国对外贸易隐含碳排放竞争力增加最多的行业部门为煤炭开采和洗选业,其在该时间段内的贡献值为-0.41。2010~2012年因强度效应导致我国对外贸易隐含碳排放竞争力增加最多的行业部门为建筑业,其在该时间段内的贡献值为0.23;因强度效应抑制我国对外贸易隐含碳排放竞争力增加最多的行业部门为造纸印刷及文教体育用品制造业,其在该时间段内的贡献值为-0.56。2012~2015年因强度效应导致我国对外贸易隐含碳排放竞争力增加最多的行业部门为煤炭开采和洗选业,其在该时间段内的贡献值为0.58;因强度效应抑制我国对外贸易隐含碳排放竞争力增加最多的行业部门为建筑业,其在该时间段内的贡献值为-0.30。从2002~2015年整体水平上来看,因强度效应导致我国对外贸易隐含碳排放竞争力增加最多的行业部门为电力、热力的生产和供应业,其在该时间段内的贡献值为0.29;因强度效应抑制我国对外贸易隐含碳排放竞争力增加最多的行业部门为建筑业,其在该时间段内的贡献值为-1.20。从强度效应的贡献率来看,2002~2005年贡献率最大的行业部门为食品制造及烟草加工业,其值为714.29%;2005~2007年贡献率最大的行业部门为其他制造业,其值为400%;2007~2010年贡献率最大的行业部门为食品制造及烟草加工业,其值为1500%;2010~2012年贡献率最大的行业部门为服装皮革羽绒及其他制造业,其值为2700%;2012~2015年贡献率最大的行业部门为金属矿采选业,其值为4000%;2002~2015年贡献率最大的行业部门为非金属矿及其他矿采选业,其值为1600%。

4. 生产率效应

从生产率效应的贡献值来看,在2002~2005年、2005~2007年、2007~2010年、2010~2012年、2012~2015年及2002~2015年的六个时间段内,生产率效应的贡献值有正有负,其中贡献值为正的行业部门个数分别有13个、26个、25个、21个、12个和24个,由此发现:由于生产率效应而提升我国对外贸易隐含碳排放竞争力的行业部门个数有多有少,除2002~2005年和2012~2015年外,其余时间段内绝大多数行业部门的生产率效应都促进了我国对外贸易隐含碳排放竞争力的提升。具体来看,2002~2005年因生产率效应导致我国对外贸易隐含碳排放竞争力增加最多的行业部门为石油和天然气开采业,其在该时间段内的贡献值为0.49;因生产率效应抑制我国对外贸易隐含碳排放竞争力增加最多的行业部门为煤炭开采和洗选业,其在该时间段内的贡献值为-0.58。2005~2007年所有行业部门的生产率效应均为正值,因生产率效应导致我国对外贸易隐含碳排放竞争力增加最多的行业部门为木材加工及家具制造业,其在该时间段内的贡献值为0.55,排在第二位和第三位的行业部门分别为建筑业和非金属矿物制品业,其贡献值分别为0.46和0.40。2007~2010年因生产率效应导致我国对外贸易隐含碳排放竞争力增加最多的行业部门为批发零售业及餐饮业,其在该时间段内的贡献值为0.45;因生产率效应抑制我国对外贸易隐含碳排放竞争力增加最多的行业部门为石油和天然气开采业，其在该时间段内的贡献值为-0.02。2010～2012年因生产率效应导致我国对外贸易隐含碳排放竞争力增加最多的行业部门为木材加工及家具制造业，其在该时间段内的贡献值为0.49；因生产率效应抑制我国对外贸易隐含碳排放竞争力增加最多的行业部门为其他制造业，其在该时间段内的贡献值为-0.10。2012～2015年因生产率效应导致我国对外贸易隐含碳排放竞争力增加最多的行业部门为服装皮革羽绒及其他制造业，其在该时间段内的贡献值为0.26；因生产率效应抑制我国对外贸易隐含碳排放竞争力增加最多的行业部门为纺织业，其在该时间段内的贡献值为-0.52。2002～2015年整体水平上来看，因生产率效应导致我国对外贸易隐含碳排放竞争力增加最多的行业部门为服装皮革羽绒及其他制造业，其在该时间段内的贡献值为1.18；因生产率效应抑制我国对外贸易隐含碳排放竞争力增加最多的行业部门为其他制造业，其在该时间段内的贡献值为-0.22。从生产率效应的贡献率来看，2002～2005年贡献率最大的行业部门为非金属矿物制品业，其值为1900%；2005～2007年贡献率最大的行业部门为其他服务业，其值为1400%；2007～2010年间贡献率最大的行业部门为批发零售业及餐饮业，其值为4500%；2010～2012年贡献率最大的行业部门为金属制品业，其值为4000%；2012～2015年贡献率最大的行业部门为石油和天然气开采业，其值为514.29%；2002～2015年贡献率最大的行业部门为木材加工及家具制造业，其值为9200%。

5. 竞争力效应

从竞争力效应的贡献值来看，六个时间段内大多数行业部门竞争力效应的贡献值为负值，尤其是2002～2005年所有行业部门竞争力效应的贡献值均小于0；此外，2005～2007年、2007～2010年、2010～2012年、2012～2015年及2002～2015年竞争力效应为正的行业部门个数分别有7个、3个、8个、11个和2个，由于竞争力效应而提升我国对外贸易隐含碳排放竞争力的行业部门个数较少，整体上竞争力效应对我国对外贸易隐含碳排放竞争力的提升具有一定的抑制作用。具体来看，2002～2005年间由于所有行业部门竞争力效应的贡献值均为负值，在该时间段内因竞争力效应抑制我国对外贸易隐含碳排放竞争力增加最多的行业部门为其他制造业，其贡献值为-0.66，排在第二位和第三位的行业部门分别为交通运输、仓储及邮政业和农业，其贡献值分别为-0.61和-0.58。2005～2007年因竞争力效应导致我国对外贸易隐含碳排放竞争力增加最多的行业部门为金属冶炼及压延加工业，其在该时间段内的贡献值为0.24；因竞争力效应抑制我国对外贸易隐含碳排放竞争力增加最多的行业部门为木材加工及家具制造业，其在该时间段内的贡献值为-0.41。2007～2010年因竞争力效应导致我国对外贸易隐含碳排放竞争力增加最多的行业部门为农业，其在该时间段内的贡献值为0.06；因竞争力效应抑制我国对外贸易隐含碳排放竞争力增加最多的行业部门为金属矿采选业，其在该时间段内的贡献值为-0.49。2010～2012年因竞争力效应导致我国对外贸易隐含碳排放竞争力增加最多的行业部门为煤炭开采和洗选业，其在该时间段内的贡献值为0.10；因竞争力效应抑制我国对外贸易隐含碳排放竞争力增加最多的行业部门为批发零售业及餐饮业，其在该时间段内的贡献值为-0.39。2012～2015年因竞争力效应导致我国对外贸易隐含碳排放竞争力增加最多的行业部门为煤炭开采和洗选业，其在该时间段内的贡献值为0.39；因竞争力效应抑制我国对外贸易隐含碳排放竞争力增加最多的行业部门为服装皮革羽绒及其他制造业，其在该时间段内的贡献值为-0.40。2002~2015年整体水平上来看，因竞争力效应导致我国对外贸易隐含碳排放竞争力增加最多的行业部门为仪器仪表及文化办公用机械制造业，其在该时间段内的贡献值为0.07；因竞争力效应抑制我国对外贸易隐含碳排放竞争力增加最多的行业部门为批发零售业及餐饮业，其在该时间段内的贡献值为-1.87。从竞争力效应的贡献率来看，2002~2005年贡献率最大的行业部门为建筑业，其值为775%；2005~2007年贡献率最大的行业部门为食品制造及烟草加工业，其值为580%；2007~2010年贡献率最大的行业部门为食品制造及烟草加工业，其值为2500%；2010~2012年贡献率最大的行业部门为服装皮革羽绒及其他制造业，其值为1400%；2012~2015年贡献率最大的行业部门为服装皮革羽绒及其他制造业，其值为4000%；2002~2015年贡献率最大的行业部门为电力、热力的生产和供应业，其值为5300%。

6. 总效应

从总效应的贡献值来看，在2002~2005年、2005~2007年、2007~2010年、2010~2012年、2012~2015年及2002~2015年的六个时间段内，总效应的贡献值为正的行业部门个数分别有11个、20个、17个、19个、17个和16个，由此发现：26个行业部门总效应的贡献值有正有负，对我国对外贸易隐含碳排放竞争力提升具有促进作用的行业部门个数有多有少，但整体上贡献值为正的行业部门较多，综合考量了规模效应、结构效应、强度效应、生产率效应和竞争力效应的总效应总体上有利于我国对外贸易隐含碳排放竞争力的提升。具体来看，2002~2005年因总效应导致我国对外贸易隐含碳排放竞争力增加最多的行业部门为石油和天然气开采业，其在该时间段内的贡献值为0.14；因总效应抑制我国对外贸易隐含碳排放竞争力增加最多的行业部门为农业，其在该时间段内的贡献值为-0.48。2005~2007年因总效应导致我国对外贸易隐含碳排放竞争力增加最多的行业部门为金属冶炼及压延加工业，其在该时间段内的贡献值为0.28；因总效应抑制我国对外贸易隐含碳排放竞争力增加最多的行业部门为煤炭开采和洗选业，其在该时间段内的贡献值为-0.23。2007~2010年因总效应导致我国对外贸易隐含碳排放竞争力增加最多的行业部门为煤炭开采和洗选业，其在该时间段内的贡献值为0.08；因总效应抑制我国对外贸易隐含碳排放竞争力增加最多的行业部门为金属冶炼及压延加工业，其在该时间段内的贡献值为-0.12。2010~2012年因总效应导致我国对外贸易隐含碳排放竞争力增加最多的行业部门为煤炭开采和洗选业，其在该时间段内的贡献值为0.22；因总效应抑制我国对外贸易隐含碳排放竞争力增加最多的行业部门为金属冶炼及压延加工业，其在该时间段内的贡献值为-0.12。2012~2015年因总效应导致我国对外贸易隐含碳排放竞争力增加最多的行业部门为通用、专用设备制造业，其在该时间段内的贡献值为0.15；因总效应抑制我国对外贸易隐含碳排放竞争力增加最多的行业部门为交通运输、仓储及邮政业，其在该时间段内的贡献值为-0.21。2002~2015年因总效应导致我国对外贸易隐含碳排放竞争力增加最多的行业部门为石油和天然气开采业，其在该时间段内的贡献值为0.35；因总效应抑制我国对外贸易隐含碳排放竞争力增加最多的行业部门为其他制造业，其在该时间段内的贡献值为-0.57。

6.4.3 中国对外贸易隐含碳排放三次产业竞争力影响因素分析

三次产业视角下我国对外贸易隐含碳排放竞争力影响因素的分解情况如表 6-5 所示，具体的分析情况如下所示。

表 6-5 中国三次产业对外贸易隐含碳排放竞争力影响因素分解

三次产业		第一产业		第二产业		第三产业	
		贡献值	贡献率/%	贡献值	贡献率/%	贡献值	贡献率/%
2002~2005 年	规模效应	0.24	-50.00	7.66	-957.50	1.86	-290.63
	结构效应	-0.03	6.25	-0.8	100.00	-0.2	31.25
	强度效应	-0.05	10.42	-2.81	351.25	-0.64	100.00
	生产率效应	-0.06	12.50	0.34	-42.50	-0.13	20.31
	竞争力效应	-0.58	120.83	-5.19	648.75	-1.53	239.06
	总效应	-0.48	100.00	-0.8	100.00	-0.64	100.00
2005~2007 年	规模效应	0.01	-11.30	2.64	197.78	0.59	186.58
	结构效应	0.00	0.68	1.05	79.00	-0.41	-129.40
	强度效应	-0.01	9.13	-3.54	-265.23	-0.05	-14.38
	生产率效应	0.01	-7.59	3.98	298.02	0.54	172.31
	竞争力效应	-0.12	109.07	-2.80	-209.57	-0.36	-115.12
	总效应	-0.11	100.00	1.34	100.00	0.32	100.00
2007~2010 年	规模效应	0.01	11.12	2.47	1350.15	0.54	4803.84
	结构效应	0.01	13.16	0.81	443.53	0.07	666.44
	强度效应	-0.02	-21.03	-2.75	-1504.48	-0.50	-4405.17
	生产率效应	0.01	13.50	3.02	1652.59	0.93	8259.34
	竞争力效应	0.06	83.25	-3.36	-1841.79	-1.04	-9224.45
	总效应	0.07	100.00	0.18	100.00	0.01	100.00
2010~2012 年	规模效应	0.02	40.00	2.13	409.62	0.44	-550.00
	结构效应	0.00	0.00	-0.17	-32.69	0.43	-537.50
	强度效应	-0.01	-20.00	-2.37	-455.77	-0.44	550.00
	生产率效应	0.02	40.00	2.97	571.15	0.33	-412.50
	竞争力效应	0.02	40.00	-2.04	-392.31	-0.84	1050.00
	总效应	0.05	100.00	0.52	100.00	-0.08	100.00
2012~2015 年	规模效应	0.01	-20.00	0.65	85.53	0.12	-37.50
	结构效应	0.00	0.00	-1.05	-138.16	0.60	-187.50
	强度效应	0.03	-60.00	2.21	290.79	-0.01	3.13
	生产率效应	-0.01	20.00	-0.85	-111.84	-0.04	12.50
	竞争力效应	-0.08	160.00	-0.20	-26.32	-0.99	309.38
	总效应	-0.05	100.00	0.76	100.00	-0.32	100.00

续表

三次产业		第一产业		第二产业		第三产业	
		贡献值	贡献率/%	贡献值	贡献率/%	贡献值	贡献率/%
2002~2015年	规模效应	0.40	-75.47	16.76	855.10	3.53	-511.59
	结构效应	0.03	-5.66	-0.29	-14.80	0.53	-76.81
	强度效应	-0.17	32.08	-9.74	-496.94	-1.63	236.23
	生产率效应	0.08	-15.09	9.63	491.33	1.68	-243.48
	竞争力效应	-0.87	164.15	-14.40	-734.69	-4.80	695.65
	总效应	-0.53	100.00	1.96	100.00	-0.69	100.00

注：①由于统一保留两位小数，部分数据显示为 0.00。②参考借鉴了马贤磊等（2018）等学者处理负值的方法。
数据来源：根据相关数据和公式计算整理所得。

1. 规模效应

从三次产业规模效应的贡献值来看，在 2002~2005 年、2005~2007 年、2007~2010 年、2010~2012 年及 2012~2015 年的五个时间段内，第一产业规模效应的贡献值分别为 0.24、0.01、0.01、0.02 和 0.01。由此发现，第一产业规模效应的贡献值下降程度较大，在 2002~2015 年整体水平上来看，其累计贡献值为 0.40，第一产业规模效应对我国对外贸易隐含碳排放竞争力的提升具有一定的促进作用；在上述五个时间段内第二产业规模效应的贡献值分别为 7.66、2.64、2.47、2.13 和 0.65，第二产业规模效应的贡献值呈现持续下降趋势，2002~2015 年整体水平上来看，其累计贡献值为 16.76，第二产业规模效应对我国对外贸易隐含碳排放竞争力的提升具有较强的促进作用；在上述五个时间段内第三产业规模效应的贡献值分别为 1.86、0.60、0.54、0.44 和 0.12，呈现持续下降趋势，从 2002~2015 年整体水平上来看，其累计贡献值为 3.53，对我国对外贸易隐含碳排放竞争力的提升具有促进作用。总体来看，我国三次产业的规模效应都促进了我国对外贸易隐含碳排放竞争力的提升。从三次产业规模效应的贡献率来看，2002~2005 年、2005~2007 年、2007~2010 年、2010~2012 年及 2012~2015 年的五个时间段内，第一产业规模效应的贡献率分别为-50.00%、-9.09%、14.29%、40.00%和-20.00%，从 2002~2015 年整体水平上来看，第一产业规模效应的贡献率为-75.47%；在上述五个时间段内，第二产业规模效应的贡献率分别为-957.50%、197.78%、1350.15%、409.62%和 85.53%，从 2002~2015 年整体水平上来看，第二产业规模效应的贡献率为 855.10%；在上述五个时间段内，第三产业规模效应的贡献率分别为-290.63%、186.58%、4803.84%、-550.00%和-37.50%，从 2002~2015 年整体水平上来看，第三产业规模效应的贡献率为-511.59%。

2. 结构效应

从三次产业结构效应的贡献值来看，在 2002~2005 年、2005~2007 年、2007~2010 年、2010~2012 年以及 2012~2015 年的五个时间段内，第一产业结构效应的贡献值分别为-0.03、0.00、0.01、0.00、0.00①，第一产业结构效应的贡献值变化不大，但对我国对外

---

① 由于统一保留两位小数，部分数据表示不全，所以显示为 0.00。

贸易隐含碳排放竞争力的提升从具有抑制作用变为具有促进作用，从 2002~2015 年整体水平上来看，其累计贡献值为 0.03，对我国对外贸易隐含碳排放竞争力的提升具有促进作用；在上述五个时间段内第二产业结构效应的贡献值分别为-0.80、1.05、0.81、-0.17 和-1.05，第二产业结构效应的贡献值呈现波动式下降趋势，并在 2015 年达到最小值，在 2005 年达到最大值，从 2002~2015 年整体水平上来看，其累计贡献值为-0.29，对我国对外贸易隐含碳排放竞争力的提升具有抑制作用；在上述五个时间段内第三产业结构效应的贡献值分别为-0.20、-0.40、0.07、0.43 和 0.60，第三产业结构效应的贡献值呈现波动式增加趋势，并在 2015 年达到最大值，在 2005 年达到最小值，从 2002~2015 年整体水平上来看，其累计贡献值为 0.53，对我国对外贸易隐含碳排放竞争力的提升具有促进作用。从三次产业结构效应的贡献率来看，在 2002~2005 年、2005~2007 年、2007~2010 年、2010~2012 年及 2012~2015 年的五个时间段内，第一产业结构效应的贡献率分别为 6.25%、0.00%、14.29%、0.00%和 0.00%，从 2002~2015 年整体水平上来看，第一产业结构效应的贡献率为-5.66%；在上述五个时间段内，第二产业结构效应的贡献率分别为 100.00%、79.00%、443.53%、-32.69%、-138.16%，从 2002~2015 年整体水平上来看，第二产业结构效应的贡献率为-14.80%；在上述五个时间段内，第三产业结构效应的贡献率分别为 31.25%、-129.40%、666.44%、-537.50%、-187.50%，从 2002~2015 年整体水平上来看，第三产业结构效应的贡献率为-76.81%。

3. 强度效应

从三次产业强度效应的贡献值来看，在 2002~2005 年、2005~2007 年、2007~2010 年、2010~2012 年以及 2012~2015 年的五个时间段内，第一产业强度效应的贡献值分别为-0.05、-0.01、-0.02、-0.01 和 0.03，第一产业强度效应的贡献值呈现波动式增加趋势，从 2002~2015 年整体水平上来看，其累计贡献值为-0.17，对我国对外贸易隐含碳排放竞争力的提升具有一定的抑制作用；在上述五个时间段内第二产业强度效应的贡献值分别为-2.81、-3.54、-2.75、-2.37 和 2.21，第二产业强度效应的贡献值呈现波动式增加趋势，从 2002~2015 年整体水平上来看，其累计贡献值为-9.74，对我国对外贸易隐含碳排放竞争力的提升具有较强的抑制作用；在上述五个时间段内第三产业强度效应的贡献值分别为-0.64、-0.04、-0.49、-0.44、-0.01，第三产业强度效应的贡献值呈现波动式增加趋势，从 2002~2015 年整体水平上来看，其累计贡献值为-1.63，对我国对外贸易隐含碳排放竞争力的提升具有一定的抑制作用。综合分析来看，我国三次产业强度效应的贡献值对我国对外贸易隐含碳排放竞争力的提升都具有抑制作用。从三次产业强度效应的贡献率来看，在 2002~2005 年、2005~2007 年、2007~2010 年、2010~2012 年及 2012~2015 年的五个时间段内，第一产业强度效应的贡献率分别为 10.42%、9.09%、-28.57%、-20.00%和-60.00%，从 2002~2015 年整体水平上来看，第一产业强度效应的贡献率为 32.08%；在上述五个时间段内，第二产业强度效应的贡献率分别为 351.25%、-265.23%、-1504.48%、-455.77%和 290.79%，从 2002~2015 年整体水平上来看，第二产业强度效应的贡献率为-496.94%；在上述五个时间段内，第三产业强度效应的贡献率分别为 100.00%、-14.38%、-4405.17%、550.00%和 3.13%，从 2002~2015 年整体水平上来看，第三产业强度效应的贡献率为236.23%。

4. 生产率效应

从三次产业生产率效应的贡献值来看，在2002～2005年、2005～2007年、2007～2010年、2010～2012年及2012～2015年的五个时间段内，第一产业生产率效应的贡献值分别为-0.06、0.01、0.01、0.02和-0.01，第一产业生产率效应的贡献值呈现波动式增加趋势，从2002～2015年整体水平上来看，其累计贡献值为0.08，对我国对外贸易隐含碳排放竞争力的提升具有促进作用；在上述五个时间段内第二产业生产率效应的贡献值分别为0.34、3.98、3.02、2.97和-0.85，第二产业生产率效应的贡献值呈现先增加后降低的趋势，从2002～2015年整体水平上来看，其累计贡献值为9.63，对我国对外贸易隐含碳排放竞争力的提升具有较强的促进作用；在上述五个时间段内第三产业生产率效应的贡献值分别为-0.13、0.54、0.93、0.33和-0.04，第三产业生产率效应的贡献值呈现先增加后降低的趋势，从2002～2015年整体水平上来看，其累计贡献值为1.68，对我国对外贸易隐含碳排放竞争力的提升具有一定的促进作用。综合分析来看，我国三次产业生产率效应的贡献值对我国对外贸易隐含碳排放竞争力的提升都具有促进作用。从三次产业生产率效应的贡献率来看，在2002～2005年、2005～2007年、2007～2010年、2010～2012年及2012～2015年的五个时间段内，第一产业生产率效应的贡献率分别为12.50%、-7.59%、13.50%、40.00%和20.00%，从2002～2015年整体水平上来看，第一产业生产率效应的贡献率为-15.09%；在上述五个时间段内，第二产业生产率效应的贡献率分别为-42.50%、298.02%、1652.59%、571.15%和-111.84%，从2002～2015年整体水平上来看，第二产业生产率效应的贡献率为491.33%；在上述五个时间段内，第三产业生产率效应的贡献率分别为20.31%、172.31%、8259.34%、-412.50%和12.50%，从2002～2015年整体水平上来看，第三产业生产率效应的贡献率为-243.48%。

5. 竞争力效应

从三次产业竞争力效应的贡献值来看，在2002～2005年、2005～2007年、2007～2010年、2010～2012年及2012～2015年的五个时间段内，第一产业竞争力效应的贡献值分别为-0.58、-0.12、0.06、0.02和-0.08，第一产业竞争力效应的贡献值呈现波动式增加趋势，从2002～2015年整体水平上来看，其累计贡献值为-0.87，对我国对外贸易隐含碳排放竞争力的提升具有一定的抑制作用；在上述五个时间段内第二产业竞争力效应的贡献值分别为-5.19、-2.80、-3.36、-2.04和-0.20，第二产业竞争力效应的贡献值呈现波动式增加趋势，但全为负值，从2002～2015年整体水平上来看，其累计贡献值为-14.40，对我国对外贸易隐含碳排放竞争力的提升具有较强的抑制作用；在上述五个时间段内第三产业竞争力效应的贡献值分别为-1.53、-0.37、-1.03、-0.84和-0.99，第三产业竞争力效应的贡献值呈现波动式增加趋势，但全为负值，从2002～2015年整体水平上来看，其累计贡献值为-4.80，对我国对外贸易隐含碳排放竞争力的提升具有一定的抑制作用。综合分析发现：我国三次产业竞争力效应的贡献值对我国对外贸易隐含碳排放竞争力的提升都具有抑制作用。从三次产业竞争力效应的贡献率来看，在2002～2005年、2005～2007年、2007～

2010 年、2010~2012 年及 2012~2015 年的五个时间段内,第一产业竞争力效应的贡献率分别为 120.83%、109.07%、85.71%、40.00%和 160.00%,从 2002~2015 年整体水平上来看,第一产业竞争力效应的贡献率为 164.15%;在上述五个时间段内,第二产业竞争力效应的贡献率分别为 648.75%、-209.57%、-1841.79%、-392.31%和-26.32%,从 2002~2015 年整体水平上来看,第二产业竞争力效应的贡献率为-734.69%;在上述五个时间段内,第三产业竞争力效应的贡献率分别为 239.06%、-115.12%、-9224.45%、1050.00%和 309.38%,从 2002~2015 年整体水平上来看,第三产业竞争力效应的贡献率为 695.65%。

6. 总效应

从三次产业总效应的贡献值来看,在 2002~2005 年、2005~2007 年、2007~2010 年、2010~2012 年及 2012~2015 年的五个时间段内,第一产业总效应的贡献值分别为-0.48、-0.11、0.07、0.05 和-0.05,第一产业总效应的贡献值呈现波动式增加趋势,从 2002~2015 年整体水平上来看,其累计贡献值为-0.53,对我国对外贸易隐含碳排放竞争力的提升具有抑制作用;在上述五个时间段内第二产业总效应的贡献值分别为-0.80、1.34、0.18、0.52 和 0.76,第二产业总效应的贡献值呈现波动式增加趋势,从 2002~2015 年整体水平上来看,其累计贡献值为 1.96,对我国对外贸易隐含碳排放竞争力的提升具有较强的促进作用;在上述五个时间段内第三产业总效应的贡献值分别为-0.64、0.33、0.02、-0.08 和-0.32,第三产业总效应的贡献值呈现先增加后降低的趋势,从 2002~2015 年整体水平上来看,其累计贡献值为-0.69,对我国对外贸易隐含碳排放竞争力的提升具有一定的抑制作用。综合分析来看,我国三次产业的规模效应和生产率效应都促进了我国对外贸易隐含碳排放竞争力的提升,而我国三次产业的强度效应和竞争力效应都抑制了我国对外贸易隐含碳排放竞争力的提升,在结构效应中,第一产业和第三产业促进了我国对外贸易隐含碳排放竞争力的提升,而第二产业对我国对外贸易隐含碳排放竞争力的提升具有一定的抑制作用。

6.5 本章小结

本章基于因素分解方法,通过构建对外贸易隐含碳排放竞争力影响因素的 LMDI 模型,从规模效应、结构效应、强度效应、生产率效应、竞争力效应和总效应六个方面分析了我国对外贸易隐含碳排放竞争力的影响因素,得到如下结论:

(1)在总体视角下。①规模效应:规模效应对我国对外贸易隐含碳排放竞争力的贡献值一直为正值,促进了我国对外贸易隐含碳排放竞争力的提升,规模效应的贡献率整体上呈现先增加后降低的趋势;②结构效应:结构效应的贡献值呈现先增加后降低的趋势,其中在 2002~2005 年和 2012~2015 年贡献值为负,其余时间段均为正值,结构效应的贡献率整体上呈现波动递减态势;③强度效应:强度效应的贡献值呈现先降低后增加的趋势,其中除 2012~2015 年贡献值为正外,其余时间段均为负值,强度效应的贡献率整体呈现先降低后增加趋势;④生产率效应:生产率效应的贡献值呈现先增加后降低的趋势,其中除 2012~2015 年贡献值为负外,其余时间段均为正值,生产率效应的贡献率整体呈现先增加后降低趋势；⑤竞争力效应：竞争力效应的贡献值呈现波动式增加态势，但在各时间段内贡献值均为负值，竞争力效应的贡献率整体呈现先降低后增加趋势；⑥总效应：总效应的贡献值呈现波动增加趋势，除 2002~2005 年贡献值为负外，其余时间段内均为正值。总体来看，规模效应、结构效应和生产率效应有助于提升我国对外贸易隐含碳排放竞争力，而强度效应和竞争力效应对我国对外贸易隐含碳排放竞争力的提升具有抑制作用。

(2) 在 26 个行业部门视角下。①规模效应：分析发现，批发零售业及餐饮业，金属矿采选业，服装皮革羽绒及其他制造业的规模效应基本处于前三位，并且这三个行业部门的规模效应呈现降低趋势；②结构效应：六个时间段内结构效应的贡献值有正有负，其中贡献值为正的行业部门个数分别有 10 个、16 个、15 个、14 个、17 个和 12 个；③强度效应：六个时间段内强度效应贡献值为正的行业部门个数分别有 3 个、8 个、3 个、8 个、18 个和 4 个，除 2012~2015 年强度效应大于 0 的行业部门较多之外，其余时间段内大多数行业部门的强度效应小于 0；④生产率效应：六个时间段内生产率效应的贡献值有正有负，其中贡献值为正的行业部门个数分别有 13 个、26 个、25 个、21 个、12 个和 24 个；⑤竞争力效应：六个时间段内竞争力效应的贡献值为正的行业部门个数分别有 0 个、7 个、3 个、8 个、11 个和 2 个，整体上竞争力效应对我国对外贸易隐含碳排放竞争力的提升具有一定的抑制作用；⑥总效应：六个时间段内总效应的贡献值为正的行业部门个数分别有 11 个、20 个、17 个、19 个、17 个和 16 个，总效应对我国对外贸易隐含碳排放竞争力的提升具有促进作用的行业部门个数有多有少。

(3) 在三次产业视角下。①规模效应：三次产业的规模效应都促进了我国对外贸易隐含碳排放竞争力的提升，在 2002~2015 年第一产业规模效应的贡献率为-75.47%，第二产业为 855.10%，第三产业为-511.59%；②结构效应：第一产业和第三产业的结构效应促进了我国对外贸易隐含碳排放竞争力的提升，而第二产业具有抑制作用，在 2002~2015 年第一产业结构效应的贡献率为-5.66%，第二产业为-14.80%，第三产业为-76.81%；③强度效应：三次产业的强度效应总体上对我国对外贸易隐含碳排放竞争力的提升都具有抑制作用，在 2002~2015 年第一产业强度效应的贡献率为 32.08%，第二产业为-496.94%，第三产业为 236.23%；④生产率效应：三次产业的生产率效应总体上对我国对外贸易隐含碳排放竞争力的提升都具有促进作用，在 2002~2015 年第一产业生产率效应的贡献率为-15.09%，第二产业为 491.33%，第三产业为-243.48%；⑤竞争力效应：三次产业的竞争力效应总体上对我国对外贸易隐含碳排放竞争力的提升都具有抑制作用，在 2002~2015 年第一产业竞争力效应的贡献率为 164.15%，第二产业为-734.69%，第三产业为 695.65%；⑥总效应：第一产业和第二产业总效应的贡献值呈波动式增加趋势，第三产业呈现先增加后减少趋势；三次产业的规模效应和生产率效应都促进了我国对外贸易隐含碳排放竞争力的提升，而强度效应和竞争力效应都具有抑制作用，在结构效应中，第一产业和第三产业具有促进作用，第二产业具有抑制作用。

第 7 章 中国对外贸易隐含碳排放竞争力提升的对策措施

7.1 宏观层面

7.1.1 实施贸易低碳化发展政策

贸易低碳化发展已经成为全球贸易新一轮竞争力凝聚的重要发展趋势,我国在追求贸易稳步发展的同时要注重降低碳排放量,走低碳贸易发展道路。低碳贸易的发展需要国家掌握全球贸易发展趋势与动态,注意经济政策、文化政策、外交政策相互搭配,对财税政策、投资政策、价格政策、环保政策、区域政策、社会政策等统筹兼顾,制定低碳贸易发展战略,从宏观上引导低碳贸易的发展,做我国低碳贸易发展的宏观调控者。第一,实施低碳技术扶持战略。国家应鼓励企业和个人对低碳技术的研发与引进,并且加快对低碳技术的推广与应用,低碳技术推广应用是培育和发展战略性新兴产业的中心环节,将研发的低碳技术应用到新型产业中,才会从根本上促进贸易的低碳化发展。第二,设立低碳技术研发专项资金项目,加大低碳技术财政预算支持力度,给予低碳技术研发资金支持,从资金上保证低碳技术研发的顺利进行。第三,对低碳产业实施税收优惠政策,低碳产业发展初期成本高,在市场上竞争优势不明显,容易被成本低、价格低的产业部门淘汰,此时就需要国家借鉴李斯特幼稚产业保护理论,通过对低碳产业减少税收甚至减免税收鼓励低碳产业的发展,在低碳产业发展过程中逐渐减少对低碳产业的过多保护。第四,实施碳排放约束政策,实施碳排放约束会产生相应成本,但成本的增加伴随着碳排放约束带来的技术效应和资源配置效应的增加,长远来看,对贸易实施碳排放约束政策可以实现环境和贸易竞争力的双赢(李方敏,2015)。第五,建立低碳技术信息交流共享平台,为企业和个人在技术研发过程中遇到的问题提供低碳技术信息交流机会,分配优秀低碳技术人才为企业和个人在低碳技术研发中进行指导,切实解决企业和个人实际遇到的问题。第六,碳排放税与碳排放准入标准相结合。目前我国对碳排放的衡量标准并不是很完善,单纯实施碳排放税难度较大,将碳排放税和碳排放标准相结合可以降低难度,一方面需要提高碳排放的准入标准,淘汰高耗能、高排放企业,另一方面实施碳排放税,对产业部门的碳排放征税可以约束产业部门肆无忌惮排放 CO_2,在二者结合发展过程中,逐步完善产业部门碳排放衡量标准,建立健全碳排放征税体系。

7.1.2 倡导新型减排责任分担体系

在当前愈发开放的全球经济体系中,一个国家或地区的生产和消费发生分离,其生产的产品极有可能通过国际贸易流向其他国家或地区进行消费,长此以往,通过国际贸易就实现了环境污染和隐含碳在全球间的转移流动，这就造成较为严重的国际贸易碳泄漏问题，也极易形成"污染避难所"现象，此外，由于碳排放不像货物一样具有实体性，其可隐含在所有的货物贸易中，具有较强的流动性，并随着经济全球化和对外贸易在不同的国家或地区间进行流动；而中国作为全球的"制造工厂"，加工贸易曾一度成为我国对外贸易的主要方式，为全球各国提供了大量的初级产品，由此而产生的碳排放则需要重新考量，这是因为中国的碳排放很大一部分是由于满足其他国家或地区的消费而产生的；与此同时，在全球各国的发展历程中不难发现，目前诸如英国和德国等在内的很多发达国家在以往本国经济的高速发展阶段都曾产生过大量的污染物和碳排放，由于气候变化具有一定的滞后性，因此目前的全球气候变化问题众多发达国家都难辞其咎。因此，当前应亟需构建新型的减排责任分担体系，倡导共同但有区别的碳排放责任原则，从生产端和消费端等多方面共同承担碳排放的相应责任，积极维护我国正当的碳排放权益和碳排放空间。其具体可以通过以下途径：第一，坚持各国共同但有区别的碳排放责任原则，掌握低碳标准制定话语权。积极参与制定行业能效和碳排放量限制标准，加强对核心技术的掌控，建立代表中国低碳产业发展水平、引领世界低碳产业发展的标准体系，在主要工业耗能设备、机动车、家用电器等产业的低碳标准制定上实现突破，有效引领低碳产品和低碳技术达到国际先进水平。第二，构建碳排放责任账户，每个国家建立自身碳排放责任账户，低碳技术的研发以及发达国家向发展中国家进行的技术的推广或援助，在该国家的碳排放责任账户中核减，每个国家对此会产生约束作用。第三，每个国家的相关产业部门也需建立碳排放责任账户，低碳产品的生产以及低碳技术的研发同样在相应碳排放责任账户中核减，未达到碳排放限制标准就是产生盈余，而超过了碳排放限制标准就是有赤字，国家根据最终碳排放责任账户的赤字与盈余结果进行奖惩。

7.1.3 积极参与国际气候谈判

全球气候变化不是某个国家或地区独有的责任和义务，而是全球各国和各地区人类共同面临的问题，也是限制全球经济可持续发展的现实问题之一，尤其在经济全球化背景下，各国间的经贸合作愈发频繁，只有积极参与国际气候谈判和在诸如《巴黎协定》《京都议定书》《联合国气候变化框架公约》等国际合作制度框架下，才能更好地实现低碳发展，更有利于我国生态文明建设的发展。我国作为最大的发展中国家，正处于工业化和城镇化发展的攻坚转型发展阶段以及当前低碳经济发展的客观要求之下，面临着来自国际国内等诸多方面的发展压力，与此同时，由于我国以往累计产生的巨额碳排放，使得我国在国际气候谈判中成为众矢之的，要求我国碳减排的国际呼声越来越高，在此背景下应亟需寻求新的突破，政府等职能部门应主动采取"走出去，引进来"的发展战略，积极开展双边和双边之间的合作交流。第一，目前，国际气候谈判上主要分为发达国家和发展中国家两大阵营，发达国家发展水平远高于发展中国家，低碳技术水平自然高于发展中国家，发达国家对发展中国家承担碳排放责任的呼声越来越高，我国作为负责任的发展中大国，必须承认气候变化已经带来地缘经济和政治的新变化，在积极探索新的治理机制的同时，应该参与和督促各方兑现各自承诺，巩固互信基础，强化未来行动，提高应对能力，积极向世界宣传我国在节能减排领域取得的成就并且对低碳技术更落后国家予以支持，让世界各国政府及人民认识到我国在气候治理中的贡献(于宏源,2014)。第二,加强政府机构之间的谈判、专家学者间的学术交流、各国企业间的低碳发展合作以及各国民间组织的交流沟通活动等。第三,持续加强与先进发达国家之间在节能减排、低碳环保、新能源等方面的合作,及时掌握全球低碳领域的发展趋势和方向以及对我国对外贸易发展的潜在影响等,争取在全球经济发展和国际气候谈判中赢得主动权。

7.1.4 用法律武器应对低碳贸易壁垒

低碳壁垒限制了我国对外贸易的进一步发展,而我国应对低碳贸易壁垒的相关法律法规并不完善,能源公用事业相关法律法规不全面,石油、天然气等主要能源的相关法律法规仍然缺乏,关于碳排放标准的法律法规更是欠缺,导致能源与环境相协调的作用领域不够全面,碳足迹标签、碳关税、过度使用碳减排有关补贴、政府采购等低碳贸易壁垒属于一种新型非贸易壁垒,是贸易保护主义重新抬头后的产物,在名义上更加合理、形式上更加合法、方式上更加隐匿,限制了全球进出口贸易的发展,在我国用法律法规保障进出口贸易顺利进行的作用效果有待提升,进一步完善相关立法体系,增强低碳经济发展的法律保障水平迫在眉睫。党的十八届五中全会指出,低碳、循环和绿色发展战略是我国的必然选择。随着我国对外贸易在国民经济中地位的不断提升,低碳贸易壁垒日益影响着我国对外贸易的发展,若应对不当,将对未来我国对外贸易和投资产生较大影响。因此,制定和完善低碳贸易壁垒的相关法律法规就显得十分迫切和重要(施锦芳,2015)。第一,应尽早启动包括《应对气候变化法》等相关法律的立法程序。围绕低碳经济发展战略,建立低碳经济法律体系,制定《低碳经济促进法》,对于涉及与能源、环保、资源等相关的法律,应进行相应的修改和完善。通过法律明确发展低碳经济的基本方针、原则和政策,协调《能源法》《节约能源法》《可再生能源法》《循环经济法》等与低碳经济相关的规定,形成相对完整的低碳经济法律规范体系(杨春桃,2017)。第二,加大节能减排的强制性力度,比如,对高排放、高能耗产品逐步进行强制退市,建立强制使用清洁能源的制度体系,环保产品必须强制性认证等。下一步适时开展一些环境和资源领域法律的修改工作,比如,《环境保护法》《环境影响评价法》《大气污染防治法》《矿产资源法》等,抓紧制定和修订节约用电管理办法、节约石油管理办法、建筑节能管理条例等,强化清洁能源、低碳能源开发和利用的鼓励政策(梁艳华,2013)。第三,要完善税法,积极稳妥地推进资源税改革。为加大低碳经济的刺激措施,对有关的低碳经济项目可给予减免税政策的支持,激励其沿着低碳经济的发展道路一路向前,分层次实行减税政策,根据低碳经济项目影响力的大小分为高影响力项目、中等影响力项目、一般影响力项目,对高影响力项目实施大幅度减税政策,鼓励企业及个人积极参与低碳发展,同时对碳排放量较大的能源使用提高税率,同样根据企业碳排放量分层次征税,对碳排放量较大的企业按照高层次税率征税。制定鼓励性政策法规,对进行低碳技术开发利用的企业或个人给予补助,并且对进行低碳研发的企业加大财政投入,对使用节能环保产品的企业及个人进行奖励,健全节能减排法律法规体系。

7.2 中观层面

7.2.1 优化升级对外贸易结构

改革开放 40 多年来，三次产业结构不仅带来国家经济实力的增强和国际地位的提升，长期以来较为粗放型的生产方式和偏重第二产业发展的产业结构也造成我国较严重的环境污染和碳排放量的升高，由于污染密集型产业的生产发展在国民经济中的占比过大，因此，优化产业结构显得尤为重要，促进低碳经济发展便是未来我国产业结构升级的必经之路。结合当前供给侧结构性改革背景，积极响应习近平总书记提出的经济工作中"三去一降一补"的重要任务。第一，应在工业领域有效实现"去产能"。与农业、服务业相比，工业领域的产能过剩问题尤为明显，钢铁、煤炭等工业产品的堆积不仅损害企业的利润、降低企业的效率，同时也会造成我国经济利益的流失、出口供给质量的下降；而且我国碳排放量的增加大部分也源于工业领域的生产制造过程。因此，降低碳排放量进而推动出口产业结构优化升级，化解产能过剩问题便是第一步。推动出口产业部门结构优化，加快其实现过程，逐步淘汰落后产能在生产制造中的应用，促进产业部门结合实际创新生产技术，提升生产效率和环保效能。第二，应大力发展战略性新兴产业和服务业，同时促进产业科技成果向产品生产的转化并加快实现其发展的集聚效应。与农业、工业相比，这些产业具有低消耗、低污染、高产出等优势，更适合当前全球的经济发展形势，也更符合低碳经济时代和信息技术时代在环境保护方面的客观要求。以传统产业中汽车工业与战略新兴产业中新能源汽车产业为例，交通工具同为汽车，但汽车的动力发生了变化，由传统的燃油为主到如今的电力、太阳能、氢能源等，不仅减少了自然资源的消耗，同时降低了废气排放量，保护了环境。第三，应针对农业领域进行深化改革。农业属于第一产业，是支撑国民经济建设与发展的基础产业，从土地改革到联产承包责任制，农村、农民、农业问题一直是我国政府、各界都关注的问题。未来农业的发展还有赖于农业领域的深化改革，促进低碳农业和现代农业的发展，推动农业发展由依靠土地和劳动力增长转向更多地依靠技术和资本增长，将农业发展与农业生态环保有机结合，逐步提升农业领域节能减排水平和应对气候变化的能力。只有加快推动农业、工业、服务业等的出口产业结构优化升级，才能有效提升中国低碳贸易竞争力。

7.2.2 培育新兴产业并拓宽低碳贸易发展领域

在全球气候变化和低碳经济发展背景下，构建合理有效的低碳产业体系具有较强的现实意义和应用价值。《中国日报》曾发文《应对全球气候变化已刻不容缓》，多国合作建设承载着人类未来新能源希望的"人造太阳"国际热核聚变实验堆，联合国环境规划署曾呼吁各国加大减排力度，国内、国际将低碳经济视为热点问题，将发展低碳经济视为应对气候变化的主渠道。因此，应构建合理有效的低碳产业体系，从而才能遏制气候进一步恶化，实现可持续发展。第一，应扩大当前的低碳产业发展规模并拓宽低碳领域。社会主义市场化经济体制下，"看得见的手"——政府和"看不见的手"——市场共同发挥作用，从国家和企业等层面促进低碳产业实现优势互补的发展趋势，推动传统的工业企业向低碳化方向发展，促进开展清洁生产和绿色生产，提高工业企业的生产效率和生产质量，逐步创新生产技术，增强核心竞争力。企业是市场的主体，传统企业向低碳化方向的探索和发展，不仅有利于企业，更有利于推进国内、国际低碳经济的发展进程。第二，应有效培育新兴的低碳产业。尤其应着重培育高新技术产业和战略性新兴产业，促进其形成集聚效应和规模效应，扩大发展平台和影响力，逐步延伸其产业链条，推进产业实现低碳化发展，同时向高质量、高效率、高水平、低排放方向发展。企业是产业发展的主体，产业助推企业发展，低碳产业的发展自然而然会带动一批企业发展低碳经济，具有良好的市场前景。第三，应深入推进工业体系的转型升级。逐步推动工业生产和诸如金融服务业、现代物流、信息技术等在内的第三产业的融合发展，同时应充分发挥政府的宏观调控作用，健全完善财政金融扶持政策，加大金融领域对低碳技术研发和应用等方面的扶持力度，有效利用大数据、互联网+等智能系统，结合我国"中国制造2025"的发展规划，加快构建结构合理、技术精湛、清洁安全并切合我国发展实际的行之有效的低碳产业体系。借助传统低碳产业规模的扩大、领域的扩张，新兴低碳产业的创新，工业体系的转型升级，多方位培育低碳出口产业竞争力。第四，中国出口贸易企业要着力培养一大批低碳科技和低碳管理方面的人才队伍，坚决取缔那些能源浪费和污染的现象，在降低碳排放污染的同时要提高经济效益，从生产和管理两个方面提升低碳出口产业的国际竞争力，逐步提高低碳出口产业的竞争力(王启明，2016)，在国际市场中抢占更多的市场份额，从而更好的发展对东盟出口的低碳贸易。第五，企业加强自主研发创新力度，建立和研发具有自主知识产权的标准和产品，提升产品的技术含量，增强企业在国际市场上的竞争力(王立和，2009)。

7.2.3 调整能源消费结构

目前我国正处在工业化的发展阶段，对诸如煤炭、石油等传统化石能源的依赖度仍然较高，由于传统化石能源的碳排放系数较高，长期大量消耗传统化石能源，无疑会增加我国的碳排放，加剧环境污染。因此应着重于有效提升能源利用效率，尤其是传统化石能源的利用效率，能源利用效率的提升可大大降低不必要的能源浪费，尤其在当前新的发展要求和低碳经济的发展背景下，更应该有效调整能源消费结构，走低碳经济发展模式。而以清洁能源为主体的能源消费结构是低碳发展的必由之路，清洁能源的开发利用是优化能源结构、降低对石油、煤炭依赖程度的有效途径(许鹏，2014)，因此走低碳贸易之路，不仅要提高传统化石能源的利用率，还需要优化能源结构，增加对风能、潮汐能等清洁能源的使用。第一，煤炭是碳排放增加的最大贡献者，应逐步降低对原煤的直接消耗量，减少煤炭等化石能源在一次能源消费中的占比。第二，积极推广先进的清洁煤技术，加快促进清洁煤技术在第二产业尤其在工业生产领域的应用，在技术层面促进能源利用效率的提升，以此减少不必要的能源消耗和碳排放，诸如太阳能、风能、核能等在内的清洁能源具有低能耗、低污染、高产出的优势，具有较强的应用前景，尤其在低碳经济发展背景下，逐步降低传统高碳能源的使用、合理开发利用清洁能源、调整能源消费结构，是有效应对全球气候变化、推进绿色低碳发展、促进生态文明发展建设的必由之路。针对不同地区选择利用不同能源，在沿海城市利用海洋风能，打破风能利用的空间限制，推动海洋和陆地连片开发风能资源的发展；核能的运行稳定、发电量高，在地质稳定的地区可以选择核能发电；

太阳辐射量高的地区有丰富的太阳能,可以选择太阳能发电,利用清洁能源逐步减少对煤炭、石油等高排放能源的依赖。第三,应逐步淘汰落后产能,落后产能不可避免地带来能源资源的浪费和环境污染问题,淘汰落后产能可在源头实现有效控制碳排放增长的目标。第四,通过国家立法,政府规划非化石能源以及清洁能源的发展,依法引导发展非化石能源、清洁能源的产业结构以及供求市场,用法律约束非化石能源、清洁能源的发展。德国、美国等国家都以法律形式保障非化石能源市场的发展,我国应借鉴这些国家的发展经验,结合我国实际情况,制定绿色电力制度、能源科技制度等法律法规,规范非化石能源市场秩序(陈艳和朱雅丽,2012)。第五,要加强高排放产品的节约利用,加快替代品研发。提高现代工程技术施工标准,大力提倡高强度建筑材料的使用,提高建设工程施工质量,同时鼓励用新型高性能、低能耗的施工材料代替传统建筑材料,延长使用寿命。在农业生产领域,鼓励人们通过缓释肥、有机肥等替代传统化肥,以期达到节能减排的作用。第六,加大政府专项资金投入。要提高能源转化率、能源利用率,实现低碳化生产,首要工作是提高相关技术设备及技术手段,对于社会外部性的问题,仅仅依靠企业加大资金投入,实现技术改造是不现实的,因此,必须政府出面,加大对能源系统进行技术改造的资金支持力度(罗超,2015)。

7.2.4 对重点产业实行强制减排

在我国碳排放的所有领域中,工业领域、城乡建设领域和交通运输领域的碳排放居多,因此应结合发展实际针对这三个领域实行强制减排,而其中钢铁产业、煤炭产业、化工产业、石油产业、电力产业、建筑产业又是高污染产业,强制减排重点应放入这几个产业部门。第一,应有效推进工业领域的生产转型。系统协调工业领域各部门之间的减排合作和低碳生产,制定阶段性的节能减排规划,逐步提升技术要求和生产管理水平,根据不同地区工业领域的发展实际和减排计划,合理制定具有差异性的环境政策,实现走绿色发展和低碳产业发展之路的目标,同时可逐步开发绿色产品,延伸其产业价值链。第二,应优化城市功能布局。在不同地方的城乡建设规划中融入低碳发展规划等内容,尤其在低碳试点城市应编制实施低碳城市规划的具体方案布局等,优化城镇空间布局,推动城市发展和低碳环保的有机结合,提升基础设施等方面的利用效率。第三,应全面发展低碳交通运输体系。加强交通系统化管理,构建多种低碳交通运输方式并存的新型模式,完善公共交通全面布局,大力建设城市轨道交通系统,扩大对低碳交通技术和公共交通建设的支持力度和财政补贴,促进交通领域实现低碳运行和低碳发展。第四,针对钢铁产业、煤炭产业、化工产业、建筑产业等高污染产业部门实行特殊强制减排政策。尤其是建筑产业,中国建筑产业节能减排工作仍处于起步阶段,节能减排的效果并不显著,这主要是因为建筑领域节能减排主要靠房地产开发商和居民的自发行为,而房价本身已经过高,居民对过高房价的承受能力有限,若建筑产业增加低碳技术的应用短时间内会进一步提升房价,这对居民承受力有非常大的挑战,房地产开发商和居民的自发行为因此减弱,这就需要政府对建筑业全产业链进行规划,强化内外部系统以达到节能减排效果。第五,建立建全各类产品的碳排放限定标准。由国家、政府或者行业协会等牵头制定,以此来降低出口商品的碳强度,从而有助于减少碳排放量,实现节能减排。如欧盟委员会对生物燃料的碳足迹衡量做出强制性规定,美国的《美国清洁能源安全法案》也规定:自 2020 年起美国总统将被授权对来自未采取措施减排温室气体国家的钢铁、水泥、玻璃、纸张等高污染产品采取边境调节措施(罗超,2015)。

7.3 微观层面

7.3.1 推广低碳减排技术应用

在全球气候不断变化以及我国大力推进生态文明建设的背景下,加强低碳技术科技创新与应用至关重要。实现节能减排,提高出口贸易低碳竞争力的关键是创新低碳技术(安江,2012),并且将低碳技术大面积推广使用,增强覆盖范围(马翠梅,2010)。通过碳标签等非关税壁垒的逐渐增加可看出贸易保护主义又有抬头趋势,对外贸易的竞争已经不仅仅是产品质量与价格,长远来看,低碳技术将成为对外贸易的核心竞争力。对外贸易的稳步发展需要低碳技术的支持,而低碳技术的发展需要低碳技术的研究、开拓、创新以及全社会的广泛使用(许鹏,2014)。第一,在减排技术方面,企业应根据自身的生产实际逐步推广绿色生产技术,提高企业生产活动的能源资源利用效率,减少不必要的浪费,降低对生态环境的破坏程度,从生产、流通、消费等多个环节促进低碳减排技术创新,实现节能环保。第二,应有效利用国内外不同企业之间的交流机会,尤其是应加强与国内外具有较好减排技术企业之间的合作,积极开展技术人员的交流培养和减排技术转移等方面的合作,借鉴其成功的节能减排技术和经验,合理利用到自身企业的发展中,有效吸收并研发创新,提高企业的低碳技术竞争力。第三,企业应加强与高校等科研单位的合作,构建低碳减排技术应用的智库系统,通过企业的生产实际和智库的科研条件,有针对性地研发适合企业发展实际的节能减排技术,为企业的发展提供技术支撑,推动产业和研发的有机结合,真正实现绿色生产。第四,在发达国家的低碳技术基础上进行创新。发达国家在低碳技术方面远比发展中国家成熟,但是发达国家对自身低碳技术的保护使得我国难以学习到最新低碳技术,接触到的很多是已经被发达国家淘汰的技术,此时就需要我们在吸收的基础上进一步结合我国实际发展情况,创新低碳技术。第五,企业之间加强对低碳技术的交流,鼓励企业间研发的低碳技术相互交流改进。低碳技术研发后大面积的使用才是提高出口贸易低碳竞争力的关键,企业对低碳技术互相交流才能进一步改进低碳技术、创新低碳技术、促进技术的进一步发展和使用。第六,应该对低碳技术创新实行奖励和补贴。大力实施补贴政策,可以对节能减排起到直接的推动作用,但补贴政策的直接受益者是地区和产业,无法对科研机构和企业研发部门给予直接激励,而一种低碳科技的研发具有极大的不确定性,需要大量资金的投资和时间精力的投入,这导致一些经济发展相对落后、技术储备较少的地区更倾向于向外界引进相关技术,造成本地区低碳型技术人才的流失,经济发展受限于外界。

7.3.2 加强低碳领域投资

面对日益加剧的气候变化,当前的政策性工具不能完全满足和应对气候变化对人类生产生活的挑战,还应充分发挥企业在低碳领域发展中的作用,促进企业在低碳领域的投资合作,尤其应重点把握低碳城市建设、碳排放交易、绿色交通和清洁能源等方面的投资合作,在"十三五"时期国家投入大量资金用于低碳领域发展。第一,企业应把握此发展机遇,可通过绿色债券、绿色贷款、碳融资等方法获取资金支持,有效投资到绿色建筑、低碳交通、新能源等领域,在促进低碳经济发展的同时实现企业自身的长期增长。第二,应将低碳领域的投资资本覆盖到农业、工业和服务业三大领域,实现多方发展的优势互补,深入融合三大领域的低碳发展,实现三大领域投资的高效利用,在发展绿色经济的同时提高社会经济的发展质量。第三,企业应有效利用节能税收政策,减少对高耗能产业的投资,加强对低耗能高产出领域的投资力度,促进该领域产业的循环发展,通过国家或地方的节能税收政策获得政策补贴,在促进低碳循环发展的同时获得政策补助。第四,加强低碳技术和低碳产品研发,提高出口产品附加值。我国出口企业虽然出口量大但是产品附加值较低,高碳排放以及低价格使得全球目光不约而同聚集到我国,导致我国受到的反倾销、反补贴等贸易壁垒增加(潘晓滨和陈国坤,2016),我国仅靠低廉的劳动力成本已经难以在全球竞争中立足,并且近两年来我国的劳动力成本优势已经逐步消失,利润空间被大大压缩。近些年,中国出口贸易方式以加工贸易方式和一般贸易方式为主,能源高消耗、高碳排放比例与中国出口贸易产品的获利水平严重不符。中国的出口贸易企业应该加强低碳技术研发和低碳产品的开发,着力提高出口产品附加值,才能在未来低碳贸易竞争格局中立于不败之地(王启明,2016)。第五,出口企业应大力开展低碳科技创新,增强出口产品的国际竞争力。低碳经济在短期之内的确会给中国出口企业带来严峻的挑战,尤其是中国的重化工企业的出口贸易遭受的影响更为严重,但是低碳经济同样蕴含着发展的机遇,我国企业应牢牢把握这一机遇,开展低碳创新提高自身科技实力,提升企业低碳环保发展意识,提升企业低碳发展的核心竞争力。因此,中国出口贸易企业需要培养大量的低碳科技专家和低碳管理人员,杜绝能源浪费和污染成本的现象,在降低碳排放污染的同时要提高经济效益,提升中国出口产品的国际竞争力。

7.3.3 推进碳金融业务发展

碳金融的发展为我国在积极参与国际碳金融市场、创设国内碳交易和碳金融市场创造了条件。在我国高度重视节能减排,大力推行低碳经济发展和不断拓展碳交易市场的背景下,碳金融领域将具有巨大的发展空间和增值潜力,该领域既可以促进企业在金融市场发展,也能够推动企业实行低碳发展,具有较好的发展前景。不同性质的企业应结合自身发展条件制定详细的碳金融业务规划,结合碳金融市场的交易保证金要求、交易认证机制和相关流动资产的分配原则等,制定适合发展实际的中长期规划。第一,我国应设立专门的低碳基金。资金可通过财政划拨或者设立环境税等方式获得,当低碳基金发展成熟后,我国应统一设立低碳发展专项基金,并成立相关部门在各省域层面上进行宏观调控。低碳专项基金应包括两个使用范围:一是我国应根据自身的发展状况,对具有发展前景的低碳项目给予财政补贴和一定的政策扶持;二是在环境污染中,对受到巨大损失的相关人员给予资金补贴或其他相关的补偿。此外,该基金应该投资于低碳发展项目和一些低碳节能企业,在实现保值增值的同时,也扶持低碳经济的发展。第二,进一步推广绿色保险产品,开展巨灾风险证券化试点。创新碳金融手段,要建立并完善绿色保险制度,对相关企业尤其是具有高碳排放的企业采取绿色保险制度,一方面可限制高碳排放企业对环境的进一步破坏,另一方面对实施低碳经济具有重要的战略意义。此外,政府相关部门还应积极推进巨灾风险证券化试点的建设进程。保证在环境巨灾发生时,可以有效降低对保险公司的经济冲击,实现双保险(彭亮和伍庄,2011),而且还有利于及时修复巨灾对环境造成的损坏(聂志国,2013)。第三,我国政府应注重相关衍生品的开发。在碳排放交易市场中,有种类繁多的衍生品,与传统和新兴金融工具的发展联系密切,可以在其不断优化创新中促进金融化程度的逐步加深。衍生品可以帮助现货交易分析当前经济波动以及走势,规避一定的市场风险,并可加强现货市场的活力。因此,不仅要发展碳排放现货市场,也要注重开发相关衍生品。我国应积极与市场参与者交流合作以及参与协同创新,并辅以严格的监管制度,以此确保市场稳定有序地发展(杨继,2010)。第四,要创新低碳绿色信贷[①]产品,商业银行积极参与低碳投融资。在新能源开发、清洁煤开发、碳储存项目、节能减排项目等相关低碳环保的项目上给予绿色信贷支持,确保其能顺利"上马"。

7.3.4 学习发达国家先进低碳技术

当前,实现节能减排目标所面临的形势十分严峻。近年来,全国上下加强了节能减排工作,国务院发布加强节能工作的决定,制定促进节能减排的一系列政策措施,同时各地区、各部门相继做出工作部署,然而每年的节能降耗和污染减排实际情况依然严峻,使得我国面临的节能减排形势不容乐观。第一,政府应积极主动地"走出去,引进来",加强与周围各国的密切交流,通过媒体与媒体之间以及民间组织与民间组织之间的交流加强政府间的相互了解。通过多边、双边政府之间的交流,改变外国对我国的偏见,纠正国外媒体的片面和误导宣传,提高各国对我国实际情况的了解程度,消除民众间的疑虑和误解,并且通过互相交流以实现低碳技术之间的共享,加强各国研究单位的合作与交流,实现低碳技术问题的快速解决,以及低碳环保创新技术的快速提升(尹忠明和胡剑波,2011)。加强与发达国家在节能减排、低碳、环保、新能源等领域的合作,只有这样才能在国际组织和环保组织的活动与谈判中及时了解世界环保方面的发展趋势及其对对外贸易发展的潜在影响(安丹,2015)。第二,国内新能源的发展应该借助新能源清洁发展机制(clean development mechanism,CDM)项目提供的机会,新能源清洁发展机制项目为新能源的发展提供了资金、技术等方面的支持,并且解决了新能源在初期发展中成本高、融资难的问题,我国企业应紧紧把握这一发展机遇,向其他国家学习并且引进先进技术,发展低碳产品,促进新能源产业的发展壮大(迟本坤,2011)。同时也要通过新闻发布会、新闻专访、政策与案例研究分析、培训班、制作科普宣传片、展览、发放音响书籍、网络宣传等多种方式,营造良好氛围,增进基层政府官员和企业领导对 CDM 专门知识的了解(胡剑波和霍伟东,2011)。第三,加大规划方案下的清洁发展机制(programatic clean development mechanism,PCDM)[②]项目国际层面的合作。PCDM 项目是对 CDM 项目的一种外延和重

---

① 绿色信贷(green-credit policy)是指由环保部、人民银行、银监会三部门为遏制高耗能高污染产业的盲目扩张而联合提出的一项全新的信贷政策,以低碳、环保作为贷款的重要参考依据。
② 规划方案下的清洁发展机制是指将为执行相关政策或者为达到某一目标而采取的一系列减排措施作为一项规划方案,整体注册成为一个 CDM 项目,在这一规划方案下项目产生的减排量在经过核证后可签发相应的经核证的减排量(Certified Emission Reductions,CERs)。

要补充，我国必须完善 PCDM 项目相关的政策和法律法规，为 PCDM 项目提供政策支持和法律保障；利用多种方式搭建 PCDM 中外合作的交易平台，促使国外项目参与者转变思路；努力消除国际技术转让壁垒，切实推动 PCDM 项目中的技术转让(胡剑波和霍伟东，2011)。第四，鼓励跨国公司以股权或非股权方式发展外国低碳投资，降低在产品生产或其他与自身相关的活动中产生的温室气体。可以通过投资形式向其他国家转让相关技术或者在其他国家生产并且销售相关产品以降低温室气体排放量。目前全球广泛存在的现象是发达国家将高耗能、高污染企业转移到发展中国家，我国作为最大的发展中国家，无疑是碳排放转移的承担者，近几年来我国对外贸易顺差不断加大，很多国家认为对外贸易使我国获得大量利润，开始对我国的对外贸易实行限制政策，碳关税等非关税壁垒也不断出现。而现实情况是我国并没有获得大量利润，却独自承担了生产和加工这些贸易出口产品的全部排放成本，成为 CO_2 排放的净出口国，所以只有建立定量评价标准，才能减少我国碳排放责任压力。第五，实行跨国公司形式，建立跨国公司学习国外先进的业务生产流程，以此来优化升级我国国内企业的生产流程，不断降低能源资源的消耗，增加清洁货物与服务的供给力度，提升低碳尖端技术(张谦和胡剑波，2011)。

7.4 本章小结

基于前述实证研究结果和我国对外贸易发展的实际情况，本章从宏观层面、中观层面和微观层面三个维度提出我国对外贸易隐含碳排放竞争力提升的对策措施。

(1)宏观层面。①实施贸易低碳化发展政策。国家应加强实施低碳技术扶持战略，鼓励企业和个人对低碳技术的研发与引进，加快对低碳技术的推广与应用；设立低碳技术研发专项资金项目，加大低碳技术财政预算支持力度，给予低碳技术研发资金的支持；对低碳产业实施税收优惠政策，通过对低碳产业减少税收甚至减免税收鼓励低碳产业持续发展，在低碳产业发展过程中逐渐减少对低碳产业的过多保护；实施碳排放约束政策，虽然实施碳排放约束会产生相应成本，但从长远来看，对贸易实施碳排放约束政策可以实现环境和贸易竞争力的双赢；建立低碳技术信息交流共享平台，为企业和个人在技术研发过程中遇到的问题提供低碳技术信息交流机会；将碳排放税与碳排放准入标准相结合，在二者结合发展过程中，逐步完善产业部门碳排放衡量标准，建立健全的碳排放征税体系。②倡导新型减排责任分担体系。坚持各国共同但有区别的碳排放责任原则，掌握低碳标准制定话语权。积极参与制定行业能效和碳排放量限制标准；构建碳排放责任账户，每个国家的相关产业部门需建立碳排放责任账户，国家可根据最终碳排放责任账户的赤字与盈余结果进行奖惩。③积极参与国际气候谈判。我国作为负责任的发展中大国，必须承认气候变化已经带来地缘经济和政治的新变化，在积极探索新的治理机制的同时，应该参与和督促各方兑现各自承诺，巩固互信基础；加强政府机构之间的谈判、专家学者间的学术交流、各国企业间的低碳发展合作以及各国民间组织的交流沟通活动；持续加强与先进发达国家之间在节能减排、低碳环保、新能源等方面的合作，及时掌握全球低碳领域的发展趋势和方向以及对我国对外贸易发展的潜在影响等，争取在全球经济发展和国际气候谈判中赢得主动权。④用法律武器应对低碳贸易壁垒。应尽早启动包括《应对气候变化法》等相关法律的立法程序。围绕低碳经济发展战略，建立低碳经济法律体系，制定《低碳经济促进法》，对于涉及与能源、环保、资源等相关的法律，应进行相应的修改和完善；加大节能减排的强制性力度，比如，对高排放、高能耗产品逐步进行强制退市，建立强制使用清洁能源的制度体系，环保产品必须强制性认证等；要完善税法，积极稳妥地推进资源税改革。

(2) 中观层面。①优化升级对外贸易结构应在工业领域有效实现去产能，推动出口产业部门结构优化，加快其实现过程，逐步淘汰落后产能在生产制造中的应用，促进产业部门结合实际创新生产技术，提升生产效率和环保效能；大力发展战略性新兴产业和服务业，同时促进产业科技成果向产品生产的转化并加快实现其发展的集聚效应；针对农业领域进行深化改革，农业属于第一产业，是支撑国民经济建设与发展的基础产业，将农业发展与农业生态保护有机结合，逐步提升农业领域节能减排水平和应对气候变化的能力。②培育新兴产业，扩大当前的低碳产业发展规模并拓宽低碳领域。社会主义市场化经济体制下，"看得见的手"——政府和"看不见的手"——市场共同发挥作用，从国家和企业等层面促进低碳产业实现优势互补的发展趋势，推动传统的工业企业向低碳化方向发展，促进开展清洁生产和绿色生产；有效培育新兴的低碳产业，尤其应着重培育高新技术产业和战略性新兴产业，促进其形成集聚效应和规模效应，扩大发展平台和影响力；深入推进工业体系的转型升级，逐步推动工业生产和诸如金融服务业、现代物流、信息技术等在内的第三产业的融合发展。③调整能源消费结构。煤炭是碳排放增加的最大贡献者，应逐步降低对原煤的直接消耗量，减少煤炭等化石能源在一次能源消费中的占比；积极推广先进的清洁煤技术，加快促进清洁煤技术在第二产业尤其在工业生产领域的应用，在技术层面促进能源利用效率的提升，以此减少不必要的能源消耗和碳排放；通过国家立法，政府规划非化石能源以及清洁能源的发展，依法引导发展非化石能源、清洁能源的产业发展以及供求市场，用法律控制非化石能源、清洁能源的发展。④对重点产业实行强制减排。有效推进工业领域的生产转型，系统协调工业领域各部门之间的减排合作和低碳生产，制定阶段性的节能减排规划，逐步提升技术要求和生产管理水平；优化城市功能布局，在不同地方的城乡建设规划中融入低碳发展规划等内容，尤其在低碳试点城市应编制实施低碳城市规划的具体方案布局；全面发展低碳交通运输体系，加强交通系统化管理，构建多种低碳交通运输方式并存的新型模式，完善公共交通全面布局；针对钢铁产业、煤炭产业、化工产业、建筑产业等高污染产业部门实行特殊强制减排政策。

(3) 微观层面。①企业不断推广低碳减排技术应用。在减排技术方面，企业应根据自身的生产实际逐步推广绿色生产技术，提高企业生产活动的能源资源利用效率，减少不必要的浪费，降低对生态环境的破坏程度；有效利用国内外不同企业之间的交流机会，尤其是应加强与国内外具有较好减排技术企业之间的合作，积极开展技术人员交流培养和减排技术转移等方面的合作；企业应加强与高校等科研单位的合作，构建低碳减排技术应用的智库系统，通过企业的生产实际和智库的科研条件，有针对性地研发适合企业发展实际的节能减排技术，提供企业发展的技术支持，推广产业和研发的有机结合，真正实现绿色生产；创新发达国家的低碳技术；加强企业之间对低碳技术的交流。②加强低碳领域投资。企业应把握国家对低碳领域的投资发展机遇，通过绿色债券、绿色贷款、碳融资等方法获取资金支持,有效投资到绿色建筑、低碳交通、新能源等领域,在促进低碳经济发展的同时实现自身企业的长期增长;将低碳领域的投资资本覆盖到农业、工业和服务业三大领域,实现多方发展的优势互补,深入融合三大领域的低碳发展,实现三大领域投资的高效利用;企业应有效利用节能税收政策,减少对高耗能产业的投资,加强对低耗能高产出领域的投资力度,促进该领域产业的循环发展;加强低碳技术和低碳产品研发,提高出口产品附加值;出口企业开展低碳科技创新,增强出口产品的国际竞争力。③推进碳金融业务发展。我国应设立专门的低碳基金。资金可通过财政划拨或者设立环境税等方式获得;进一步推广绿色保险产品,开展巨灾风险证券化试点。创新碳金融手段,要建立并完善绿色保险制度,对相关企业尤其是具有高碳排放的企业采取绿色保险制度;我国政府应注重相关衍生品的开发。在碳排放交易市场中,有种类繁多的衍生品,与传统和新兴金融工具的发展联系密切,可以在其不断优化创新中促进金融化程度的逐步加深。④主动向发达国家学习先进低碳技术。政府应积极主动地"走出去,引进来",加强与周围各国的密切交流,通过媒体与媒体之间以及民间组织与民间组织之间的交流加强政府间的了解。通过双边、多边政府之间的交流改变外国对我国的偏见;纠正国外媒体的片面和误导宣传,加大各国的了解程度,消除民众间的疑虑和误解;加强各国研究单位的合作与交流,实现低碳技术问题的快速解决;利用新能源CDM项目的国际交易为国内新能源的发展提供契机。

第 8 章 结论与展望

本书基于 2002～2015 年《中国投入产出表》和《中国投入产出延长表》，基于投入产出法、LMDI 分解法、定性与定量结合的方法等测算我国对外贸易隐含碳排放以及对外贸易隐含碳排放竞争力，从多个方面分析了我国对外贸易隐含碳排放竞争力的影响因素，并从总体视角、三次产业视角和行业部门视角进行实证分析，本章系统梳理了以上分析主要的研究结论；同时依据本书研究结论和我国贸易发展的实际情况，提出本书目前研究的不足和有待进一步完善之处，并提出该问题相关研究的未来展望，以期未来研究者能在本书研究基础上开展进一步的研究工作。

8.1 主要结论

本书基于非竞争型投入产出模型、低碳贸易竞争力指数以及 LMDI 因素分解模型等测算 2002～2015 年中国对外贸易隐含碳排放和对外贸易隐含碳排放竞争力，在此基础上剖析中国对外贸易隐含碳排放竞争力的影响因素，并从总体、三次产业和行业部门三种视角下进行实证分析，得到如下结论。

1. 中国对外贸易隐含碳排放量

(1) 总体视角下，我国对外贸易总体隐含碳排放和出口、进口的隐含碳排放都呈现增加趋势，在 2002 年、2005 年、2007 年、2010 年、2012 年和 2015 年，对外贸易总体隐含碳排放在各年间分别达到 49.07 亿吨、98.86 亿吨、103.86 亿吨、114.07 亿吨、117.84 亿吨和 134.60 亿吨，年均增幅达 8.07%；出口贸易隐含碳排放在各年间分别达到 13.33 亿吨、30.82 亿吨、33.65 亿吨、31.54 亿吨、31.63 亿吨和 32.92 亿吨，年均增幅为 7.20%；进口贸易隐含碳排放在各年间分别达到 35.74 亿吨、68.04 亿吨、70.20 亿吨、82.53 亿吨、86.21 亿吨和 101.68 亿吨，年均增幅达 8.37%。

(2) 在三次产业视角下，2002～2015 年间我国三次产业出口贸易隐含碳和进口贸易隐含碳基本上呈现持续增加态势，其中第一产业出口贸易隐含碳排放增加了 1403 万吨，进口贸易隐含碳排放增加了 6272 万吨，总体增速分别为 213.22%和 164.53%；第二产业出口贸易隐含碳排放增加了 180320 万吨，进口贸易隐含碳排放增加了 597803 万吨，总体增速分别为 146.18%和 183.07%；第三产业出口贸易隐含碳排放增加了 14281 万吨，进口贸易隐含碳排放增加了 56257 万吨，总体增速分别为 159.01%和 225.70%。

(3) 在 26 个行业部门视角下，2002～2015 年电力、热力的生产和供应业，石油加工、炼焦及核燃料加工业，金属冶炼及压延加工业以及化学工业的出口贸易隐含碳排放和进口贸易隐含碳排放始终处于前四位，其中上述四个行业部门的出口贸易隐含碳排放之和占所有行业部门出口贸易隐含碳排放的比重为 78.59%，而进口贸易隐含碳排放之和占所有行业部门进口贸易隐含碳排放的比重为 77.88%；从 26 个行业部门对外贸易隐含碳排放变化趋势来看，有 22 个行业部门的出口贸易隐含碳排放总体呈增加趋势，有 24 个行业部门的进口贸易隐含碳排放总体呈增加趋势。

2. 中国对外贸易隐含碳排放竞争力指数

(1) 在总体视角下，2002 年、2005 年、2007 年、2010 年、2012 年和 2015 年，我国总体对外贸易隐含碳排放竞争力指数呈现先下降后上升的趋势，各年间其值分别为 0.51、0.43、0.46、0.49、0.51 和 0.57；在 2002~2005 年、2005~2007 年、2007~2010 年、2010~2012 年、2012~2015 年、2002~2015 年等六个时间段内我国总体对外贸易隐含碳排放竞争力指数的增速分别为 16.48%、7.68%、5.84%、4.40%、12.77% 和 12.07%；我国总体的对外贸易隐含碳排放竞争力在 2005 年、2007 年和 2010 年具有低比较优势，在 2002 年、2012 年和 2015 年具有较高比较优势。

(2) 在三次产业视角下，第一产业和第三产业的对外贸易隐含碳排放竞争力指数呈现波动式下降趋势，第二产业的对外贸易隐含碳排放竞争力指数呈现波动式增加趋势；从增速方面来看，在 2002~2015 年间第一产业对外贸易隐含碳排放竞争力指数增速为 -112.72%，第二产业对外贸易隐含碳排放竞争力指数增速为 26.21%，第三产业对外贸易隐含碳排放竞争力指数增速为 -14.81%；第一产业和第三产业的对外贸易隐含碳排放竞争力有所下降，第二产业的对外贸易隐含碳排放竞争力有所提升并呈现出较高的比较优势。

(3) 在 26 个行业部门视角下，在各年间我国对外贸易隐含碳排放竞争力指数大于 0 的行业部门分别有 22 个、22 个、23 个、22 个、20 个和 22 个；在各年间批发零售业及餐饮业的对外贸易隐含碳排放竞争力指数都位居第一位，其对外贸易隐含碳排放竞争力具有高比较优势，而金属矿采选业的对外贸易隐含碳排放竞争力指数都居于最后一位，其对外贸易隐含碳排放竞争力在 2002 年和 2005 年具有较高比较劣势，在其余年份具有高比较劣势；从变化趋势来看，有 15 个行业部门的对外贸易隐含碳排放竞争力指数呈现增加趋势，其中金属冶炼及压延加工业和通用、专用设备制造业的对外贸易隐含碳排放竞争力指数增加量位居前两位，其对外贸易隐含碳排放竞争力从具有低比较劣势变为具有低比较优势状态。

3. 中国对外贸易隐含碳排放竞争力影响因素分解情况

本书分别从六种影响效应进行分析。

(1) 在总体视角下。①规模效应：规模效应对我国对外贸易隐含碳排放竞争力的贡献值一直为正值，贡献率整体上呈现先增加后降低的趋势；②结构效应：结构效应的贡献值呈现先增加后降低的趋势，贡献率整体上呈现波动式递减态势；③强度效应：强度效应的贡献值呈现先降低后增加的趋势，贡献率整体呈现先降低后增加趋势；④生产率效应：生产率效应的贡献值呈现先增加后降低的趋势，贡献率整体呈现先增加后降低趋势；⑤竞争力效应：竞争力效应的贡献值呈现波动式增加态势，贡献率整体呈现先降低后增加趋势；⑥总效应：总效应的贡献值呈现波动式增加趋势。总体来看，规模效应、结构效应和生产率效应有助于提升我国对外贸易隐含碳排放竞争力，而强度效应和竞争力效应对我国对外贸易隐含碳排放竞争力的提升具有抑制作用。

(2) 在三次产业视角下。①规模效应：三次产业的规模效应都促进了我国对外贸易隐含碳排放竞争力的提升；②结构效应：第一产业和第三产业的结构效应促进了我国对外贸易隐含碳排放竞争力的提升，而第二产业具有抑制作用；③强度效应：三次产业的强度效应总体上对我国对外贸易隐含碳排放竞争力的提升都具有抑制作用；④生产率效应：三次产业的生产率效应总体上对我国对外贸易隐含碳排放竞争力的提升都具有促进作用；⑤竞争力效应：三次产业的竞争力效应总体上对我国对外贸易隐含碳排放竞争力的提升都具有抑制作用；⑥总效应：第一产业和第二产业总效应的贡献值呈波动式增加趋势，第三产业呈先增加后降低趋势。三次产业的规模效应和生产率效应都促进了我国对外贸易隐含碳排放竞争力的提升，而强度效应和竞争力效应都具有抑制作用，在结构效应中，第一产业和第三产业具有促进作用，第二产业具有抑制作用。

(3) 在26个行业部门视角下。①规模效应：批发零售业及餐饮业，金属矿采选业，服装皮革羽绒及其他制造业的规模效应基本处于前三位，并且这三个行业部门的规模效应呈现降低趋势；②结构效应：六个时间段内结构效应的贡献值有正有负，其中贡献值为正的行业部门个数分别有10个、16个、15个、14个、17个和12个；③强度效应：六个时间段内强度效应贡献值为正的行业部门个数分别有3个、8个、3个、8个、18个和4个，除2012~2015年强度效应大于0的行业部门较多之外，其余时间段内大多数行业部门的强度效应小于0；④生产率效应：六个时间段内生产率效应的贡献值有正有负，其中贡献值为正的行业部门个数分别有13个、26个、25个、21个、12个和24个；⑤竞争力效应：六个时间段内竞争力效应的贡献值为正的行业部门个数分别有0个、7个、3个、8个、11个和2个，整体上竞争力效应对我国对外贸易隐含碳排放竞争力的提升具有一定的抑制作用；⑥总效应：六个时间段内总效应的贡献值为正的行业部门个数分别有11个、20个、17个、19个、17个和16个，总效应我国对外贸易隐含碳排放竞争力提升具有促进作用的行业部门个数有多有少。

8.2 研究不足

本书采用多种研究方法，较为系统地研究了中国对外贸易中的隐含碳排放竞争力问题，较好地实现了本书的研究目的，多种研究方法也实现了相互补充，但仍存在以下不足之处。

(1) 投入产出方法的局限性。本书依据投入产出方法测算我国行业部门的进出口贸易隐含碳排放，该方法可从直接消耗和间接消耗两方面分析贸易隐含碳排放问题，既涵盖直接碳排放又包括间接碳排放，但该方法本身也存在一定的局限性，比如行业部门分类的选择、不变价格的假设和直接消耗系数稳定性等方面都具有一定的不确定性。同时，该方法在运行过程中，排除了政策因素、自然条件和社会选择等方面的影响，在反映社会问题真实性等方面具有一定的局限性和不确定性。

(2) 数据获取的缺陷性。本书研究所用数据主要是基于历年《中国投入产出表》(含延长表)，但其并不是稳定的时间序列，而是逢年数为0、2、5、7的年份进行编制《中国投入产出表》(含延长表),本书选取中国加入WTO之后所有的投入产出表(含延长表),即2002年、2005年、2007年、2010年、2012年和2015年《中国投入产出表》(含延长表)进行分析,这就使得数据获取方面存在一定的时间偏差,同时投入产出数据多数为价值型,而不是实物型,这就导致在分析中不能准确表现出实物真实的流向,而是测度的实物价值量的流动。

(3)碳排放测算的不完善性。本书的研究在测算直接碳排放时,主要考查煤炭、焦炭、原油、汽油、煤油、柴油、燃料油和天然气等主要化石能源消费产生的碳排放,限于数据获取等方面的问题。本书对于非化石燃料、社会生产和森林砍伐等活动产生的碳排放未考虑在内。同时,对于像风能、核能等新能源生产活动中所消耗的碳排放也未予以计算,导致直接碳排放的测算结果与实际碳排放结果相比偏小,对于碳排放的测算具有一定的不完善性。

8.3 未来展望

气候变化问题已经成为21世纪人类生存发展面临的重大挑战,积极应对气候变化、推进绿色低碳发展已然成为全球共识和大势所趋。经济全球化和贸易开放加剧了碳排放在国际间的流动,使得气候变化问题变得更为严峻,任何国家或地区、任何组织和个人都难以脱离气候变化的影响,该问题也成为全球各国共同的发展问题,亦是一个任重道远、牵系家国的研究问题。我国作为最大的发展中国家,不仅面临工业化和城镇化的发展压力,同时面临人口红利减弱、生态危机突发、国际形势不容乐观等多方面的发展阻力,如何寻找一条适合我国发展实际又能实现生态文明和绿色文明建设的道路需要科研工作者和实践工作者共同的努力与探索;与此同时,我国也在积极承担相应的减排责任,提出了2030年碳排放达到峰值并尽早实现峰值,以及单位国内生产总值CO_2排放比2005年下降60%~65%等新一轮碳减排目标,这对我国的经济发展提出更高要求。在当前愈发开放的全球经济和我国严峻的碳排放形势下,亟需构建全球碳排放共担责任机制。一方面为我国争取更多碳排放权,另一方面回归公平的贸易碳排放空间,这不仅可以促进我国的对外贸易健康发展,也对我国对外贸易隐含碳排放竞争力的提升具有积极意义,但目前该方面的研究仍然不足,如何构建相关的责任认定原则,该原则如何影响我国对外贸易的发展方向,以及是否提升我国的对外贸易隐含碳排放竞争力等方面的研究需要未来研究者做出更大的努力和贡献,期待对该问题进行进一步的拓展研究。

参 考 文 献

安丹, 2015. 我国出口贸易中的隐含碳排放研究[D]. 贵阳: 贵州财经大学.

安江, 2012. 低碳经济对中国出口贸易发展的影响研究[D]. 沈阳: 辽宁大学.

毕君, 王超, 李联地, 等, 2011. 基于IPCC的河北省2005年森林碳储量[J]. 东北林业大学学报, 39(12): 36-38.

曹彩虹, 韩立岩, 2014. 进出口贸易中隐含碳量对环境影响的度量及中美比较[J]. 国际贸易问题(6): 81-90.

曹薇, 王自然, 2016. 我国环境污染与对外贸易关系的空间计量研究[J]. 管理现代化, 36(03): 50-52.

查建平, 2015. 环境规制与工业经济增长模式——基于经济增长分解视角的实证研究[J]. 产业经济研究(03): 92-101.

陈波, 杨建新, 欧阳志云, 2010. 钢渣内部综合利用碳减排效果的生命周期评价[J]. 中国人口·资源与环境, 20(10): 30-34.

陈红蕾, 翟婷婷, 2013. 中澳贸易隐含碳排放的测算及失衡度分析[J]. 国际经贸探索, 29(07): 61-69.

陈虹, 章国荣, 2010. 中国服务贸易国际竞争力的实证研究[J]. 管理世界(10): 13-23.

陈楠, 刘学敏, 长谷部勇一, 2016a. 公平视角下的中日两国碳排放责任研究[J]. 国际贸易问题(07): 84-96.

陈楠, 刘学敏, 长谷部勇一, 2016b. 中日产业转移及贸易隐含碳的影响因素——基于垂直专业化分工的研究视角[J]. 科技管理研究, 36(15): 236-241, 246.

陈诗一, 2011. 中国碳排放强度的波动下降模式及经济解释[J]. 世界经济(4): 124-143.

陈舜友, 丁祖荣, 李娟, 2008. 清洁生产中企业与政府之间的博弈分析[J]. 环境科学与技术(01): 142-144.

陈曦, 2011. 中国对外贸易的隐含碳排放研究[D]. 广州: 暨南大学.

陈艳, 朱雅丽, 2012. 可再生能源产业发展路径: 基于制度变迁的视角[J]. 资源科学, 34(01): 50-57.

陈贻健, 2016. 论碳泄露的法律规制及其协调[J]. 学海(06): 142-148.

迟本坤, 2011. 低碳经济视角下新能源CDM项目的国际合作问题研究[D]. 长春: 吉林大学.

代丽华, 金哲松, 林发勤, 2015. 贸易开放是否加剧了环境质量恶化——基于中国省级面板数据的检验[J]. 中国人口·资源与环境, 25(07): 56-61.

党玉婷, 2018. 贸易与外商直接投资对中国碳排放的影响——基于面板ARDL方法的实证检验[J]. 中国流通经济, 32(06): 113-121.

邓荣荣, 2014. 南南贸易增加了中国的碳排放吗？——基于中印贸易的实证分析[J]. 财经论丛(01): 3-9.

刁璟璐, 2015. 基于对数平均权重Divisia的内蒙古人均碳排放因素分解[J]. 现代营销(下旬刊)(09): 160-161.

丁玉梅, 廖程胜, 吴贤荣, 等, 2017. 中国农产品贸易隐含碳排放测度与时空分析[J]. 华中农业大学学报(社会科学版)(01): 44-54.

窦思远, 2018. 基于STFDEKF的锂离子电池SOC估算[D]. 长沙: 湖南大学.

杜强, 2013. 论低碳经济与中国出口贸易的战略调整[J]. 亚太经济(02): 53-56.

段琼, 姜太平, 2002. 环境标准对国际贸易竞争力的影响——中国工业部门的实证分析[J]. 国际贸易问题(12): 49-51.

范冬萍, 付强, 2017. 中国绿色发展价值观及其生态红利的构建[J]. 华南师范大学学报(社会科学版)(03): 26-31, 189.

方修琦, 王媛, 魏本勇, 等, 2011. 中国进出口贸易碳转移排放测算方法分析与评价[J]. 地球科学进展, 26(10): 1101-1108.

付加锋, 黄江丽, 2010. 基于全生命周期理论的严寒地区建筑低碳发展潜力初探——以吉林省长春市为例[J]. 资源科学, 32(03): 499-504.

傅京燕, 张春军, 2014. 国际贸易、碳泄漏与制造业 CO_2 排放[J]. 中国人口·资源与环境, 24(03): 13-18.

傅帅雄, 张可云, 张文彬, 2011. 环境规制与中国工业区域布局的"污染天堂"效应[J]. 山西财经大学学报, 33(07): 8-14.

高世楫, 王海芹, 李维明, 2018. 改革开放40年生态文明体制改革历程与取向观察[J]. 改革(08): 49-63.

葛全胜, 刘浩龙, 田砚宇, 2017. 中国气候资源与可持续发展[M]. 北京: 中国社会科学出版社.

谷祖莎, 2013. 贸易开放影响环境的碳排放效应研究[D]. 济南: 山东大学.

管陵, 2008. "污染避难所"假说的政治经济学[D]. 苏州: 苏州大学.

郭朝先, 2010. 中国碳排放因素分解: 基于 LMDI 分解技术[J]. 中国人口·资源与环境, 20(12): 4-9.

郭风, 2018. 中国对东盟出口贸易碳排放及其驱动效应研究[D]. 贵阳: 贵州财经大学.

郭彦林, 张玉玲, 2018. 非生命存在物的生态正义解析[J]. 学习与探索(06): 14-20.

韩玉军, 陆旸, 2009. 经济增长与环境的关系——基于对 CO_2 环境库兹涅茨曲线的实证研究[J]. 经济理论与经济管理(03): 5-11.

韩中, 陈耀辉, 时云, 2018. 国际最终需求视角下消费碳排放的测算与分解[J]. 数量经济技术经济研究(7): 114-129.

何洁, 2010. 国际贸易对环境的影响: 中国各省的二氧化硫(SO_2)工业排放[J]. 经济学(季刊), 9(02): 415-446.

贺文华, 2010. FDI 的"污染天堂假说"检验: 基于中国东部和中部的证据[J]. 当代财经(06): 99-105.

侯华华, 2005. 区域清洁生产理论与方法研究[D]. 济南: 山东大学.

胡剑波, 郭风, 2018. 对外贸易碳排放竞争力指数构建与应用——基于中国投入产出数据的实证研究[J]. 中央财经大学学报(01): 121-128.

胡剑波, 霍伟东, 2011. PCDM 项目在中国投资的潜在领域、阻碍及对策[J]. 投资研究(02): 59-64.

胡剑波, 任亚运, 丁子格, 2015. 气候变化下国际贸易中的碳壁垒及应对策略[J]. 经济问题探索(10): 137-141.

黄德春, 刘志彪, 2006. 环境规制与企业自主创新——基于波特假设的企业竞争优势构建[J]. 中国工业经济(03): 100-106.

黄河, 赵仁康, 2010. 低碳经济与国际贸易规则的重塑[J]. 外交评论(外交学院学报), 27(05): 123-133.

黄凌云, 谢会强, 刘冬冬, 2017. 技术进步路径选择与中国制造业出口隐含碳排放强度[J]. 中国人口·资源与环境, 27(10): 94-102.

黄敏, 刘剑锋, 2011. 外贸隐含碳排放变化的驱动因素研究——基于 I-O SDA 模型的分析[J]. 国际贸易问题(04): 94-103.

黄蕊, 王铮, 钟章奇, 等, 2017. 区域贸易隐含碳排放和 SO_2 排放的投入产出分析——以江苏为例[J]. 自然资源学报, 32(05): 854-863.

黄先海, 2006. 中国制造业贸易竞争力的测度与分析[J]. 国际贸易问题(5): 12-16.

计志英, 赖小锋, 贾利军, 2016. 家庭部门生活能源消费碳排放: 测度与驱动因素研究[J]. 中国人口·资源与环境(05): 64-72.

季春艺, 杨红强, 2011. 国际贸易隐含碳排放的研究进展: 文献述评[J]. 国际商务(对外经济贸易大学学报)(06): 64-71.

姜庆国, 2013. 电煤供应链碳排放过程及测度研究[D]. 北京: 北京交通大学.

孔淑红, 周甜甜, 2012. 我国出口贸易对环境污染的影响及对策[J]. 国际贸易问题(08): 108-120.

兰天, 陈昊, 2013. 基于聚类污染的"环境-贸易"库兹涅茨理论及验证: 来自 21 个代表性国家的证据[J]. 金融经济(10): 92-94.

李斌, 刘会红, 彭星, 2013. 异质型人力资本对我国服务贸易竞争力的影响——基于"钻石"模型的实证分析[J]. 经济经纬(06): 100-106.

李斌, 苏珈漩, 2016. 产业结构调整有利于绿色经济发展吗?——基于空间计量模型的实证研究[J]. 生态经济, 32(06): 32-37.

李方敏, 2015. 碳排放约束与我国制造业贸易竞争力研究[D]. 杭州: 浙江工业大学.

李光龙, 张明星, 2018. 扩大对外贸易加剧了中国环境污染吗?[J]. 安徽大学学报(哲学社会科学版), 42(03): 119-125.

参考文献

李红,任勇恒,2001. 政府在清洁生产初创期的实践与思考[J]. 经济师(12): 279-280.

李惠茹,2016. 对气候环境保护与出口贸易发展关系的有益探索——评《碳关税对中国工业品出口贸易影响效应研究》[J]. 河北学刊,36(02): 225.

李龙熙,2005. 对可持续发展理论的诠释与解析[J]. 行政与法(01): 4-9.

李鹏飞,张艳芳,2013. 中国水资源综合利用效率变化的结构因素和效率因素——基于 Laspeyres 指数分解模型的分析[J]. 技术经济,32(06): 85-91.

李鹏涛,2017. 中国环境库兹涅茨曲线的实证分析[J]. 中国人口·资源与环境,27(S1): 22-24.

李艳梅,张雷,2008. 中国能源消费增长原因分析与节能途径探讨[J]. 中国人口·资源与环境(03): 83-87.

李杨,2017. 企业绿色发展的人力资源优化配置[J]. 江西社会科学,37(11): 216-221.

李宇,2011. 清洁生产、循环经济与低碳经济:政府行为博弈市场边界[J]. 改革(10): 106-115.

李玉平,张璐璇,朱琛,等,2017. 资源型城市大气污染物浓度的 EKC 特征分析——以邢台市为例[J]. 生态经济,33(06): 167-171,177.

李月清,2018. 石油资源日趋匮乏品质下降[J]. 中国石油企业(12): 36-38.

李真,2014. 进口真实碳福利视角下的中国贸易碳减排研究——基于非竞争型投入产出模型[J]. 中国工业经济(12): 18-30.

李子豪,毛军,2018. 地方政府税收竞争、产业结构调整与中国区域绿色发展[J]. 财贸经济,39(12): 142-157.

梁大鹏,Claudia Curi,腾超,2009. 基于 Divisia 分解模型的中国能源密度变化特性及产业路径研究[J]. 中国软科学(06): 53-61.

梁大鹏,刘天森,李一军,2015. 基于 LMDI 模型的金砖五国二氧化碳排放成本及其影响因素比较研究[J]. 资源科学,37(12): 2319-2329.

梁艳华,2013. 我国发展低碳经济的思路与对策[J]. 中国外资(10): 119-120.

林伯强,杜克锐,2014. 理解中国能源强度的变化:一个综合的分解框架[J]. 世界经济,37(04): 69-87.

林季红,刘莹,2013. 内生的环境规制:"污染天堂假说"在中国的再检验[J]. 中国人口.资源与环境,23(01): 13-18.

林琳,2008. 技术创新、贸易竞争优势与出口绩效的实证研究——以山东省为例[J]. 国际贸易问题(11): 68-73.

刘富奇,2017. "绿色"法律倒逼企业绿色发展[J]. 人民论坛(07): 110-111.

刘海英,安小甜,2018. 环境税的工业污染减排效应——基于环境库兹涅茨曲线(EKC)检验的视角[J]. 山东大学学报(哲学社会科学版)(03): 29-38.

刘红光,刘卫东,范晓梅,2010. 全球 CO_2 排放研究趋势及其对我国的启示[J]. 中国人口·资源与环境,20(02)84-91.

刘洪涛,杨洋,2018. 信息化与中国碳强度——基于中国省级面板数据的经验分析[J]. 科技管理研究,38(19): 226-233.

刘小芳,2018. 上海出口贸易结构与产业结构联动性研究[D]. 上海:上海外国语大学硕士学位论文.

刘修岩,董会敏,2017. 出口贸易加重还是缓解中国的空气污染——基于 $PM_{2.5}$ 和 SO_2 数据的实证检验[J]. 财贸研究,28(01): 76-84.

刘学之,王潇晖,马婧,等,2017. 乙烯行业低碳管理评价指标体系构建及分析[J]. 科技管理研究,37(22): 234-241.

刘韵,师华定,曾贤刚,2011. 基于全生命周期评价的电力企业碳足迹评估——以山西省吕梁市某燃煤电厂为例[J]. 资源科学,33(04): 653-658.

陆虹,2000. 中国环境问题与经济发展的关系分析——以大气污染为例[J]. 财经研究(10): 53-59.

路正南,杨洋,王健,2014. 基于 Laspeyres 分解法的中国碳生产率影响因素解析[J]. 工业技术经济,33(08): 82-90.

罗超,2015. 低碳经济约束下的中原经济区出口贸易发展研究[D]. 武汉:武汉大学.

罗胜,2016. 中国省域碳排放核算与责任分摊研究[J]. 上海经济研究(04): 45-53.

吕薇,2016. 营造有利于绿色发展的体制机制和政策环境[J]. 经济纵横(02): 4-8.

马翠梅, 2010. 世界低碳经济发展态势及对我国的启示[J]. 团结(01): 36-40.

马翠萍, 史丹, 2014. 开放经济下单边碳减排措施加剧全球碳排放吗——对碳泄漏问题的一个综述[J]. 国际经贸探索, 30(05): 4-15.

马刚, 2006. 企业竞争优势的内涵界定及其相关理论评述[J]. 经济评论(1): 113-121.

马汉武, 施晓宇, 程发新, 等, 2015. 清洁生产与企业绩效研究: 来自江苏中小工业企业的经验证据[J]. 科技管理研究, 35(19): 64-69, 87.

马建平, 2011. 中国环境货物的贸易竞争力分析——基于WTO环境议题谈判清单[J]. 国际经贸探索, 27(12): 34-39, 47.

马晶梅, 2017. 基于隐含碳视角的中国贸易环境研究[M]. 北京: 中国社会科学出版社.

马晶梅, 王新影, 2015. 基于MRIO模型的中美贸易内涵碳转移研究[J]. 统计与信息论坛(9): 40-47.

马晶梅, 王新影, 贾红宇, 2016a. 中日贸易污染条件研究——基于MRIO模型的分析[J]. 国际贸易问题(02): 100-110.

马晶梅, 王新影, 贾红宇, 2016b. 中日贸易隐含碳失衡研究[J]. 资源科学, 38(03): 523-533.

马凯, 2007a. 马凯主任就气候变化问题答中外记者问[J]. 节能与环保(06): 1-3.

马凯, 2007b. 气候变暖是人类共同面临的挑战[J]. 绿叶(08).

毛日昇, 2006. 中国制造业贸易竞争力及其决定因素分析[J]. 管理世界(8): 65-75.

蒙英华, 裴璡, 2011. 中国对美出口贸易中的隐含碳排放——基于出口排名前十位货物的比较分析[J]. 亚太经济(03): 46-50.

闵继胜, 胡浩, 2013. 农产品对外贸易对我国农业生产温室气体排放的影响研究[J]. 软科学, 27(08): 55-59.

莫莎, 王佩婷, 2017. 生产性服务进口质量对工业低碳贸易竞争力的影响研究[J]. 国际商务(对外经济贸易大学学报(03): 27-37.

牟岚, 2014. 中欧服务贸易竞争力比较研究[J]. 财经问题研究(6): 99-105.

聂志国, 2013. 论保险公司的巨灾风险管理——再保险方法与风险证券化[J]. 中国管理信息化, 16(06): 31-34.

牛鸿蕾, 2013. 中国产业结构调整的碳排放效应研究[D]. 南京: 南京航空航天大学.

欧训民, 张希良, 2009. 中国终端能源的全生命周期化石能耗及碳强度分析[J]. 中国软科学(S2): 208-214.

欧育辉, 刘轶芳, 满讲义, 2007. 基于LMDI的我国能耗增长总量分解[J]. 经济管理(07): 91-95.

潘安, 2017. 对外贸易、区域间贸易与碳排放转移——基于中国地区投入产出表的研究[J]. 财经研究, 43(11): 57-69.

潘安, 魏龙, 2016. 中国对外贸易隐含碳: 结构特征与影响因素[J]. 经济评论(4): 16-29.

潘文卿, 张伟, 2001. 我国工业产品外贸优势变化及入世后的战略选择[J]. 中国工业经济(6): 52-58.

潘晓滨, 陈国坤, 2016. 低碳经济对中国出口贸易影响探究[J]. 新经济(26): 3-6.

庞军, 张浚哲, 2014. 中欧贸易隐含碳排放及其影响因素——基于MRIO模型和LMDI方法的分析[J]. 国际经贸探索, 30(11): 51-65.

彭亮, 伍庄, 2011. 低碳金融发展模式研究[J]. 企业经济, 30(05): 107-110.

彭水军, 张文城, 2016. 国际贸易与气候变化问题: 一个文献综述[J]. 世界经济, 39(02): 167-192.

彭水军, 张文城, 卫瑞, 2016. 碳排放的国家责任核算方案[J]. 经济研究, 51(03): 137-150.

齐亚伟, 徐志琴, 2018. 中国区域经济联系研究——基于碳排放转移和劳动力流动的分析[J]. 城市与环境研究(02): 68-83.

钱志权, 杨来科, 2016. 东亚垂直分工对中国对外贸易隐含碳的影响研究——基于MRIO-SDA方法跨期比较[J]. 资源科学, 38(09): 1801-1809.

秦必瑜, 2014. 印刷企业实施清洁生产促进节能减排[J]. 科技与出版, (06): 11-14.

秦佩恒, 赵兰香, 万劲波, 2014. 清洁生产技术运用对企业经济及环境绩效的影响——基于2009年中国金属制品业调查的实证研究[J]. 生态经济, 30(12): 49-55.

秦翊, 侯莉, 2013. 广东能源消费碳排放影响因素分解分析——基于 LMDI 方法[J]. 科技管理研究, 33(12): 224-227.

任亚运, 2017. 贵州出口产品部门碳排放的关联效应研究[D]. 贵阳: 贵州财经大学.

尚红云, 2009. 中国工业大气污染的 Laspeyres 结构分解分析[J]. 财经问题研究(03): 28-34.

邵帅, 张曦, 赵兴荣, 2017. 中国制造业碳排放的经验分解与达峰路径——广义迪氏指数分解和动态情景分析[J]. 中国工业经济(03): 44-63.

沈源, 毛传新, 2011. 加工贸易视角下中美工业贸易隐含碳研究: 国别排放与全球效应[J]. 国际商务(对外经济贸易大学学报)(06): 72-83.

盛仲麟, 何维达, 2016. 中国进出口贸易中的隐含碳排放研究[J]. 经济问题探索(09): 110-116.

施锦芳, 2015. 碳足迹标签新型非关税贸易壁垒探析及政策建议[J]. 财政研究(01): 33-37.

施用海, 2011. 低碳经济对国际贸易发展的影响[J]. 国际经贸探索, 27(02): 4-6.

石红莲, 张子杰, 2011. 中国对美国出口产品隐含碳排放的实证分析[J]. 国际贸易问题(04): 56-64.

孙金彦, 刘海云, 2016. 对外贸易、外商直接投资对城市碳排放的影响——基于中国省级面板数据的分析[J]. 城市问题(07): 75-80.

孙瑾, 刘文革, 周钰迪, 2014. 中国对外开放、产业结构与绿色经济增长——基于省际面板数据的实证检验[J]. 管理世界(06): 172-173.

孙宁宁, 2014. 新贸易保护主义对中国出口贸易的影响及对策研究[D]. 济南: 中共山东省委党校.

孙巍, 赫永达, 2014. 中国能源消费与经济增长的因果分析——基于 Divisia 指数法和 Toda-Yamamota 检验[J]. 暨南学报(哲学社会科学版), 36(05): 77-89.

汤咏, 2006. 中国蔬菜出口影响因素实证研究[D]. 南京: 南京农业大学.

唐帅, 2015. 中国纸产品对外贸易影响因素和竞争力研究[D]. 北京: 北京林业大学.

汪琦, 2017. 异质性创新对日本生产性服务贸易竞争优势的促动效应[J]. 现代日本经济(06): 58-69.

王柏杰, 周斌, 2018. 货物出口贸易、对外直接投资加剧了母国的环境污染吗?——基于"污染天堂假说"的逆向考察[J]. 产业经济研究(03): 77-89.

王丹, 2011. 气候变化对我国稻谷生产及贸易的影响研究[J]. 国际贸易问题(06): 121-127.

王俊松, 贺灿飞, 2010. 能源消费、经济增长与中国 CO_2 排放量变化——基于 LMDI 方法的分解分析[J]. 长江流域资源与环境, 19(01): 18-23.

王立和, 2009. 绿色贸易论——中国贸易与环境关系问题研究[D]. 南京: 南京林业大学博.

王启明, 2016. 低碳经济背景下我国出口贸易发展的新路径[J]. 经济研究导刊(20): 164-165.

王睿, 2016. 我国环境外包与制造业贸易竞争力关系的实证检验[J]. 统计与决策(17): 131-133.

王少勇, 2018. 我国油气资源勘查开采呈现新格局[J]. 地质装备, 19(06): 3-4.

王文治, 陆建明, 2012. 要素禀赋、污染转移与中国制造业的贸易竞争力——对污染天堂与要素禀赋假说的检验[J]. 中国人口·资源与环境, 22(12): 73-78.

王文治, 陆建明, 李菁, 2013. 环境外包与中国制造业的贸易竞争力——基于微观贸易数据的 GMM 估计[J]. 世界经济研究(11): 42-48, 88.

王喜莲, 任慈宇, 2018. 基于 MRIO 模型的西北地区国内贸易隐含碳排放的测算[J]. 中国煤炭, 44(08): 11-16.

王晓宇, 2014. 生态文明建设背景下辽宁省海岛旅游可持续发展研究[J]. 环渤海经济瞭望(04): 10-13.

王孝松, 陈冰洁, 2018. 中印服务贸易竞争力: 差距源自何处[J]. 财经科学(1): 123-132.

王旭, 秦书生, 王宽, 2014. 企业绿色技术创新驱动绿色发展探析[J]. 技术经济与管理研究(08): 26-29.

王勇, 程瑜, 杨光春, 董莹, 2018. 2020 和 2030 年碳强度目标约束下中国碳排放权的省区分解[J]. 中国环境科学, 38(08): 3180-3188.

王玉柱, 2014. "有竞争力的通缩"模式[D]. 上海: 上海社会科学院.

王媛, 王文琴, 方修琦, 等, 2011. 基于国际分工角度的中国贸易碳转移估算[J]. 资源科学, 33(07): 1331-1337.

王悦, 郭森, 郭权, 徐明, 2016. 基于 IO-LCA 方法的我国风电产业全生命周期碳排放核算[J]. 可再生能源, 34(07): 1032-1039.

王兆君, 刘帅, 李俊杰, 2017. 基于生命周期评价法的我国轮胎产业碳排放量测算与分析——以子午轮胎产业为例[J]. 经济问题探索(01): 185-190.

文东伟, 冼国明, 2009. 垂直专业化与中国制造业贸易竞争力[J]. 中国工业经济(6): 77-87.

文扬, 马中, 吴语晗, 等, 2018. 京津冀及周边地区工业大气污染排放因素分解——基于 LMDI 模型分析[J]. 中国环境科学, 38(12): 4730-4736.

吴开尧, 杨廷干, 2016. 国际贸易碳转移的全球图景和时间演变[J]. 统计研究(2): 43-50.

吴肖丽, 潘安, 2018. 技术效应降低了中国进出口隐含碳排放吗?[J]. 经济经纬, 35(06): 58-65.

武建新, 胡建辉, 2018. 环境规制、产业结构调整与绿色经济增长——基于中国省级面板数据的实证检验[J]. 经济问题探索(03): 7-17.

习近平, 2017. 决胜全面建成小康社会 夺取新时代中国特色社会主义伟大胜利——在中国共产党第十九次全国代表大会上的报告[J]. 党建研究(11): 3-30.

习近平. [2017-10-28]. 决胜全面建成小康社会 夺取新时代中国特色社会主义伟大胜利[N]. 人民日报(001).

夏德建, 任玉珑, 史乐峰, 2010. 中国煤电能源链的生命周期碳排放系数计量[J]. 统计研究, 27(08): 82-89.

夏炎, 王会娟, 陈锡康, 2009. 新能耗指标的建立与可比性分析[J]. 管理评论, 21(09): 10-15.

向晶睛, 2010. 污染避难所假说: 中国的验证[D]. 成都: 西南财经大学.

肖德, 侯佳宁, 2018. 环境规制技术诱导作用与清洁生产模式对制造业出口竞争力的影响研究[J]. 工业技术经济, 37(10): 150-160.

肖雅心, 杨建新, 2016. 北京市住宅建筑生命周期碳足迹[J]. 生态学报, 36(18): 5949-5955.

谢永琴, 王晓鹤, 2011. 基于 logistic 模型的北京市能源消费产生 CO_2 排放量研究[J]. 科技管理研究, 31(13): 192-194.

徐坡岭, 那振芳, 2018. 我国制造业在"一带一路"的产业链布局问题——竞争优势互补与中间品贸易视角[J]. 东北亚论坛, 27(03): 88-109, 128.

徐盈之, 郭进, 2014. 开放经济条件下国家碳排放责任比较研究[J]. 中国人口·资源与环境, 24(1): 55-63.

徐玉高, 吴宗鑫, 1998. 国际间碳转移: 国际贸易和国际投资[J]. 世界环境(1): 24-29.

许鹏, 2014. 山东半岛碳排放评估及低碳发展对策研究[D]. 济南: 山东师范大学.

许源, 顾海英, 钟根元, 2014. 环境规制对中国碳密集型行业出口贸易的影响——基于碳排放视角的污染避难所效应检验[J]. 生态经济, 30(09): 32-38.

闫丰, 王洋, 杜哲, 等, 2018. 基于 IPCC 排放因子法估算碳足迹的京津冀生态补偿量化[J]. 农业工程学报, 34(04): 15-20.

闫庆友, 尹洁婷, 2017. 基于广义迪氏指数分解法的京津冀地区碳排放因素分解[J]. 科技管理研究, 37(19): 239-245.

闫云凤, 2011. 中国对外贸易隐含碳研究[D]. 上海: 华东师范大学.

闫云凤, 2012. 中欧贸易碳排放转移研究[J]. 中央财经大学学报(04): 48-54.

闫云凤, 2013. 国际贸易、碳溢出与我国外贸结构低碳转型——基于非竞争进口型投入产出模型的实证研究[J]. 会计与经济研究, 27(3): 90-96.

闫云凤, 赵忠秀, 2012. 中国对外贸易隐含碳的测度研究——基于碳排放责任界定的视角[J]. 国际贸易问题(1): 131-142.

参考文献

杨春桃, 2017. "美丽中国"背景下能源低碳转型的法律分析[J]. 环境保护, 45(24): 53-55.

杨继, 2010. 碳排放交易的经济学分析及应对思路[J]. 当代财经(10): 16-24.

杨曦, 彭水军, 2017. 碳关税可以有效解决碳泄漏和竞争力问题吗?——基于异质性企业贸易模型的分析[J]. 经济研究(5): 60-74.

叶东晖, 宣国良, 2001. 竞争优势理论综述[J]. 经济问题探索(6): 46-50.

殷凤, 陈宪, 2009. 国际服务贸易影响因素与我国服务贸易国际竞争力研究[J]. 国际贸易问题(2): 61-69.

殷琪, 薛伟贤, 2017. 中国沿"一带一路"贸易竞争力比较研究[J]. 经济体制改革(4): 42-48.

尹忠明, 胡剑波, 2011. 国际贸易中的新课题: 碳标签与中国的对策[J]. 经济学家(07): 45-53.

于宏源, 2014. 中国应积极参与国际气候谈判[J]. 社会观察(11): 13-16.

余慧超, 王礼茂, 2009. 中美商品贸易的碳排放转移研究[J]. 自然资源学报(9): 1837-1846.

余鲁, 2008. 中国畜产品出口贸易竞争力研究[D]. 西安: 西北农林科技大学.

袁鹏, 程施, 刘海洋, 2012. 国际贸易对我国 CO_2 排放增长的影响——基于 SDA 与 LMDI 结合的分解法[J]. 经济评论(01): 122-132.

苑涛, 2005. 论中国应将对外贸易竞争优势作为贸易战略出发点[J]. 经济评论(01): 43-49, 60.

曾翔, 沈继红, 2017. 江浙沪三地城市大气污染物排放的环境库兹涅茨曲线再检验[J]. 宏观经济研究(06): 121-131.

詹伟芳, 2010. 广州碳足迹演化趋势特征及低碳城市建设对策研究[J]. 规划师, 26(S2): 53-55.

占华, 2018. 收入差距对环境污染的影响研究——兼对"EKC"假说的再检验[J]. 经济评论(06): 100-112, 166.

张兵兵, 田曦, 朱晶, 2016. 贸易竞争力与二氧化碳排放强度: 来自跨国面板数据的经验分析[J]. 经济问题(9): 61-68.

张彩云, 张运婷, 2014. 碳排放的区际比较及环境不公平——消费者责任角度下的实证分析[J]. 当代经济科学, 36(03): 26-34, 124-125.

张鸿武, 王珂英, 殳蕴钰, 2016. 中国工业碳减排中的技术效应: 1998~2013——基于直接测算法与指数分解法的比较分析[J]. 宏观经济研究(12): 38-49.

张璐鑫, 于宏兵, 2013. 农业清洁生产评价指标体系的构建[J]. 生态经济(09): 110-113.

张璐鑫, 于宏兵, 蔡梅, 吕祯宁, 2012. 中国清洁生产[J]. 生态经济, (08): 46-48+66.

张嫚, 2005. 环境规制与企业行为间的关联机制研究[J]. 财经问题研究(04): 34-39.

张平淡, 朱松, 朱艳春, 2012. 环保投资对中国 SO_2 减排的影响——基于 LMDI 的分解结果[J]. 经济理论与经济管理(07): 84-94.

张谦, 胡剑波, 2011. 危机背景下中国对外直接投资的现状与未来展望[J]. 江苏商论(02): 96-98.

张三元, 2018. 绿色发展与绿色生活方式的构建[J]. 山东社会科学(03): 18-24.

张世秋, 2016. 绿色发展的制度和政策改革分析[J]. 环境保护, 44(11): 34-37.

张涑贤, 孙永乐, 2015. 钢筋混凝土结构建筑生命周期碳平衡研究[J]. 生态经济, 31(05): 78-82.

张同斌, 孟令蝶, 孙静, 2018. 碳排放共同责任的测度优化与国际比较研究[J]. 财贸研究, 29(10): 19-31.

张晓莹, 2015. 环境规制对中国污染产业贸易竞争力影响机理研究[J]. 经济与管理评论(3): 38-45.

张艳, 2018. 新时代中国特色绿色发展的经济机理、效率评价与路径选择研究[D]. 西安: 西北大学.

张永强, 张捷, 2017. 广东省经济增长与碳排放之间的脱钩关系——基于 Laspeyres 分解法的实证研究[J]. 生态经济, 33(06): 46-52.

张友国, 2010. 经济发展方式变化对中国碳排放强度的影响[J]. 经济研究, 45(04): 120-133.

张禹, 严兵, 2016. 中国产业国际竞争力评估——基于比较优势与全球价值链的测算[J]. 国际贸易问题(10): 38-49.

张云, 唐海燕, 2015. 中国贸易隐含碳排放与责任分担: 产业链视角下实例测算[J]. 国际贸易问题(04): 148-156.

张在旭, 谢旭光, 2012. 国外竞争优势理论的发展演化评述[J]. 经济问题探索(9): 135-140.

张治栋, 秦淑悦, 2018. 环境规制、产业结构调整对绿色发展的空间效应——基于长江经济带城市的实证研究[J]. 现代经济探讨(11): 79-86.

赵桂梅, 陈丽珍, 孙华平, 等, 2017. 基于 EKC 假设的出口贸易低碳化实证研究——以江苏省为例[J]. 系统工程, 35(10): 49-58.

赵玉焕, 2010. 国际贸易与气候变化的关系研究[J]. 中国软科学(04): 183-192.

赵玉焕, 范静文, 易瑾超, 2011. 中国—欧盟碳泄漏问题实证研究[J]. 中国人口·资源与环境, 21(8): 113-117.

赵忠秀, 王苒, 闫云凤, 2013. 贸易隐含碳与污染天堂假说——环境库兹涅茨曲线成因的再解释[J]. 国际贸易问题(07): 93-101.

郑德凤, 臧正, 孙才志, 2015. 绿色经济、绿色发展及绿色转型研究综述[J]. 生态经济, 31(02): 64-68.

郑义, 戴永务, 刘燕娜, 2015. 低碳贸易竞争力指数的构建及中国实证[J]. 国际贸易问题(01): 145-155.

钟冰平, 2017. 金砖国家贸易增长、高碳产业转移与碳排放[J]. 生态经济, 33(08): 25-31.

钟锦文, 2018. 生态文明视野下环境库兹涅茨曲线的理论反思[J]. 南通大学学报(社会科学版), 34(06): 131-136.

钟章奇, 张旭, 何凌云, 等, 2018. 区域间碳排放转移、贸易隐含碳结构与合作减排——来自中国 30 个省区的实证分析[J]. 国际贸易问题(06): 94-104.

周林艳, 曾丽璇, 李晨, 2012. 皮革行业实施清洁生产途径的可持续发展研究[J]. 生态经济(04): 122-126.

周玲玲, 2015. 环境政策、碳减排效率与中国贸易竞争力[D]. 南京: 南京大学.

周玲玲, 于津平, 2014. 中国贸易竞争力与全要素碳减排效率关系的研究[J]. 世界经济研究(08): 48-53, 88.

周新, 2010. 国际贸易中的隐含碳排放核算及贸易调整后的国家温室气体排放[J]. 管理评论, 22(06): 17-24.

朱光福, 周超, 赵云亭, 2018. 长江经济带绿色技术效率与产业结构耦合协调分析[J]. 贵州财经大学学报(04): 12-20.

庄贵阳, 2009. 哥本哈根气候博弈与中国角色的再认识[J]. 外交评论(外交学院学报), 26(06): 13-21.

宗毅君, 2012. 出口二元边际对竞争优势的影响——基于中美 1992~2009 年微观贸易数据的实证研究[J]. 国际经贸探索, 28(01): 24-33.

左文鼎, 2014. 二氧化碳排放库兹涅茨曲线(EKC)在中国的检验[J]. 统计与决策(11): 22-24.

Abbas S, Waheed A, 2017. Trade Competitiveness of Pakistan: The Revealed Comparative Advantage Approach[J]. Competitiveness Review: An International Business Journal, 27(4): 462-475.

Anderson K, Blackhurst R. 1993. Regional Integration and the Global Trading System[M]. London: Harvester Wheatsheaf.

Ang A, Liu J, 2001. A General Affine Earnings Valuation Model. [J]. Review of Accounting Studies, 6(4): 397-425.

Ang B W, Zhang F Q, 2000. A Survey of Index Decomposition Analysis in Energy and Environmental Studies[J]. Energy(25): 1149-1176.

Ang B W, Choi K H, 1997. Decomposition of Aggregate Energy and Gas Emission Intensities for Industry: A Refined Divisia Index Method[J]. Energy Journal, 18(3): 59-73.

Ang B W, Liu N, 2007. Handling Zero Values in the Logarithmic Mean Divisia Index Decomposition Approach[J]. Energy Policy, 35(1): 238-246.

Bank W, 1992. World Development Report 1992[M]. Oxford: Oxford University Press.

Bastianoni S, Pulselli F M, Tiezzi E, 2004. The problem of assigning responsibility for greenhouse gas emissions[J]. Ecological Economics, 49(3): 253-257.

参考文献

Baumol W J, 1995. Environmental Industries with Substantial Start-Up Costs as Contributors to Trade Competitiveness[J]. Annual Review of Energy & the Environment, 20(20): 71-81.

Benarroch M, Thille H, 2001. Transboundary pollution and the gains from trade[J]. Journal of International Economics, 55(1): 139-159.

Brooks B R, Bruccoleri R E, Martin B D, et al., 2010. CHARMM: A Program for Macromolecular Energy, Minimization, and Dynamics Calculations[J]. Journal of Computational Chemistry, 4(02): 187-217.

Burniaux J M, Martin J P, Nicotetti G, et al., 1992. Green-A Multi-sector, Multi-region General Equilibrium Model for Quantifying the Costs of Curbing CO_2 Emissions: a Technical Manual[C]. OECD Economics Department Working Papers 116, OECD Publishing, Paris.

Cai X, Lu Y, Wu M, et al., 2016. Does Environmental Regulation Drive Away Inbound Foreign Direct Investment? Evidence from a Quasi-Natural Experiment in China[J]. Journal of Development Economics, 123: 73-85.

Caney S, Gunnmoore D, Caney S, et al., 2009. Caring for a Cat with Lower Urinary Tract Disease [C]. Technical Symposium.

Casadei E, Scolletta S, Franchi F, et al., 2006. Effects of hypocaloric feeding on clinical outcome in ICU patients[J]. Critical Care, 10(S1): 217.

Charnovitz S, 2003. The Law of Environmental 'PPMs' in the WTO: Debunking the Myth of Illegality[M]// The Path of World Trade Law in the 21stCentury.

Cheptea A, Gaulier G, Zignago S, 2005. World trade competitiveness: a disaggregated view by shift-share analysis[J]. CEPII Working Paper No. 2005-23: 1-51.

Claudia Sheinbaum, 1998. Energy Use and CO_2 Emission for Mexico's Cement Industry[J]. Energy, 23(09): 725-732.

Cole M A, Elliott J R, 2003. Determining the Trade-environment Composition Effect: the Role of Capital, Labor and Environment Regulations[J]. Journal of Environmental Economics and Management, 46: 363-383.

Cole M A, Elliott J R, Fredriksson P G, 2006. Endogenous Pollution Havens: Does FDI Influence Environmental Regulations? [J]. The Scandinavian Journal of Economics, 108 (1), 157–178.

Costantini V, Mazzanti M, 2012. On the green and innovative side of trade competitiveness? the impact of environmental policies and innovation on EU exports[J]. Research Policy, 41(1): 132-153.

Dan, Schendel, 2010. Introduction to 'Competitive Organizational Behavior: Toward an Organizationally-Based Theory of Competitive Advantage' [J]. Strategic Management Journal, 15(S1): 5-9.

Davis S J, Caldeira K, Matthews H D, 2010. Future CO_2 emissions and climate change from existing energy infrastructure[J]. Science, 329(5997): 1330-1333.

Deacon R T, 1994. Deforestation and the rule of law in a cross -section of countries [J]. Land Economics, 70(4): 414-430.

Dietzenbacher E, Stage J, 2006. Mixing oil and water? Using hybrid input-output tables in a structural decomposition analysis[J]. Economic Systems Research, 18(1): 85-95.

Dongwon Shin, Mark Curtis, Donald Huisingh, et al., 2008. Development of a sustainability policy model for promoting cleaner production: a knowledge integration approach[J]. Journal of Cleaner Production, 16(17): 1823-1837.

Elliott J, Foster I, Kortum S, et al., 2010. Trade and Carbon Taxes[J]. American Economic Review, 100(2): 465-469.

Fan Y, Liu L C, 2007. Changes in Carbon Intensity in China: Empirical Findings from 1980-2003[J]. Ecolocial Economics, (62): 683-691.

Fernández E, 2005. Influence of the sector and the environment on human resource practices' effectiveness[J]. International Journal of

Human Resource Management, 16(8): 1349-1373.

Ferng H W, 2003. Building the e-teaching environment and providing a new viewpoint of learning: the application of PDAs to teaching systems[J]. [Kango kyōiku] Japanese journal of nurses' education, 23(11): 7-9.

Fredriksson P G, List J A, Millimet D L, 2003. Bureaucratic Corruption, Environmental Policy and Inbound US FDI: Theory and Evidence[J]. Journal of Public Economics, 87(7-8): 1407-1430.

Fu J Y, Zhang C J, 2015. International Trade, Carbon Leakage, and CO_2 Emissions of Manufacturing Industry[J]. Chinese Journal of Population, Resources and Environment, 13(02): 139-145.

Gallego B, Lenzen M, 2005. A consistent input–output formulation of shared producer and consumer responsibility[J]. Economic Systems Research, 17(04): 365-391.

Gardiner A, Jovanovic V, Rechgelt H, 2004. Second Thoughts about a Career in IT?[C]. Proceedings of the 5th conference on Information technology education, 194-201.

Garella P G, Trentinaglia M T, 2018. Carbon Tax, Emission Standards, and Carbon Leak Under Price Competition[J]. Environmental & Resource Economics(3): 1-24.

Gerlagh R, Kuik O, 2007. Carbon Leakage with International Technology Spillovers[J]. Working Papers.

Gerlagh R, Kuik O, 2014. Spill or leak? Carbon leakage with international technology spillovers: a CGE analysis[J]. Energy Economics, 45: 381-388.

Ghemawat P, Llano C, Requena F, 2010. Competitiveness and Interregional as well as International Trade: The Case of Catalonia[J]. International Journal of Industrial Organization, 28(4): 415-422.

Gould S G, 1986. Observation of Freedericksz transition in superfluid '3HeA[J]. Journal of Geophysical Research Atmospheres, 116(D12): 3–5.

Grant R M, 1991. The Resource-Based Theory of Competitive Advantage: Implications for Strategy Formulation[J]. California Management Review, 33(3): 114-135.

Green C, Avitabile V, Farrell E P, et al., 2006. Reporting Harvested Wood Products in National Greenhouse Gas Inventories: Implications for Ireland[J]. Biomass and Bioenergy, 30(05): 105-114.

Greenaway D, Milner C, 1993. Trade and Industrial Policy in Developing Countries: a Manual of Policy Analysis[M]. Michigan: The Unversity of Michigan Press.

Grossman G M, Krueger A B, 1991. Environmental Impacts of a North American Free Trade Agreement[J]. Social Science Electronic Publishing, 8(2): 223-250.

Guan D, Hubacck K, Weber C L, 2008. The Drivers of Chinese CO_2 Emission from 1980 to 2030[J]. Global Environmental Change(18): 626-634.

Halicioglu F, 2009. An Econometric Study of CO_2 Emissions, Energy Consumption, Income and Foreign Trade in Turkey[J]. Energy Policy, 37(03): 1156-1164.

Hashimoto S, Nose M, Obara T, et al., 2002. Wood Products: Potential Carbon Sequestration and Impact on Net Carbon Emissions of Industrialized Countries[J]. Environmental Science and Policy, 118(05): 183-193.

Hatsopoulos G N, Krugman P R, Summers L H, 1988. U. S. Competitiveness: Beyond the Trade Deficit[J]. Science, 241(4863): 299-307.

Heil M T, Selden T M, 2001. International Trade Intensity and Carbon Emissions: A Cross-Country Econometric Analysis[J]. Journal of Environment & Development, 10(1): 35-49.

参考文献

Helm D, Hepburn C, Ruta G, 2012. Trade, climate change, and the political game theory of border carbon adjustments[J]. Oxford Review of Economic Policy, 28(2): 368-394.

Hertwich E G, Peters G P, 2009. Carbon Footprint of Nations: a Global, Trade-Linked Analysis. [J]. Environmental Science & Technology, 43(16): 6414-20.

Jensen M B, Pedersen L J, Hansen S W, et al., 2001. Effects of interrupted social contact on the social behaviour of calves and piglets. [J]. Behavioural Processes, 56(1): 23-29.

Jiang K J, Cosbey A, Murphy D, 2008. Embodied carbon in traded goods[R]. International Centre for Trade & Sustainable Development, Geneva.

Kaya Y, 1989. Impact of Carbon Dioxide Emission Control on GNP Growth: Interpretation of Proposed Scenarios[EB/OL]. Intergovernmental Panel on Climate Change/Response Strategies Working Group.

Keller W, Levinson A, 2002. Pollution Abatement Costs and Foreign Direct Investment Inflows to U. S. States[J]. Review of Economics & Statistics, 84(4): 691-703.

Khanna N, 2002. The income elasticity of non-point source air pollutants: revisiting the environmental Kuznets curve[J]. Economics Letters, 77(3): 387-392.

Kheder S B, Zugravu N, 2008. The Pollution Haven Hypothesis: A Geographic Economy Model in a Comparative Study[J]. SSRN Electronic Journal, 73: 1-29.

Kondo I, Yoneyama T, Kondo K, et al., 1998. Effects of different pretreatments on the surface structure of silicon and the adhesion of metal films[J]. Journal of Vacuum Science & Technology A Vacuum Surfaces & Films, 10(5): 3166-3170.

Kwon, O-Sung S, 2001. Economic Growth and the Environment: The EKC Curve and Sustainable Development, an Endogenous Growth Model[D]. D. C. Washington: A Dissertation for Ph D of University of Washington.

Lall S, 2000. The Technological Structure and Performance of Developing Country Manufactured Exports, 1985 - 98[J]. Oxford Development Studies, 28(3): 337-369.

Levinson A, Taylor M S, 2010. Unmasking the Pollution Haven Effect[J]. International Economic Review, 49(01): 223-254.

Levy D L, 1995. The environmental practices and performance of transnational corporations[J]. Transnational Corporations, 4(1): 44-67.

Liu N A, Ang B W, 2007. Factors Shaping Aggregate Energy Intensity Trend for Tndustry: Energy Intensity Versus Production[J]. Energy Economics (29): 609-635.

Liu X Q, Ang B W, 1992. The Application of Divisia Index to the Decomposition of Changes Industrial Energy Consumption[J]. The Energy Journal, 13(04): 161-177.

Ludema R D, Wooton I, 2000. Economic geography and the fiscal effects of regional integration[J]. Journal of International Economics, 52(2): 331-357.

Machado G, Schaeffer R, Worrell E, 2001. Energy and Carbon Embodied in the International Trade of Brazil: an Input–output Approach[J]. Ecological Economics, 39(03): 409-424.

Mani M, 2010. Creating Incentives for Clean Technology Trade Transfer and Diffusion: the Role of Non-distorting Policies[C]. Background paper written for TAIT 2nd Conference Climate Change, Trade and Competitiveness: Issues for the WTO, Geneva, June.

Maria C D, Werf E V D, 2008. Carbon Leakage Revisited: Unilateral Climate Policy with Directed Technical Change[J]. Environmental & Resource Economics, 39(2): 55-74.

Maxwell J, Decker C, 1998. Voluntary Environmental Investment and Regulatory Flexibility[M]. Indian: Working paper, Department of Business Economics and Public Policy, Kelly School of Business, Indian University.

Mehrotra S N, Kant S, 2009. Use of composite forest commodity price indices for cointegration analysis[J]. Journal of Forest Economics, 15(4): 237-260.

Mongelli I., Tassielli G., Notarnicola B, 2006. Global Warming Agreements, International Trade and Energy/Carbon Embodiments: An Input–Output Approach to the Italian Case[J]. Energy Policy, 34 (1), 88–100.

Nielsen L, 2013. Trade and Climate Change[J]. Nature, 482(7386): E4-5; author reply E5-6.

Nobuko Yabe, 2004. An Analysis of CO_2 Emissions of Japanese Industries during the Period between 1985 and 1995[J]. Energy Policay (32): 595-610.

Odum H T, 1996. Environmental accounting: emergy and environmental decision making[M]. New York: John Wiley.

Panayotou T, 1993. Empirical tests and policy analysis of environmental degradation at different stages of economic development[R]. International Labor Office. Working Paper for Technology and Employment Programme. Geneva.

Peters G P, Hertwich E G, 2008. CO_2 Embodied in International Trade with Implications for Global Climate Policy[J]. Environmental Science & Technology, 42(5): 1401.

Peters G P, Hertwich E G, 2008. CO_2 Embodied in International Trade with Implications for Global Climate Policy[J]. Environmental Science and Technology, 42(05): 1401-1407.

Peters G, Webber C, 2007. China's Growing CO_2 Emission——A Race between Lifestyle Changes and Efficiency Gains[J]. Environmental Science and Technology (41): 5939-5944.

Preibisch K L, 2010. Local Produce, Foreign Labor: Labor Mobility Programs and Global Trade Competitiveness in Canada[J]. Rural Sociology, 72(3): 418-449.

Rhee Hae-Chun, Chung Hyun-sik, 2006. Change in CO_2 Emission an Its Ttransmissions between Korea and Japan Using International Input-Ooutput Analysis[J]. Ecological Economics (58): 788-800.

Rodrigues, Vale A R, Barbosa, et al., 2006. Angiografia coronariana minimamente invasiva através de tomografia com múltiplos detectores[J]. Arquivos Brasileiros De Cardiologia, 86(5): 323.

Schipper L, Howarth R B, 1992. Energy Intensity Sectoral Activity and Structural Change in the Norwegian Economy Energy[J]. The International Jouranl, 17(03): 215-233.

Schott M L, Promes S, Swoboda T, et al., 2013. Introducing the Critical Care Direct Observation Tool: Building Validity Evidence for Direct Observation to Measure Emergency Medicine Milestones[J]. Annals of Emergency Medicine, 62(4): S17-S17.

Shui B, Harriss R C, 2006. The role of CO_2 embodiment in US–China trade[J]. Energy Policy, 34(18): 4063-4068.

Siggel E, 2006. International Competitiveness and Comparative Advantage: A Survey and a Proposal for Measurement[J]. Journal of Industry Competition & Trade, 6(2): 137-159.

Sun J W, 1998. Accounting for energy use in China, 1980–94[J]. Energy, 23(10): 835-849.

Sun J W, 1998. Changes in Energy Consumption and Energy Intensity: A Complete Decomposition Model[J]. Energy Economics, 20(01): 85-100.

Tamiotti L, Olhoff A, Teh R, et al, 2009. Trade and Climate Change WTO-UNEP Report[R]. WTO Secretariat, Switzerland.

Taylor M S, Brander J A, 1997. International Trade and Open Access Renewable Resources: The Small Open Economy Case[M]. Canadian Journal of Economics.

Thampapillai D J, Hanf C, Thangvelu S M, et al., 2003. The environmental kuznets curve effect and the scarcity of natural resources:

A simple case study of Australia[J]. Australian Agricultural Resource Economics Society, 24: 28-45.

Tian H, Whalley J, 2010. Trade sanctions, financial transfers and BRIC participation in global climate change negotiations[J]. Journal of Policy Modeling, 32(1): 47-63.

Tian J, Liao H, Wang C, 2015. Spatial–Temporal Variations of Embodied Carbon Emission in Global Trade Flows: 41 Economies and 35 Sectors[J]. Natural Hazards, 78(2): 1-20.

Tolmasquim M T, Machado G, 2003. Energy and Carbon Embodied in the International Trade of Brazil[J]. Mitigation & Adaptation Strategies for Global Change, 8(2): 139-155.

Torras M, Boyce J K, 1998. Income, Inequality, and Pollution: A Reassessment of the Environmental Kuznets Curve[J]. Ecological Economics, 25(2): 147-160.

Uchida Y, Cook P, 2005. The Effects of Competition on Technological and Trade Competitiveness[J]. Quarterly Review of Economics & Finance, 45(2–3): 258-283.

Walter I, 1982. Environmentally Induced Relocation to Developing Countries [M]. UK: Allanheld Osmun.

Wang F, Wang C, Su Y, et al., 2017. Decomposition Analysis of Carbon Emission Factors from Energy Consumption in Guangdong Province from 1990 to 2014[J]. Sustainability, 9(02): 274-291.

Winjum J K, Brown S, Schlamadinger B, 1998. Forest Harvests and Wood Products: Sources and Sinks of Atmospheric Carbon Dioxide[J]. Forest Science (02): 272-284.

Xing Y, Kolstad C D, 2002. Do Lax Environmental Regulations Attract Foreign Investment?[J]. Environmental & Resource Economics, 21(1): 1-22.

Ying Fan, Lan-Cui Liu, 2007. Changes in Carbon Intensity in China: Empirical Findings from 1980-2003[J]. Ecolocial Economics (62): 683-691.

Zhang Y, 2009. Structural Decomposition Analysis of Sources of Decarbonizing Economic Development in China: 1992-2006[J]. Ecological Economics (68): 2399-2405.

Zhang Z X, 2003. Why did the Energy Intensity Fall in China's Industrial Sector in the 1990s?The Relative Importance of Structural Change and Intensity Change[J]. Energy Economics, 25(06): 625-638.